重庆市土地利用平衡研究

肖 轶 魏朝富 邵景安 著

科学出版社

北 京

内 容 简 介

  本书主要介绍了作为城乡统筹试验区的重庆市在土地利用方面如何实现平衡的问题。对目前国内外对土地利用平衡的研究进展、土地利用平衡的基础理论、重庆市土地利用平衡的现状、重庆市土地利用平衡的困境、重庆市土地利用平衡的途径以及重庆市土地利用平衡的保障机制进行了详细论述。

  本书强调科学性、系统性与易读性的结合,可供土地资源管理、资源环境与城乡规划管理、农业资源利用与环境保护、农业经济管理等专业学生学习和参考,也可供有关科学理论和土地管理工作者参阅。

图书在版编目(CIP)数据

重庆市土地利用平衡研究 / 肖轶,魏朝富,邵景安著.—北京:科学出版社,2015.4

ISBN 978-7-03-044073-0

Ⅰ.①重… Ⅱ.①肖… ②魏… ③邵… Ⅲ.①土地利用-研究-重庆市

Ⅳ.F321.1

中国版本图书馆 CIP 数据核字(2015)第 074738 号

责任编辑:李 敏 周 杰 / 责任校对:张凤琴
责任印制:徐晓晨 / 封面设计:铭轩堂

科 学 出 版 社 出版
北京东黄城根北街 16 号
邮政编码:100717
http://www.sciencep.com

北京厚诚则铭印刷科技有限公司 印刷
科学出版社发行 各地新华书店经销

*

2015 年 4 月第 一 版 开本:720×1000 B5
2017 年 4 月第二次印刷 印张:17
字数:340 000
定价:**128.00** 元
(如有印装质量问题,我社负责调换)

序

　　高速发展的现代科学技术大大促进了经济水平的提高和生活质量的改善,但丝毫未降低人类社会对土地的依赖性。伴随着城镇化的推进,城市建设对土地的需求迅速扩张,建设用地与农业用地保护之间的矛盾日益突出,导致区域性人地矛盾加剧、生态环境不断恶化,形成一系列人口、粮食、资源和环境问题。如何协调耕地保护、经济发展和生态安全间的相互关系,实现区域土地资源的合理利用和可持续利用,是土地科学研究的重要任务。

　　重庆作为丘陵山区的直辖市,集中了中国西南地区的大部分典型问题,如贫困人口多,区域经济相对落后,是国家级贫困县集中地区,但重庆又具有独特的资源禀赋,如长江上游的经济中心和生态屏障,"大城市,大农村"等特点。近年来由于社会经济发展的胁迫,重庆市土地需求持续增长,土地利用中出现了众多问题,严重影响了该区域生态安全和社会经济可持续发展。提高该区域土地利用效率,合理利用土地资源,最大限度地发挥土地效益,是实现该地区土地利用平衡发展、农民增收的重要保障。

　　《重庆市土地利用平衡研究》一书在分析近10年重庆市土地利用变化分析、土地利用绩效评价以及未来土地利用供需预测的基础上,对现阶段重庆市土地利用平衡中所遇到的困境进行清楚的识别,进而从土地流转和土地整治两方面提出实现重庆市土地利用平衡的途径及其保障机制。该书从内容上循序渐进、系统性很强,其研究结果对区域土地合理利用和持续利用具有较大的参考意义,是一部难得的学术思想明确、内容丰富、水平较高的学术专著。

　　最后,我还想借此机会衷心祝愿我国土地科学早日实现又好又快发展,土地科学研究蒸蒸日上,为全面实现耕地保护、经济发展和生态安全平衡发展做出更大的贡献。

2014 年 7 月 22 日

前　　言

土地资源数量的有限性和位置的固定性决定了必须协调粮食安全、经济发展和生态保护之间的关系，即必须做好各行各业间用地平衡与保障。伴随着城镇化、工业化的快速发展，区域经济增长要求和城市建设需求催化耕地资源不断减少，不仅给粮食安全带来较大挑战，也给区域生态环境带来了多方面、不同程度的破坏，由此导致区域性人地矛盾加剧、生态环境不断恶化，形成一系列人口、粮食、资源和环境问题。如何平衡经济发展、耕地保护与生态安全的矛盾，实现土地利用平衡是中国乃至世界面临的最大挑战。世界各国主要采用区域国土整治、土地联营、土地重置、联合开发等途径来调整与组织土地关系。目前我国则主要采用以增加耕地数量为主要目标的"土地整理"和以土地利用规划为主导的"土地集约节约利用"，但随着经济发展和后备资源挖潜地不断深入，传统的土地利用平衡途径表现出许多不适，因此进行区域土地利用平衡途径的新探索是学术界和政府急需解决的课题。重庆市作为长江上游的经济中心、生态屏障和城乡统筹试验区，有"大城市、大农村"的基本特征，使得其经济发展过程中的人地矛盾尤为突出。为此，本书从重庆城市化进程中土地利用状况和相应的困境出发，丰富和完善了土地利用平衡的内涵，在此基础上研究了促进区域土地利用平衡的途径，并制订相应的保障机制，为建立重庆区域经济建设、耕地保护以及生态安全三者协调发展的土地利用方式和配套政策提供理论与实践依据。

全书分为6章。第1章主要阐述本书研究的背景和意义以及目前国内外对土地利用平衡的研究进展。第2章主要阐述土地利用平衡相关的基础理论。第3~6章以重庆市为例进行实证研究。第3章主要介绍土地利用平衡的现状。第4章主要介绍土地利用平衡的困境。第5章主要介绍土地利用平衡的途径。第6章主要介绍土地利用平衡的保障机制。

本书系国家科技支撑计划课题"《成渝城乡统筹区村镇集约化建设关键技术与示范》子课题：乡村土地流转与资源整合关键技术与示范(2013BAJ11B02)"的大力资助，同时得到西南大学资源环境学院土壤肥力热力学实验室所有老师和学生的大力支持。特此致谢。

由于著者理论水平和实践工作经验有限，书中难免存在错误，恳请同行和广大读者批评指正。

著　者
2014 年 10 月

目　　录

第1章 绪 论

1.1 土地利用平衡研究

1.1.1 土地利用平衡研究的背景

土地既是自然资源的主要组成部分,又是其他资源的载体以及提供人类生产、生活的场所,在经济建设和社会活动中起着非常重要的作用,是区域可持续发展的基础。伴随着城市人口的增加和城市产业的扩张,土地的"负荷"不断加重,使得人地矛盾日益严重,究其根源是土地供给的有限性(张富刚等,2005)。土地供给的有限性不仅表现在土地供给总量与需求总量的矛盾上,而且还表现在土地位置固定性、质量差异性和生态选择性上。土地供给的有限性要求人们只有合理规划、统筹兼顾、集约开发利用土地资源,才能使人类达到经济社会与人口、资源、环境之间的协调与可持续发展(陈逸等,2008;Singh et al.,2009)。

纵观国外调整土地关系与组织土地利用的方式,具有代表性的主要有德国、土耳其、日本、瑞士、韩国和荷兰实施的区域国土整治,尼泊尔、澳大利亚进行的土地联营,加拿大实行的土地重置,法国采用的联合开发等(Giordano and Riedel,2008)。近年来我国实施的土地用途管制、耕地总量动态平衡、土地整理、退耕还林、确保18亿亩①耕地红线以及农村集体土地流转等政策和措施为

---

① 1 亩≈666.7m²。

确保我国粮食安全、经济稳定发展和生态保持等方面做出了较大的贡献。但由于我国区域经济差异较大,且不同区域具有不同的自然经济背景,因此应因地制宜地进行土地利用。

重庆地貌格局的中、低山和丘陵及社会经济结构的"大城市、大农村"使得该区域在人口和土地利用结构上体现为以大农村为主体的"农业型直辖市"特点,而其经济结构又折射出城镇经济的主导地位。城镇经济的主导地位带来了建设用地的迅速增长和耕地及其他农用地的不断减少,而大农业特色又使得该区域必须做好耕地及其他农业用地的保护,进而人口、资源与环境间的矛盾也就不可避免。因此,实现重庆区域土地利用平衡,不仅对于整个重庆的粮食安全,经济、社会和环境的持续发展,而且解决"三农"问题,保护农民利益和促进人地关系协调发展有着重要的理论和实践意义。

1.1.2 土地利用平衡研究的意义

(1) 有利于实现耕地保护和可持续发展

在土地利用过程中,每个国家、每个地区,在不同时期和条件下,客观上应该有自己在土地利用上的重点。与城市化已经完成或者接近完成的发达国家相比,发展中国家快速城市化阶段的到来通常伴随着土地,尤其是农地被大量占用。粮食安全问题始终是关系国民经济发展、社会稳定和国家自立的全局性重大战略问题。一方面,重庆市被定位于粮食产销平衡区,并且该定位在2020年以前不会改变(王永侠,2008);一方面,在"314"总体部署中,国家对重庆的战略定位是努力将重庆加快建设成为西部地区的重要增长极、长江上游地区的经济文化中心、城乡统筹发展的直辖市,该目标的实现离不开土地资源的承载和依托。既要保障该市粮食基本自给又要保障该市经济发展的需求,因此,研究重庆市土地利用平衡对于区域农地保护特别是耕地保护意义重大。因此,本书认为实现重庆市土地利用平衡,对耕地保护的涵义应该是:到2020

年,耕地数量上严格按照全国土地总体利用规划对重庆的控制指标①,即
217.07 万 hm^2,其中基本农田 183.33 万 hm^2;耕地质量上得到较大提高,实现
粮食安全和经济发展的双重目标。可见,研究重庆市土地利用平衡有利于促
进区域耕地资源保护和可持续发展。

(2) 有利于实现土地高效集约利用

土地集约利用是一种土地利用方式,该方式能够保证土地利用在同等物
质投入下产出最大或在同等产出下物质投入最小。具体来讲,这种因集约节
约利用土地而产生的效用主要取决于以下两方面:一方面,尽可能确保每块土
地都能够达到其经济产出的最佳点;另一方面,尽可能保证地块间的结构效用
最大化,包括空间结构和数量结构(Lee,2008)。高效集约节约利用土地是重
庆市经济社会发展进程的现实选择。只有走高效集约节约土地利用的道路,
减少城市化占用耕地的数量,才能在较大程度上缓解经济快速发展背景下的
土地利用矛盾。因此,高效集约利用土地是实现重庆市土地利用平衡的重要
研究内容之一,同时土地利用平衡也对促进高效集约利用土地有积极的作用。

(3) 有利于实现土地资源生态环境友好

土地是整个生态系统的重要组成部分,土地开发利用与生态环境变化密
切相关,对维系生态平衡起着直接性的关键作用。土地资源合理利用与生态
环境相协调,是保护生态环境的重要途径之一。传统的城市化、工业化的产物
是生态环境恶化,这在以工业化推进城市化进程的大多数国家中是一个共同
现象(蔡孝篇,1998)。因此,土地利用平衡的实现有利于促进土地资源生态
环境友好发展。环境友好的土地利用,可以认为是在保护和改善生态环境的
基础上,达到生态经济社会发展的最优目标。根据土地的特性,将传统的管理
手段与现代科学技术相结合,在时空尺度上,对区域内的土地资源进行分层次
设计、安排、组合和布局,以提高土地利用效率和产出率,维持土地生态系统相

①数据来源于:《全国土地利用总体规划纲要(2006—2020 年)》。

对平衡,实现可持续利用(Rodiek,2008)。作为城乡统筹试验区,研究重庆市土地利用平衡对于维持区域土地生态系统的稳定性和完整性,维持土地生态系统的健康和服务功能的可持续发展十分必要,有利于实现区域环境友好型的土地利用方式。

综上所述,本书将从重庆城市化进程中土地利用状况和遇到的相应的困境出发,丰富和完善土地利用平衡的内涵;从土地流转和土地整理的角度进行土地利用平衡途径研究,并制定相应的保障机制,为建立重庆区域经济建设、耕地保护以及生态安全三者协调发展的土地利用方式和配套政策提供理论与实践依据。

1.2 国外土地利用平衡研究进展

土地作为自然历史的综合体,是人类生产生活的空间载体,是人类社会赖以生存和发展的基础物质资料,是生态环境各要素相互联系的纽带。自从人类开始定居和种植就开始了土地利用的历史(David and Ray,1980)。土地利用现状是自然、社会、经济和科学技术的综合反映(周炳中等,2000),其利用状况、利用方式及管理水平的优劣都将影响区域经济社会的发展水平。近年来,区域性人地矛盾不断加剧,严重制约了社会经济高速发展。因此,找到解决耕地保护、经济建设与生态安全间矛盾的平衡点,实现区域土地利用平衡,对整个社会经济的持续发展意义重大。

尽管"土地利用平衡"(land use balance)目前还没有作为一个完整的概念而提出,但在众多对土地利用方面的研究中隐含了土地利用平衡的涵义,即可在土地合理利用和可持续利用等相关概念上衍化而来。土地利用平衡作为满足耕地保护、经济发展和生态安全间关系良性循环的重要手段,其最根本目的在于协调区域内经济发展对土地资源的需求,实现区域土地资源的合理利用和可持续利用,该目标现已成为中国面向新世纪重大战略需求调整的政策取向。

土地合理利用是指因地制宜地通过规划布局和科学技术的手段,使土地资源具有最佳的利用方式与空间组合,在获得经济效益和社会效益的同时,保护土地资源不受破坏,以期获得最佳的经济、社会、生态综合效益,并保持这种效益的长期性和稳定性(曹建海,2002)。土地持续利用(sustainable land use),也称土地资源可持续利用。联合国粮食及农业组织(FAO)1993 年拟定的《持续土地管理评价大纲》中对持续土地管理所下的定义是目前国际上普遍接受的,即"持续土地管理是将相关政策、技术以及能使社会经济原则与自然环境融为一体的行为结合起来,同时实现保持或者提高土地生产和服务、降低生产风险、保护自然资源潜力及防止土壤退化、经济上可行和社会可接受",也就是生产性(productivity)、安全性(security)、保护性(protection)、可行性(viability)和可接受性(acceptability)等五大目标(FAO,1993)。由此可见,土地合理利用必然促进土地的可持续利用,两者具有同样的目标和内涵。

土地可持续利用研究起源于土的适宜性评价,FAO 在 1976 年出版的《土地评价纲要》中就将"适宜性是指可持续利用而言"作为六项基本原则中的一项。当前,国际土地持续利用的研究主要围绕土地可持续利用的内涵与目标、土地可持续利用的评价指标与评价方法等方面展开,国外众多机构和学者从全球、区域、景观、农场和田块等不同尺度上的土地可持续利用内涵、目标、定性分析和定量评价等进行了深入研究(Helmut,1996;Blume,2000)。

同时,土地可持续利用的制度与管理、土地可持续利用规划、土地利用覆被变化及 3S 等空间信息技术在土地可持续利用分析中的应用等也是重要的研究领域。同时运用专家们的丰富知识和先进的科学技术手段进行社会公平、经济发展、环境保护等多目标综合规划,进行系统的、整体的土地利用管理,即理论研究的综合化,是国际土地持续利用研究的重要发展趋势。

随着国际土地持续利用研究的逐步深入,我国学者于 20 世纪 90 年代中期开始对土地持续利用进行探讨(林培等,1990;傅伯杰等,1997;谢俊奇,1998;陈志刚和黄贤金,2001;刘彦随,1999;陈百明和张凤荣,2001),从社会、经济、生态、时空、技术、伦理与人地协调等多角度,对土地持续利用的内涵和本质进行了深化、拓展与补充;张凤荣等(2000)从理论上阐述了自然条件、经济因素、社会因素、土地持续利用与环境保护、土地利用管理和土地利用规划等问题,并针对我国不同区域分别进行了土地持续利用管理的实践研究;唐华俊等(2000)对土地持续利用研究的历史、土地持续利用评价和区划、土地利用变化的趋势和模型等进行了探讨,并归纳和总结了我国典型区的土地持续利用模式;刘彦随和鲁奇(1998)提出了包括属性控制、实施控制和决策控制的分层控制技术操作模式;黎夏和叶嘉安(1999)提出利用 GIS 和遥感进行持续土地开发利用的辅助规划模型,以望获得合理的城市发展布局并提出减少土地浪费的新方法;薛建春和白中科(2010)以包头市为例探讨了城市化进程中土地持续利用评价的必要性,结合城市化进程中土地利用的特点选择因子并建立评价指标体系,采用综合指数法进行土地持续利用评价并给出相应对策;罗格平和张百平(2006)以天山北坡为例,在科学分析可持续土地利用模式的基础上,根据土地类型及其空间结构,进一步完善和提升了近年提出的干旱区山地利用模式和干旱区绿洲-中山带立体双带模式,并基于典型的干旱区绿洲格局提出了冲积平原绿洲农业规模经营模式、冲洪积扇绿洲集约利用模式以及河流尾闾三角洲绿洲生态利用模式;张军岩等(2009)研究了胶州湾地区近 20 年以来的土地利用变化并分析其对区域可持续发展的影响,认为土地利用变化对区域可持续发展的影响可以从对粮食安全、生态环境以及社会经济发展的影响等方面反映出来。

此外,还有许多土地可持续利用研究的专著及论文,研究内容主要集中在土地可持续利用的理论研究(袁磊等,2010)、农用地可持续利用(周小萍等,2006)、土地可持续利用驱动力及其影响因素(李新举等,2007)、城市及其边缘区土地可持续利用(郑灵超等,2007)、基于景观生态学的土地可持续利用(卢远等,2004)、持续土地利用规划(俞孔坚和袁弘,2009;于苏俊,2006)、地理信息系统和遥感等技术在土地可持续利用研究中的应用(黎夏和叶嘉安,1999)等方面。

随着重庆成为城乡统筹试验区,势必迎来一个全新的发展机遇,但也给如何实现区域土地利用平衡带来了挑战。为此,本书借鉴学术界和政府有关部门过去在土地利用平衡利用中出现的困境,土地利用平衡的实现途径以及土地利用平衡的保障等方面进行的大量研究,为未来经济跨越式发展过程中的区域土地利用平衡问题提供理论基础。

1.2.1 土地利用平衡的困境

虽然当前世界各国普遍接受和重视耕地资源保护是一个世界性的问题,但我国作为世界上人口最多的国家,耕地保护的现实意义尤为突出。我国从1997年开始就实行了世界上最严格的土地用途管制制度,目的就是严格控制农地非农化,保护农地资源特别是耕地资源。尽管如此,自2003年以来,受经济建设和房地产开发热等因素影响,耕地资源减少速度一直呈上升趋势。其中,2003年全国耕地减少比例为2%,达到历史最高点。近几年在国土资源部的强力控制下,耕地资源减少速度开始下降,但每年仍有大量耕地资源被建设占用[①]。随着改革开放的不断深入以及社会经济的高速发展,目前全国在土地利用平衡过程中始终处于两难困境,一方面粮食安全和生态安全压力下对耕地保护的诉求日益强烈,另一方面城市的加剧扩张和经济发展对建设用地的需求不断增长。

1.2.1.1 耕地资源保护

现代资源保护运动起源于19世纪早期,耕地资源保护相对较晚,20世纪60~70年代才逐渐被世界各国普遍接受和重视(郝晋泯和段瑞娟,1999)。兴起耕地资源保护主要有两个原因:第一是第二次世界大战以后人口数量剧增,人均耕地面积不断减少;第二是自然灾害和环境污染引起农田损毁和土壤退化。尽管自然灾害损毁农田的现象早已存在,但第二次世界大战以后自然灾害、环境污染对农田的破坏程度随着人口增加和工业发展变得日益严重,因此引起了世界各国对耕地资源保护的重视。同时,耕地数量及其质量关系到人类的食品供给及食品价格,影响国家的

①数据来源于:《2008年中国国土资源公报》。

粮食安全,这也是耕地资源保护更深层次的原因。国外耕地保护的范围较广,一般称为农地保护。国外学者对农地保护的目的和内涵研究主要存在两种观点:一种观点认为,农地保护主要目的是对环境或土质的保护,侧重对环境质量和与土地相关的因素研究。大部分学者在研究耕地变化问题时主要关注耕地损失带来的影响,集中探索宏观经济政策与土地利用变化对耕地质量和数量的影响以及对土地景观生态的保护。另一种观点认为,农地保护的主要目的是出于粮食安全的考虑,侧重耕地数量质量的实证研究(Krieger,1999)。

我国以占世界 7% 的耕地面积养活占世界 22% 的人口,形势十分严峻。因此,我国耕地保护的首要任务就是保护能够满足人口与经济社会发展所必需的基本农产品的持续生产能力,做到耕地资源数量、质量与环境和谐统一。20 世纪初,我国耕地保护被赋予了新的内涵:不仅要注重耕地数量的保护,更要注重耕地质量和生态环境的保护。

保护耕地数量是指采用行政、经济、法律、技术等措施与手段,严控现有耕地数量不减少,如严控建设占用耕地,防止水土流失,减少自然灾害毁坏耕地等(纪昌品等,2005)。耕地质量指构成耕地资源的各种自然和环境因素的总和(李丹等,2004),表现为耕地资源生产能力及产品质量的高低和耕地环境状况的优劣。保护耕地质量,是指采取行政、经济、法律、技术等措施与手段,首先保护质量高的耕地资源,且改造治理耕地资源中的限制因素,同时保证在利用过程中耕地质量不降低(梁留科,2006)。耕地生态环境保护是对已经退化的耕地进行改造治理,恢复其生产与服务功能,防止具有潜在风险的耕地资源发生退化,防止耕地资源生态环境污染与破坏,合理利用耕地,并维持与发展生态环境平衡(孙海兵和张安录,2006)。因此,我国耕地保护的本质是为了满足国家计划和区域经济社会持续发展的需要,而且这些耕地资源具备较高的生产能力,优越的立地条件,适宜的生态环境,可直接服务于农业生产所必须保有的耕地资源以及立法、管理、监测等手段的总和。

从理论上讲,保护耕地就是保护耕地资源的生产能力,使其不遭到破坏(刘维新,2005),既可解决耕地的供求矛盾,又可协调社会经济发展对耕地的需求与保障食物供给所需保留具有稳定生产能力的耕地之间的矛盾(吴阳香,2006)。另外,大多数国内学者并未明确界定耕地保护,而是从耕地的数量、质量、时间、空间、生态等方面分析耕地保护。

(1) 耕地保护的制度与政策

无论是发达国家还是发展中国家,城市化过程中的农地(耕地)保护问题一直是颇受关注的问题,人口的不断增长、淡水供给的减少、农地的丧失和全球气候的变暖都影响着粮食生产满足人类需要的能力。而且,所丧失的大部分农地属于优质农地,这些农地除了可以提供直接产品外,还具备生态功能,如生命支持、开敞空间的保存、生物多样性的维护等,一旦转变成建设用地这些功能就会立即丧失。为此,出于粮食安全、开敞空间和环境保护保持等目的,世界各国都将农地保护作为一项十分重要的政府行动,通过制定法律和实施制度促进农地保护。

美国是最早重视农地保护的国家之一,早在20世纪30年代初就对农业实行了限制性保护规划;20世纪60年代颁布了一系列公有土地管理的法律法规,规范了公有土地的分类、利用、评价和转化;1976年提出基本农田的概念,并对基本农田的内涵进行了严格界定;1981年提出正式的农地保护法律依据,即《农地保护政策法》。为了确定农地保护的范围与类型,Beek和Bennema(1997)提出"土地评价和立地分析"体系(LESA),该体系后来被广泛应用到全世界农地保护的实践中(蔡运龙,2001)。

日本为了缓解用地紧张,通过山区技术开发、改造和填海造田等途径来增加耕地面积,并于1950年颁布了《国土综合开发法》,1965年颁布了《地方开发促进法》、《山区振兴法》,1974年颁布了《国土利用计划法》和《大都市圈整理》、《特定地域开发对策》等相关法律法规,用以促进土地的开发与利用(贾绍凤和张军岩,2003)。

韩国、日本、美国、法国、英国等国家对农地转为建设用地设置了较高的门槛,做出了严格限制,并通过土地使用计划和规划、土地利用细分控制、分区管制及各种土地相关法令等,对私人和国有土地的使用权进行了严格限制,极大地保护了农地。其中,美国是较早实施土地用途管制的国家之一,其土地用途管制的内容在不同的历史时期有所不同。20世纪50年代以前,美国主要是使用密度和容积率方面的管制,50年代以后,控制城市规模的不断扩张,保护优质农地成为土地用途管制强调的主要内容,由此土地用途管制的内容成功转向控制城市规模和保护农地。

伴随着社会经济的高速发展而呈现出的大量农地非农化现象也迫使我国政府对原有的土地管理制度进行改革。其中,维持粮食安全的重要途径是保护好农地(耕地)资源。20世纪90年代末我国相继出台了《基本农田保护条例》和《中共中央、国务院关于进一步加强土地管理切实保护耕地的通知》,并且修订了《土地管理法》,完善了我国的耕地保护制度。从表面上看,保护耕地与发展经济是矛盾的,保护耕地势必制约经济的发展,而经济的发展则需要占用一定数量的耕地资源,但深入分析后却发现两者是可以统一的(郭贯成,2001)。要使这对"矛盾体"相互统一和谐发展,必须使资源、人口、环境与发展相协调,而耕地资源是最重要的资源之一,因此,保护耕地的重要性显而易见。

要保护好耕地资源,首先要明确耕地资源保护的目标:一是耕地的数量和质量保护;二是实现耕地的可持续利用;三是科学合理和集约利用土地。土地评价是耕地保护规划的科学依据,土地生产力是制定耕地保护数量的科学基础,土地规划与土地法规体系的落实是耕地保护顺利实施的基础保障(李宪文和林培,2001)。所以,耕地保护应以土地规划为依据,严格实行耕地的法律管制,严惩非法占用耕地的行为。

当然,许多学者针对当前我国耕地保护制度实施中存在的问题提出了自己的观点和完善建议。艾建国(2003)分析了过去20年我国国家水平和省级水平的耕地资源变化后认为,我国的耕地总量动态平衡是通过西部生态脆弱区的土地开发与复垦弥补东部发达地区耕地数量的减少实现的,这将对长期粮食安全和环境带来不利影响。王万茂等(2001)对耕地总量动态平衡内涵进行了详细的剖析,认为耕地总量动态平衡的内涵不仅包括数量平衡,而且应包括质量平衡、生态平衡、时间平衡、区际平衡和空间平衡。翟文侠和黄贤金

（2003）运用多元回归模型对我国耕地保护政策运行效果进行评价后认为,耕地保护政策是实现我国耕地保护战略的重要手段,但还需进一步完善。张玉宝(2004)认为,我国的耕地占补平衡政策在实践中已变形,在分析了其主要表现形式及原因的基础上提出了建立长效机制的建议。曲福田和冯淑怡(1998)在分析了我国耕地资源减少的严峻形势以及西方有关耕地保护的制度法规后,着重从耕地产权制度、土地用途管制制度、土地利用规划制度和土地整理等方面提出了我国耕地保护和管理制度体系。宗仁(1998)从捍卫土地利用总体规划的权威性出发,提出必须严格实行土地用途管制。由此可见,农地(耕地)保护制度的实施对促进农地(耕地)保护,实现土地集约利用发挥了重要作用。

（2）耕地保护补偿机制

目前对于耕地补偿的研究大多集中在征地补偿方面。国际上通行的确定补偿标准做法是以被征收(征用)土地市场价值为基础,统筹考虑产权受侵害者的土地利用状况、财务损失、土地市场和征地时间、过去征地补偿的历史、土地投入构成等因素(Treeger,2004)。美国学者对美国征地条款和政治程序进行了法理分析,认为一个补偿机制至少要达到三个目标:①确保政府有适当的动机把私人损失纳入公共工程的成本收益评估中;②提供对失去所有权者的公正保护;③最小化失去所有者放纵的无效率行为的动机(Thompson,1997;Paul,1991)。

国内对耕地保护补偿机制进行研究的文献相对较少,大多仍然集中在征地补偿方面,我国征地补偿费偏低,这个在学术界已达成了共识。《土地管理法》规定,按被征土地前3年平均年产值的倍数计算的土地补偿费和安置补助费的标准是一种完全与市场无关的政策性标准(段文技,2001),并且目前土地征用行为存在着滥用征地权、补偿标准低、补偿范围窄、劳动力安置不当等问题(陈江龙等,2002)。合理的补偿应按土地资源特别是耕地资源的总经济价值进行补偿,逐步建立起长效的耕地经济补偿机制,这是抑制非农化的根本途径(牛海鹏等,2009)。同时,从耕地保护和粮食安全的外部性出发,将耕地保护的外部性补偿界定在粮食主销区对粮食主产区的经济补偿,建立一套切实可行的补偿机制,实现粮食产销区的优势互补、共同发展,并从补偿标准、补偿面积以及补偿方式与管理等方面构建耕地保护区域补偿的框架(朱新华和曲福田,2008)。另外,可以借鉴世界各国补偿的范围和标准,扩大我国土地征用补偿范围和提高补偿标准,避免土地征用与地产经营出现较大差距,并且按照总经济价值原理,对土地资源的使用价值和非使用价值都应该进行完全补偿。在补偿过程中还应该从失地农民土地财产权益的实际损失角度考虑,征地补偿费应该包括土地的机会成本、城市居民最低生活保障待遇(包括补助最低生活费、养老保险、医疗保险、失业保险等)(刘卫东和彭俊,2006)。

1.2.1.2　城镇建设扩张

城市扩张的外在表现是一种低密度的、独立的、分散的、具有社会和环境双重效应的特殊城市规模增长。城市扩张的积极作用是提供了更多的生活空间和住房,而消极作用主要集中在规模扩张引起的土地消耗率过高、资源使用效率较低,以及扩张带来的城市人口增长。早在19世纪30年代,西方学者们就开始了对城市扩张的研究(史晓云,2004),随着计算机的产生,从20世纪50年代开始,计算机被用于大都市扩张的研究(Klosterman,1994)。改革开放后中国经济高速发展,建设和吃饭问题的矛盾日益凸显,国内学者也开始关注城市建设扩张问题,其中对建设用地扩张和规模预测的研究较多。研究发现,我国建设用地以外延扩张为主,大中城市扩张的建设用地大部分来自占用耕地,实际利用效率和产出率低,土地开发利用方式较为粗放,集约化程度较差(邓红蒂,2003)。这种不合理的建设用地规模扩张对农地特别是耕地造成了很大的冲击,不仅对粮食安全造成威胁,也威胁到环境与生态安全(欧名豪,2000)。

(1) 城镇建设用地增长的驱动因素

城市化在空间上表现最为明显的是城镇建设用地的扩展,耕地日益减少已经成为现在乃至将来土地利用变化的主要特征(王海鸿等，2008)。城市建设用地扩张是各种因素共同作用的结果。学者们通过对制度因素、城市化进程、产业发展进程、规划理念发展的分析，剖析城市土地利用变化与驱动因素发展的关系，明晰了多样化因素对城市土地利用变化的驱动机制，其中，经济发展状况、人口增长和城镇化水平是最重要的驱动因子(赵小等，2008)。城市人口的增长和城镇化水平的提高必然使得城市居民对交通、住房和公共设施等方面的需求增加，城镇化水平的提高和城市人口的增加是城市土地扩展的直接动因。经济发展则是城市用地扩展最重要的驱动因素，它不但对城市用地的扩展产生直接的影响，而且还通过刺激城市人口增加和促进环境条件改善，对城市用地的扩展起驱动作用(谈明洪和李秀彬，2003)。学者们通过研究国内城市用地扩张的影响因素发现：珠江三角洲(简称珠三角)新增城镇建设用地主要由经济增长带动，建设用地增长波动过程受区域经济运行的周期影响，经济增长高速期，建设用地大量增加；经济调整期，建设用地增长相对缓慢，城镇新增用地反映了城市经济建设对用地的需求(邓世文，1999)。福建省第三产业发展、固定资产投资增加以及居民生活水平提高是建设用地增长的主要驱动力，而全社会固定资产投资与农业内部调整是导致耕地减少的主要原因(韦素琼，2003)。深圳市土地利用变化的驱动力主要是人口增长、第三产业的发展、外资投入(史培军和陈晋，2000)。新疆建设用地扩张的主要驱动因子是人口增加、经济发展、产业结构调整以及土地政策(段祖亮等，2009)。社会整体发展水平是导致泉州市县域建设用地变化驱动机制分异的主导因素，服务业发展和工业化驱动建设用地变化存在地域差异，消费因素对建设用地的驱动反映了地域特点和观念，人口因素、投资因素对建设用地的驱动不确定性较大(刘诗苑和陈松林，2008)。南京城市土地扩展的首要驱动力源于城市化进程的加速，人口持续增加，城市必须为市民提供应有的物质和精神空间，这种"增长极"式的社会经济、人口的向心化将是城市化及城市土地扩展的基本前提，并且经济总量增长、人口增长、产业结构调整和行政区划调整对建设用地变化影响极其显著(朱振国,2003)。另外,研究表明,市场的力量、交通可达性和地表的自然环境等都会对建设用地扩张产生影响(司成兰和周寅康,2008)。

随着我国经济建设的逐步推进,经济日益发展,将带来我国城市化水平的提高及城市规模的扩张,城市建设用地的持续增长势在必行。如何解决城市建设用地规模扩张的用地需要和耕地总量不变的宏观目标,从而实现土地利用平衡发展,值得深入思考。

(2) 城镇建设用地规模预测的模型方法

城市建设用地规模预测指根据相关历史资料和未来社会经济发展对建设用地的客观需求,通过采用一些预测方法模型,对城市未来建设用地需求量做出预测。其目的是分析过去城市建设用地的变化情况,预测和把握未来城市各类建设用地需求数量和变化趋势,为有计划地合理利用城市建设用地,切实保护耕地资源提供科学依据(郭成利和董晓峰,2009)。

目前,国外的做法主要是应用 GIS 进行空间分析和详细调查,把用地规模与布局结合起来。例如,美国学者应用 GIS 把土地划分为若干类别,采用详细调查的方法,确定未来土地利用的建筑密度与混合程度,用以估算未来的土地开发容量,同时还需兼顾区位、交通条件等各方面的影响因素,合理安排各业用地与用地规模。韩国学者在进行土地利用规划时,首先采用 GIS 设定保全地域,包括生态物质循环系统与自然生态栖息地用地,然后在剩余的空间内考虑交通、区位等条件,科学合理地安排各类用地的布局与规模(Anthony,2003)。国外在建设用地需求数量预测方面,建立了比较科学适用的模型(Adams et al.,1995),如 1993 年 FAO 组织构建了建设用地量、投入的资本量、投入的劳动量与 GDP 之间的函数模型。

国内现行的建设用地规模预测方法主要分为 4 种类型:①定性预测法。常用的方法有德尔斐法、头脑风暴法、历史分析法、主观概率法等。它是基于专家的经验,即可用上一轮规划期间实施的年建设用地规模加上原规划年建设用地数量,作为此轮规划的年平均用地规模。②定额指标法。此方法是按国家规定的各类建设用地的定额指标,预测未来一定时期内建设用地的发展规模(王瑛和陈银蓉,2008)。定额指标法仅仅是对人口和城市化水平做一些分析,并没有考虑其他因素的驱动作用,且在不同阶段城市用地的内部结构也不完全相同,其预测结果就难以反映不同时期、同一城市发展的差异性。这种统一标准的方法灵活性小,可调整的幅度不够,使得预测值与实际需求存在较大偏差(罗里辉和吴次芳,2004)。③分类预测法。该方法是把建设用地进行分类并对各类建设用地进行分别预测,然后汇总求和。如可以从土地供应的角度把城市建设用地需求分为基础设施需求、供应用地需求和房地产用地需求等部分进行研究(袁健和曾令交,2004)。在分析和预测城镇建设用地时,需要根据历年用地统计数据、社会经济发展统计数据、人口统计数据等进行相关预测分析。④数学模型预测。应用于我国城镇建设用地预测的主要模型有回归预测模型、时间序列 ARIMA 模型(王瑛和陈银蓉,2008)、双因素理论模型(涂建军等,2005)、灰色系统理论模型等(张琛等,2007)。

此外,近年来也有研究者运用 Monte Carlo(慎勇扬,2006)、BP 神经网络模型(王增彬和迟恒智,2007)、CA 模型(毕巍强,2002)等模型方法进行建设用地需求量的预测。

1.2.2 土地利用平衡的途径

改革开放后,我国经济社会发展迅速,经济社会的跨越式发展和推进离不开土地资源的承载和依托,同时也意味着用地需求的大量增长,然而这种增长,会给粮食安全和生态安全带来极大挑战。目前,解决耕地保护、经济建设和生态安全的矛盾,实现土地利用平衡的途径主要集中在以增加耕地数量为主要目标的"土地整理"和以土地利用规划为主的"集约利用"两方面。

1.2.2.1　土地整理

　　土地整理活动是人类社会利用土地发展到一定阶段的产物,是协调人地关系,实现土地资源优化配置的重要手段,在缓解人地矛盾、解决土地利用问题方面有着十分重要的作用,成为人类利用自然、改造自然,满足自身可持续发展需要的重要途径。在社会制度、经济发展程度不同的国家,由于政治、文化、经济和地理的多样性,土地整理的内涵也有所不同。随着人们社会价值观念的改变、土地利用观念的更新以及人类利用和改造自然能力的提高,土地整理的概念和内涵也处于动态的发展过程中。狭义的土地整理仅指农地整理,广义的土地整理包括城市土地整理和农地整理两方面内容。

(1) 城市土地整理

　　城市的发展和变化,意味着土地利用结构的调整和生态环境的改善。城市土地利用现状比农村土地更具固定性,地块一般更细碎,产权关系和利益关系更复杂,为了有效调整土地利用结构和改善土地生态环境,越来越多的国家开始采用城市土地整理(简称市地整理)。西方国家城市土地的整理一般被称为市地整理(urban readjustment),据文献记载,市地整理的概念起源于德国(何芳,1997)。19世纪末,德国进行广泛市地整理,有效地推动了城市的发展和重建。国外市地整理的概念是:为了提高城市土地利用率以及促进城市土地合理布局,将一定范围内属于不同所有者的城市土地(有时也可以包括部分农地)集中起来,进行地块的合并或者重组。同时,修建和改建道路等基础设施,增加绿地等公共用地,改善区域内的土地利用结构与生态环境,然后再将该区域内的土地或与土地相同的价值按一定的原则分配给土地的原来所有者(张军连和李宪文,2003)。

　　由于制度、经济的不同,不同的国家和地区在市地整理时也是各有特点。日本在对城郊土地进行整理时,由政府组织和管理,由于土地私人所有,政府和土地所有者必须合作。美国工商业废弃地的整理,政府只是出台相应的优惠政策,主要由企业实施操作。韩国主要利用基础设施建设能带来相邻地块地价增值的原理,对土地利用方式和土地收益分配方式进行调整,保证了政府、居民和企业的利益(谢经荣,1997)。我国香港特别行政区的市地整理主要由政府发起实施,土地经营多采取批租形式。我国台湾地区将土地整理称作土地重划,具体分为城市土地重划和农地重划(谢智荣,1996)。在市地整理的政策法规方面,1893年瑞士颁布的《建筑法》中就有关于城市土地整理的规定(李志超和周世烨,2000)。1953年德国颁布了《土地整理法》,科学合理地规定了土地使用权置换与企业用地重组等问题。日本是亚洲最先兴起城市土地重划的国家(萧承勇和郑英,2001)。1979年我国台湾地区公布了《都市土地重划实施办法》和《奖励都市土地所有权人办理重划小法》(谭峻,2001)。在20世纪,城市土地整理在许多发展中国家已成为城市规划中最有意义的国际合作之一。

我国当前城市土地整理的研究相对较少,主要集中在城市土地整理的定义(杨庆媛等,2000;董德利和徐邓耀,2000)、城市土地整理的内容(李秀霞,2001)、城市土地整理的潜力(夏显力等,2005)、城市土地整理的模式(夏涛,2007)等几方面。不同学者对我国城市土地整理定义的描述虽然不尽相同,但都是针对土地利用不合理和城市土地需求增长的状况而提出的,其最终目的都一样,即缓解城市土地供需矛盾,改善城市土地利用环境。在此基础上,学者们也提出了许多城市土地整理模式,包括以环境治理为主的城市空间整治模式;以产业结构调整为主,向多维空间发展的立体土地整理模式;城乡一体化的"三位一体"改造模式;"退二进三"型土地整理模式;功能分区型和就地改造型土地整理模式等(夏涛,2007)。改革开放后,旧城区土地利用集约较低及城市环境状况有待于进一步改善等客观现象要求对不合理利用的城市土地进行整治。因此,我国现阶段城市土地整理的内容主要有企业资产重组、旧城改造、"城中村"改造整治、废弃地整理、闲置地整理以及城市绿地预留等。

（2）农地整理

农地整理最早出现于西欧国家,如法国和荷兰等国家,其开展农地整理的目的主要是解决当时农业生产效率低下和农用地分散经营的问题(蒋一军和罗明,2001)。第二次世界大战以后,农地整理在世界各国变得非常重要,改善农业生产条件的高成本手段被运用到农地整理中。原苏联围绕有关的土地法令和土地利用及保护土地的决议,改善自然景观和创造良好的生态环境;加拿大农地整理的内容是对一定区域内的农地进行调整和治理,以提高农业和林业的生产条件、改善人居条件,进一步进行土地改良和开发,合理利用土地,控制城市范围的过分扩张,调节生态平衡,进行最佳区域性规划,促进各地区经济、文化、工农业生产的发展(严金明等,1998)。近年来,农业生产过剩和环境恶化等问题使西欧国家农地整理的目标发生了明显的变化,优化景观和改善自然条件成为农地整理的重要部分,农地整理从提高农用地生产力转变为改善农民生活条件和提高农业生产竞争力(罗明和张惠远,2002)。从土地整理先进的国家可以看出,当土地整理发展到一定的阶段,其程序内容已成为法律条款,并不断得到完善,再加上土地整理是政策性很强的实践活动,成为政府实现既定目标的重要工具。由于各国自然禀赋、经济条件不同,社会、文化、政治背景不同,各国的土地整理实践和土地整理理论研究也有所差别,并且同一国家在不同历史阶段其土地整理的研究重点也不尽相同。

我国的土地整理雏形可以追溯到西周时期的井田制。20世纪90年代以来,随着城市化加速、人口不断增加、耕地不断减少,为保持全国耕地总量动态平衡,在保证粮食安全的前提下,为经济建设提供足够的用地保障,缓解土地需求压力,土地整理成为解决我国土地利用问题的必然选择,同时土地整理也是实施土地利用总体规划,落实土地用途管制的有效途径和促进农村经济发展的重要手段。

我国于20世纪90年代中期重新提出土地整理,标志着我国土地整理进入了一个全新的时代。目前已开展的土地整理大多数属于狭义的土地整理,即以增加耕地数量、提高耕地利用率和产出率为根本目的,包括已经利用土地的整治和结构调整、未利用土地的开发与采矿废弃地的复垦。其中,农地整理在当前和今后相当长时期内都将是我国土地整理的重要内容,其主要特点是以增加有效耕地面积,提高耕地质量为核心,通过综合整治开发,改善农业生产条件、农村人居环境及生态环境。现阶段农地整理主要分为村庄整理和农田整理。村庄整理包括村庄改造、归并和再利用,使农村建设用地逐步集中、集约,减少浪费性占用耕地;农田整理主要包括农田利用结构的调整、农田的整治和改造等。按整理的土地类型划分,农地整理可以分为耕地整理、园地整理、林地整理、牧草地整理及养殖水面整理等,并且包括大片农地整理区内零星的农户、田间路、零星村镇和工矿用地、小型水利设施以及零星的废弃地(邢玉忠,1998)。

目前,我国土地整理(农地整理)的研究大多集中在土地整理的产生、内容、意义、概念、效益等领域(俞明轩,1998;杨庆媛和冯应斌,2010)。土地整理研究随着我国土地整理事业的开展更加广泛,学者们就整理的潜力、产业化、可持续整理、效益、整理运作模式、整理区划与时机、产权调整与质量评价、优化等进行了研究(张正峰和陈百明,2003;张丽琴等,2003;吴良林等,2010)。另外,我国土地整理技术体系正日趋成熟,土地整理项目规划设计、未利用地适宜性评价等都开始采用地理信息技术(毛泓和王秀兰,2000;岳安志和张超,2009)。但从总体上看,我国土地整理目前还处于初级阶段,仍以增加耕地面积和提高耕地质量为原动力,以追求耕地数量和产出为目标,补偿因非农建设占用的耕地,维持耕地总量动态平衡,土地整理活动诱发或造成的生态环境累积与影响尚未引起足够重视,尚未进入主要以提高生活环境品质和农地生产质量为主要目的的阶段(罗明和龙花楼,2003)。

1.2.2.2 集约利用

土地集约利用是土地资源合理利用和可持续利用的核心,是实现土地利用平衡的主要途径。集约利用是与粗放利用相对的,两者均是土地利用的方式,集约利用最早来源于对农业土地利用的研究。早在一千多年前,我国最早的农书《齐民要术》中就表达了精耕细作、集约经营的思想,在西方最早是由以李嘉图为代表的古典经济学家在地租理论中提出的。土地集约利用是指在一定面积的土地上,集中投入较多的劳动与生产资料,使用先进的管理方法与技术,以期在较小面积土地上获得高额产量和收益的一种农业经营方式(陶志红,2000),也可理解为通过对现已利用的土地增加资本、劳力、技术,以提高单位土地面积产量和负荷能力的经营方式,是反映土地利用水平的重要指标之一(马克伟,1991)。

(1) 土地集约利用的理论基础

当前,土地资源优化配置与资源可持续利用已成为土地科学领域前沿的重要课题,也为土地集约利用研究提供了坚实的理论基础。德国经济学家杜能最早提出有关土地集约利用及空间布局的农业区位理论(约翰·冯·杜能,1986),随后,德国经济学家韦伯结合德国工业实际提出了工业区位布局理论(阿尔弗雷德·韦伯,1997),以及克里斯塔勒的中心地理论,注重区域城市分布与城市间的关系,并对市场、城市综合布局及土地利用模式进行了详细阐述(邵晓梅,2006)。这些理论的形成与发展是土地优化配置最原始的理论基础。另外,英国学者的田园城市理论、芬兰学者的有机疏散理论、赖特的广亩城市论、景观生态论和可持续发展理论等都被运用到土地集约利用的研究中(毛蒋兴,2005)。而研究土地合理集约程度的经典理论是土地报酬递减理论。英国经济学家马歇尔认为,土地规模报酬递减规律所解释的就是合理的土地投入问题,研究的是土地的合理集约度(马歇尔,1981)。另外,部分学者研究指出,土地利用既要节约用地,追求土地的产出效益,又要注重土地潜力的适度与可持续挖掘,应避免造成城市社会和生态环境的恶化(谢正峰,2002)。国内学者在引入国外关于土地集约利用的基础理论的同时,从方法论的角度阐述了国外土地集约利用基础理论对我国相关研究的借鉴作用(何芳,2002)。通过讨论城市土地资源合理配置、集约利用的实现机制等问题,构建了基于政府调控机制、市场机制、公众参与机制的城市土地资源集约化配置模式,认为土地置换是实现土地集约利用的重要手段,并对产业用地置换做了初步研究(龙花楼和孟吉军,2004)。另外,一些学者立足我国城市化迅速发展的实际,探讨了城市化发展与土地集约利用的关系。研究结果表明,城市化发展与土地集约利用两者相辅相成、相互促进,而且城市化建设与土地集约利用的目标是一致的(刘定惠和谭术魁,2003)。

(2) 土地资源集约利用评价

土地资源集约利用评价是衡量土地资源是否达到合理利用的评判标准,也是土地整治、土地资源开发利用、区域规划的重要依据。只有对土地资源利用方式作出科学评价,才能合理高效地利用土地,保护耕地,保障整个社会经济的可持续发展。土地资源集约利用评价以特定的土地利用为目的,与土地适宜性评价和土地潜力评价相比,在评价过程中,既要考虑影响土地生产力的气候、地形、土壤、地貌等自然因素,还要考虑土地资源利用的社会、经济等因素。同时,土地资源集约利用评价更加重视生态环境的保护,也特别提倡在土地利用中贯彻代内与代际公平原则。可见,土地集约利用评价实际上是土地适宜性评价在时空上的延续和在方法上的升华,土地集约利用评价与土地利用可持续评价目标是一致的。

国外较早的土地集约评价可追溯到 19 世纪 30 年代。英国于 1834 年成立了土地测量师协会,主要从事土地评价和土地测量(Moss,1985)。在随后的 160 多年间,英国的土地评价得到了迅速的发展。土地资源集约利用评价与系统分析的研究是同步进行的。20 世纪 30 年代以前,最典型的土地评价系统是美国 1933 年提出的康奈尔评价系统和"斯托利指数分等"(STR)。20 世纪 50 年代以后,各国积极开展土地评价与土地利用规划。为使土地评价在形式上得以标准化,FAO 在 1972 年提出了土地适宜性评价分类系统,并且在 1976 年正式公布了《土地评价纲要》,标志着土地评价研究广泛开展并不断趋向成熟。20 世纪 80 年代,随着计算机技术的应用,土地评价的理论和方法不断完善和改进,逐步向综合化、精确化方向发展。1981

年,美国农业部土壤保持局提出了主要用于农业目的的"土地评价和立地评价"系统,它是为规划工作者及管理工作者做出合理的土地利用决策而制订的(Smith,1981)。

20世纪80年代末期,随着3S技术和自动制图技术等高新技术的发展与应用,在土地动态评价、数据更新、评价精度方面取得很大突破,并能快速完成多维和多元信息复合分析。在土地评价与管理中,逐渐建起一系列土地管理信息系统,如澳大利亚的土地利用规划信息系统(SIRO)、加拿大的国家土地信息系统(Cangis)、英国的土地资源信息系统等。近年来发展的空间决策支持系统通过GIS技术与数学方法和专业模型的集成,更有利于土地资源的合理使用与管理。随着景观生态研究的不断发展,服务于城市景观生态、环境保护等的土地生态评价将成为将来土地评价研究的新趋势(刘耀林,2003)。

包括评价内容、评价方法、指标体系构建和技术应用在内的土地集约利用定量评价研究已经成为我国土地集约利用研究的核心工作。城市土地集约利用评价较常见的做法是可以从投入强度、利用程度、经济效益、社会效益和生态效益5个方面来构建城市土地集约利用评价指标体系,采用熵值法确定权重,用综合分析法对研究区的土地利用集约度进行综合评价(邱磊和廖和平,2010)。或者,采用多因素综合评价模型对土地集约利用状况进行研究,分别计算经济效益指标、生态效益指标、社会效益指标、环境效益指标以及土地集约利用综合效益指数等(郑华玉等,2008)。随着信息技术的发展,3S空间分析手段逐渐运用到集约评价中,如杨磊等通过运用RS、GIS的空间分析手段,得出了乌鲁木齐市2000~2008年建成区发展演变图,并对土地总体集约利用趋势进行了分析(杨磊等,2008)。

土地资源集约利用评价关键在于指标体系的构建,目前,国内外针对可持续发展建立起来的评价指标已达300多种,其中部分指标已在土地资源集约利用评价中得到了较好的应用。归纳起来,具有代表性的指标体系主要有对可持续土地利用定义合理分解形成的指标体系、"压力—状态—响应"指标体系、以资本为中心的评价指标体系和以协调度为中心的评价指标体系等4种

(Sccord and Zakhor,2007)。同时,研究者们还在不同领域建立了大量综合研究模型,如 IMAGEI 模型、CLUE 模型、IMPEL 模型、LU/GEC-1 模型等(Priestnall et al. ,2000)。土地持续利用与集约利用研究的深入和 3S 技术的广泛应用,为定量和多种方法的综合分析提供了可能。同时,3S 技术作为重要技术,为土地调查、监测、预警、辅助决策、跟踪反馈及动态管理等系统的建立提供了有效的手段。数字国土和虚拟现实等信息技术的全面应用,为促进土地集约利用提供了十分重要的技术保障。

1.2.3 土地利用平衡的保障

在城市化工业化过程中,需要更多土地来承载人口的增长与空间规模的扩大,但由于土地资源的自然供给是十分有限的,因此必须提高土地的经济供给能力,而保障各业用地需求是当前实现土地利用平衡的关键所在。也就是说,所有土地资源在现实的自然条件下,通过各项技术的运用、管理措施的完善、意识观念的提高等,因地制宜地对其进行开发、利用及保护,使其能够在数量、质量与结构等各方面实现对经济发展的用地支撑。为了保障土地利用平衡,学术界和政府部门进行了多方面的探索,主要集中在具有法律效力的制度政策和来源于实践的方法等两方面。

1.2.3.1 制度保障

针对工业化、城市化发展过程中带来的一系列土地问题,世界各国都将土地保护作为一项重要的政府行动,通过立法和制度的实施来促进土地保护,从而对促进土地合理利用,实现利用平衡发挥巨大推动作用。美国在 20 世纪初,由于西部地区早期土地政策鼓励采取掠夺性的开发方式,土地资源遭到严重破坏,对城市化工业化进程中的用地保障有很大影响,因此,联邦政府及州政府开始制定一系列措施及法律法规,如《土地政策和管理法》以保证土地的可持续利用和保障城市化进程中的用地需求(Andrew,1993)。英国中央集权的土地规划体系强调城市内部空闲地的集约循环利用,绿化带的保留及其税收体系是英国集约节约用地取得成效的重要原因。集约节约用地最有效的措施是减少占用土地的经济诱惑力以及用地规划方案应与空间规划进行协调,中央集权的规划体系更有利于节约用地。同时,英国政府还十分重视开发利用存量土地,其中之一就是充分利用工矿废弃地。英国中央政府制定了多种政策鼓励和支持对工矿废弃地进行改造,各级政府也相应地成立了专门的开发机构。由此可见,各种土地利用制度的实施对促进土地合理利用发挥了重要作用(Rozelle et al.,2002)。加拿大是一个土地资源相当富足的国家,但却丝毫没有放松对土地资源的保护与用地持续保障的管理。其最大的特点是健全法制,从联邦到省、市政府均有比较完善的法律法规体系。加拿大的土地资源管理的相关法律法规由总到分、由高到低、由大到小,一直管理到每一个不可再分的最小的土地单位(Kung,2002)。经过多年实践,日本的国家法令和各地制定的土地开发利用的“要纲”,对土地的开发做出了严格的规定,形成了一套完善的制度。有管理全国土地的《土地基本法》,有控制城市用地的《城市规划法》,有管理地价的《地价公布法》,有土地征用的《土地征用法》,有保护农用地的《农地法》等。据统计,日本有关土地的法律法规、法令及条例多达 500 多条(蔡运龙,2001)。德国为保障用地需求,合理高效利用土地,在宪法及民法中都对土地制度进行了明文规定(吴阳香,2006)。新加坡为促进土地可持续利用,满足经济、社会、自然要求的用地需求,制定了 20 多种与土地有关的法律法规,如《土地征用法》、《规划法》、《转移土地法》等(刘维新,2005)。纵观各国土地开发利用和保护的理论及实证研究,土地合理利用与土地利用平衡的理念始终贯穿其中。如土地用途管制制度、基本农田概念的界定、土地征用制度、土地登记制度、土地利用规划制度、土地开发整理(复垦)等制度的实施,无不体现着最终实现土地利用平衡的目标。

　　由于我国人多地少的特殊国情,经济发展、耕地保护和生态安全之间的矛盾尤为突出,为合理解决这三者之间的矛盾,实现土地资源合理平衡地利用,国家制定了大量的法律法规,新《土地管理法》施行以来,有力促进了耕地保护、社会经济发展和生态环境改善。另外,我国还实行了全世界最严格的土地用途管制制度,即使如此,每年仍然有大量耕地减少,土地资源闲置严重,利用效率低效,与土地合理和集约利用的目标相差甚远,导致土地利用的不平衡,究其原因主要是现行土地相关法律制度的不完善造成的。因此,学者们也提出应该完善土地相关制度的改革,其中涉及土地管理制度、土地产权制度、土地征用制度以及土地利用规划等相关方面的改革(陈志刚和王青,2005;李郁芳,2004)。其中,农村土地产权制度改革是我国土地制度改革的重点,20世纪80年代,以农村政策调整为前导,推动了农村以土地使用制度为核心的改革,从而初步形成了一套在框架结构上比较完整的新型土地制度,在一定程度上缓解了用地矛盾。但随着经济发展的加快,家庭联产承包责任制已经凸显出许多缺陷,因此为了保障用地需求,实现土地利用平衡,农村土地制度的创新是当前研究的重点和热点。

同时,全国各地政府响应国家号召,积极探索用地保障制度建设。如江苏省2003年2月提出了《关于深化土地使用制度改革,优化配置土地资源的意见》,其中经营性项目用地计划管理、建设用地定额指标管理、开发园区用地统一管理等措施手段对推进土地集约节约利用,加强城市化进程中的用地保障具有重要意义(余庆年,1999)。上海市制定了一系列确保合理用地的政策法规,如《上海市乡级土地利用总体规划验收办法》、《上海市土地储备办法》、《上海产业用地指南》、《上海市城市规划管理技术规定(土地使用 建设管理)应用解释》。另外,为了确保合理用地的实施,相关部门制定了《上海市建设项目审批中用地规模控制管理试行办法》(黄小虎,2004),在现有项目审批、规划选址和土地手续办理流程中,进一步强化土地预审工作,即在用地规模审核前必须要进行建设项目审批。这样,一方面有利于土地用途分区管制的落实和用地规模的控制,另一方面可以在既定的土地利用总体规划的框架内,保证各种相应的土地利用指标不被突破,合理用地,为实现土地利用平衡提供保障。

1.2.3.2　措施保障

　　土地利用决定土地的某种具体功能,土地资源功能的确定既要充分发挥土地自身的特性,也要满足社会经济发展对土地的需求(王万茂,2000)。因此,为了保障土地合理利用,实现土地利用平衡,学者们从方法论的角度讨论了土地资源合理配置、集约节约利用的实现机制问题,构建了城市土地资源集约化配置模式。例如,通过分析目前城市化过程中土地利用存在的问题,提出应对措施,其中重点指出土地开发整理是解决当前土地利用矛盾的有效方法(员小林,2004)。因为通过土地开发整理既可以保持耕地总量动态平衡,又可以保障建设用地供给。随着国家实行严格的土地供应政策,土地资源对社会经济、城市化发展的制约问题越发凸显。为了缓解建设用地的供需矛盾,切实保障城市化进程中的用地需求,有学者提出了盘活土地存量,保障建设用地的对策,包括搞好新一轮土地利用总体规划修编工作,健全完善土地集约利用相关政策,开展农村建设用地整理与新增建设用地挂钩试点工作,加快对城区老企业改造置换进度,综合治理采煤塌陷地,大力推进土地市场建设等(朱绍昌,2005)。另外,全国各地根据区域自身的土地资源特点,因地制宜地开发利用土地资源,盘活存量土地以保障城市化进程中的用地需求,进行了许多有益探索。如潍坊市潍城区将闲置土地按规划要求纳入盘活行列,把存量土地开发利用纳入建设用地计划,根据建设用地的数量、结构、布局等,按先急后缓,先近后远的原则合理安排计划指标(吴福东,2007)。河南省禹州市以土地收购储备中心为依托,组织队伍对城区所有闲置及具有开发价值的低效利用土地进行全面调查、汇总登记,由政府对城市低效利用和土地存量闲置、规划调整用地和旧城改造涉及的土地等实行统一收购、统一储备,统一开发经营,高度垄断土地一级市场,有效地遏制了国有资产的流失(董晓娟和张延伟,2005)。上海市提出处置闲置土地的一种有益思路,即推行《换地权益书》盘活存量土地资源,此方法有利于减少土地空置,减少土地资源的浪费(李振伏,2005)。综上所述,无论是土地开发整理复垦还是土地置换,挖潜后备土地资源,盘活存量土地资源是保障经济发展用地需求的主要途径,国家和地方政府都应该致力于进行相关制度和方法的探索,努力进行土地资源的内涵挖潜以及存量盘活,实现土地合理利用和保障土地利用平衡。

1.3　研究区概况

重庆市位于 $105°11'E \sim 110°11'E$、$28°10'N \sim 32°13'N$,地处较为发达的东部地区和资源丰富的西部地区的结合部,东邻湖北省、湖南省,南靠贵州省,西连四川省泸州市、内江市、遂宁市,北接四川省广安市、达州市和陕西省,东西长 470km,南北宽 450km,辖区面积 82 403km²,是长江上游最大的经济中心,也是西南工商业重镇和水路交通枢纽。现下辖 40 个行政区县,有 19 个区、21 个县。重庆以主城区为依托,各区、县形如众星拱月,构成了大、中、小城市有机结合的组团式、网络化的现代城市群,是中国目前最年轻的直辖市。

1.3.1　自然条件

(1) 地质与地貌

重庆市域的沉积岩地层发育完全,地质构造复杂,矿产资源比较丰富。基底由前震旦系浅变质砂岩、板岩组成,秀山和酉阳局部出露前震旦系变质岩系。基底以上为未变质的震旦系至第四系地层所覆盖。以红色碎屑岩为主的侏罗系地层最发育,分布最广,以白云岩、石灰岩等为主的下古生界地层则主要分布于市域东南部,岩浆岩主要是加里东期基性岩,仅零星出露于城口县城东北面。

重庆地处四川盆地东南丘陵山地区,其地貌形态总体而言有 4 个方面特征:

1）地势起伏大,层状地貌分明。东部、东南部和南部地势高,最高处大巴山的川鄂岭海拔 2796.8m,大多为海拔 1500m 以上的山地;最低处巫山长江水面海拔 73.1m,西部地势低,大多为海拔 300~400m 的丘陵。长江横穿巫山三个背斜,形成著名的瞿塘峡、巫峡、西陵峡,即长江三峡。由于地貌发育的阶段差异和新构造运动间歇性大面积抬升,在地域内构成从 300~2400m 七级层状地貌,由南北向长江河谷逐级降低。

2）地貌类型多样,以山地为主。全市地貌形态类型中有中山、低山、高丘陵、中丘陵、低丘陵、缓丘陵、台地和平坝等八大类。

3）地貌形态组合地区差异明显,以山丘为主。华蓥山—巴岳山以西为丘陵地貌,华蓥山至方斗山之间为平行岭谷区,北部为大巴山山区,东部、东南部和南部则属巫山大娄山山区。

4）喀斯特地貌分布广泛。在东部和东南部地区,喀斯特地貌大量集中分布,地下和地表喀斯特形态发育均佳。在背斜条形山地中发育了川东地区特有的喀斯特槽谷景观。在东部和东南部的喀斯特山区则分布着典型的石林、峰林、洼地、残丘、落水洞、溶洞、暗河、峡谷等喀斯特景观。

(2) 土壤与成土母质

土壤是历史自然体,是气候、地形、母质、生物、水文以及人为活动的产物。重庆市在特定的地质、地貌、气候、水文和植被等条件下,发育的土壤类型多样。根据土壤普查,全市共有水稻土、紫色土、黄壤、石灰岩土、新积土、黄棕壤、棕壤、山地草甸土 8 个大类,16 个亚类,37 个土属,114 个土种。

水稻土广泛分布于海拔 1500m 以下的河谷阶地、丘陵、平坝及溶蚀槽坝内。全市水稻土分属 3 个亚类,即淹育型水稻土、潴育型水稻土和潜育型水稻土,并以肥力较高的淹育型水稻土为主,占水稻土的 80% 以上。其次是潴育型水稻土,占水稻土的 10% 左右。这类土壤分布在水利排灌条件较差、深谷及大坝低洼之处,主要表现是冷、浸、毒。

紫色土是全市分布面积最广的土类,也是旱作农业的主要土壤,广泛分布于重庆市海拔 500~800m 的丘陵、低山、平坝地区。从地理分布上,西北部方山丘陵区广布着紫色砂、泥岩,紫色土分布尤为集中。

从水平分布看,紫色母岩分布的地区发育紫色土;石灰岩分布区发育石灰岩土;新冲积母质发育新积土。从垂直分布来看,由低到高大体趋势是新积土—紫色土—黄壤或石类岩土—黄棕壤—山地草甸土。

(3) 气候

重庆气候处于南温带与亚热带的过渡带,属亚热带湿润季风气候,农业气候资源较为丰富,农业气候条件较为优越,特别是农业立体气候显著,具有夏热冬暖,光热同季,无霜期长,雨量充沛,湿润多阴等特点。重庆市内各地气温的南北纬向差异不大,但由于地势的高低悬殊,导致垂直差异明显。地处长江中上游,降水充沛,空气湿度大,降水量丰富,年降水量为 986~1366 mm。太阳辐射弱,日照时间短。

农业气象灾害频繁。主要有夏伏旱、春秋低温、暴雨洪涝、大风冰雹。冰雹主要发生在春末夏初和盛夏的山区,大风与冰雹往往相伴发生。寒潮年均发生 3 次,强寒潮为每年 1.5 次。夏旱约 3~5 年 1 遇,西部和北部偏重;伏旱约 10 年 6~8 遇,通常与连晴高温相伴,中部地区最重。

(4) 水文

重庆市的水资源总量 536.4 亿 m^3。全市人均占有量为 1774.5 m^3,人均占有量低于全国平均水平,而耕地平均占有量高于全国平均水平。重庆市当地径流全部由大气降水补给,其年际变化和年内分配都和同期的降水量呈正相关。同时受地形地貌影响,地区之间存在较大差异。据全市多年资料统计,大部分地区年降雨量在 1000~1200mm,年平均降水总量为 995.7 亿 m^3。

市域内江河纵横,水网密布,除长江及其主要支流嘉陵江、乌江之外,还有流域面积在 3000km^2 以上河流 10 条,流域面积在 30~50km^2 以上河流 436 条。

主要河流有长江、嘉陵江、乌江、涪江、渠江、綦江、御临河、龙溪河、赖溪河、芙蓉江、安居河、大宁河、小江、任河等。其中除任河是注入汉水以外,其余均属长江水系。长江干流从西到东横穿市域全境,在境内与南北向的 5 大支流和若干中小河流构成水系。

重庆市境内的地下水均由大气降水补给,受地质构造、地形地貌及含水量空间展布的控制。全市地下水主要有碳酸盐岩岩溶水、碎屑岩孔隙裂隙水、基岩裂隙水三个类型。统计分析表明,重庆市地下水的年均总量为 149 亿 m^3,其中岩溶水占 78%,碎屑岩孔隙裂水占 16%,基岩裂隙水占 6%。

1.3.2　社会经济发展状况

重庆是长江上游水陆空枢纽和重要的物资集散地,是目前全国面积最大、行政管辖最宽、人口最多的直辖市,是中国西部地区集铁路、公路、水路、民航、管道五种运输方式为一体的综合交通枢纽城市已初步形成以重庆主城为中心的"一环五射"高速公路骨架;水路有穿越境内的长江、嘉陵江和乌江形成的水运主通道。

经核算,2010 年重庆实现生产总值 7894.24 亿元,比上年增长 17.1%。其中,第一产业实现增加值 685.39 亿元,增长 6.1%;第二产业实现增加值 4356.41 亿元,增长 22.7%;第三产业实现增加值 2852.44 亿元,增长 12.4%。第一产业增加值占全市生产总值的比重为 8.7%,比上年下降 0.6%;第二产业增加值比重为 55.2%,比上年上升 2.4%;第三产业增加值比重为 36.1%,比上年下降 1.8%[①]。2010 年全市粮食总产量 1156.13 万吨,比上年增长 1.7%。蔬菜产量 1309.54 万吨,增长 11.2%。肉类总产量 192.46 万吨,增长 2.5%。全年全社会固定资产投资 6934.80 亿元,比上年增长 30.4%。其中,基础设施建设投资 1911.45 亿元,增长 23.9%;城镇投资 6342.98 亿元,增长 27.9%;农村投资 591.81 亿元,增长 64.8%。城镇居民人均家庭总收入 18 991 元,增长 11.8%,

---

①数据来源于《2010 年重庆市国民经济和社会发展统计公报》。

其中人均可支配收入 17532 元,增长 11.3%。全年农村居民人均纯收入 5277 元,增长 17.8%[①]。

重庆市国民经济和社会发展中存在的主要问题是:城乡区域发展不平衡,库区产业空虚问题突出;经济增长方式粗放,资源环境约束突出;自主创新能力弱,企业核心竞争力不强;城镇就业和农村富余劳动力转移压力仍然较大,经济社会发展还面临许多亟待解决的突出矛盾和问题。

1.3.3　土地利用及耕地资源现状

(1) 土地利用现状

根据重庆市 2008 年土地利用变更调查资料显示,2008 年全市农用地 6 920 405 hm²,占辖区面积的 84.12%;建设用地 593 171 hm²,占辖区面积的 7.21%;未利用地 713 289.4 hm²,占辖区面积的 8.67%。

(2) 耕地资源现状

耕地数量和质量是区域国民经济和社会稳定发展的基础。根据重庆市土地利用变更调查结果显示,重庆市 2008 年末耕地面积为 2 235 932hm²,占土地总面积的 27.18%,占农业用地总面积的 32.3%。其中灌溉水田为 714 701.3 hm²,望天田为 375 247.4hm²,旱地为 1 136 165.6hm²,菜地为 9816.1hm²,水浇地 1.7hm²。全市耕地质量总体水平较低,坡耕地和低产田数量较大。根据重庆市农用地分等评价结果显示,优质耕地和劣质耕地较少,中等质量的耕地较多,整体上各等别面积比例为:优:中:劣=1:2:1。

目前重庆市耕地资源利用呈现出以下几方面特征:第一,主要集中在海拔 800m 以下的区域。其中海拔 500m 以下的耕地占耕地总面积 50% 左右。第二,陡坡耕地比重大。其中 25° 以上的坡耕地占 13% 左右,15° 以上的坡耕

---

①数据来源于《2010 年重庆市国民经济和社会发展统计公报》。

地占耕地总面积60%左右,由于坡耕地多,坡度大,生态基础十分脆弱,水土流失严重。第三,人均耕地面积小。全市2008年末人均耕地仅0.07 hm^2,低于全国人均耕地水平,随着重庆市的直辖和在长江上游经济地位优势的突出,建设占用土地的需求越来越大,耕地不断减少,用地矛盾突出。从2000年末到2008年末的8年间,全市共减少耕地28.70万 hm^2,平均每年减少3.59万 hm^2,耕地减少的趋势在一定程度上反映了经济发展的客观需求。第四,垦殖指数高,耕地后备资源严重不足。重庆市未利用土地71.33万 hm^2,仅占全市土地总面积的8.67%。其中,可开发为耕地的裸土地,荒草地,滩涂等所占面积不到未利用土地总面积的一半,且有相当部分位于山区,开发难度较大,成本较高。

第 2 章　与土地利用平衡相关的基础理论

2.1　系统理论

2.1.1　系统理论基本概述

系统论是由美籍奥地利人、理论生物学家 L. V. 贝塔朗菲创立。他在 1932 年发表《抗体系统论》,提出了系统论的思想。并于 1937 年提出了一般系统论原理,奠定了系统科学的理论基础。正式确立这门科学学术地位的是 1968 年贝塔朗菲的专著《一般系统理论基础、发展和应用》,该书被公认为是这门学科的代表作(段炼,1997)。系统是由相互联系、相互依赖、相互制约、相互作用的事物和过程组成的具有整体功能和综合行为的统一体。任何系统都要以一定的方式取得、使用、保持及传递能量、物质和信息,并需要对系统的各个构成部分进行组织,以保证系统自身的稳定和功能。归纳起来,系统具有整体性、层次性、开放性、目的性、稳定性、突变性、自组织性和相似性等基本特性(刘水清和张光宇,1997)。

(1) 整体性

由于构成系统各要素的相互作用,必然会产生某种系统效应。这种效应具体表现为系统的整体功能不等于各部分功能之和。系统的这种非加和性有两种可能:一种是整体功能大于各局部功能之和,称为正的系统效应;另一种是整体功能小于各局部功能之和,称为负的系统效应。

(2) 层次性

由于组成系统诸要素的种种差异包括结合方式的差异,使系统组织在地位与作用、结构与功能上表现出等级秩序性,从而形成了具有质的差异的系统等级,即系统的层次性。系统的不同层次往往导致表现出不同层次的系统功能。

(3) 开放性

系统具有边界,系统边界以外是系统的环境。系统具有不断地与外界环境进行物质、能量、信息交换的性质和功能。系统向环境开放是系统得以发展的前提,也是系统稳定存在的条件。

(4) 目的性

系统的目的性是指组织系统在与环境的相互作用中,在一定范围内其发展变化不受或少受条件变化或途径经历的影响,坚持表现出某种趋向预先确定的状态和特征。系统的目的性表现为系统发展的阶段性和系统发展的规律性的统一。

(5) 稳定性

在外界作用下,开放系统具有一定的自我稳定能力,即能够在一定范围内自我调节,从而保持和恢复原来的有序状态,保持和恢复原有的结构和功能。系统的稳定性是一种开放中的稳定性,既包括平衡的、静止的稳定性,也包括非平衡的、发展的稳定性。多数系统具有在非平衡状态下保持自身稳定性的能力。

(6) 突变性

系统突变性是指系统通过量变积累到质变的一种基本形式。系统突变性是系统质变的一种基本形式。系统状态发生改变称作"相变"。相变有平衡相变和非平衡相变之分。平衡相变形成的新结构是一种"死结构",而非平衡相变形成的结构只能在开放系统条件下依靠物质和能量的耗散来维持其稳定性,即在演化发展中维持其稳定性,是一种"活结构"。从无序到有序,从一种耗散结构到另一种耗散结构,从低级循环发展到高级循环,从一种有序态到另一种有序态,从一种混沌态到另一种混沌态,都是非平衡相变。

(7) 自组织性

自组织性是系统通过自己内部组成部分的相互作用,自发形成有序结构的动态过程。在一定条件下,由于系统内子系统的相互作用,形成具有一定功能和结构的系统。自组织过程是一个动态过程,不仅表现在自组织过程前后系统状态的变化,也表现为系统从一个均匀、简单、平衡的状态,转变为一个有序、复杂、非平衡的稳定状态。

(8) 相似性

系统的相似性是指系统具有同构和同态的性质,体现在系统的结构和功能、存在方式和演化过程具有共同性。这是一种有差异的共性,是系统统一性的一种表现。系统的相似性是系统的一个基本特征。如果没有系统的相似性,就没有具有普遍性的系统理论。系统的相似是相对的,差异才是绝对的。

(9) 系统的结构决定系统功能

没有结构就没有系统,也就没有系统的功能。结构是指系统内部各个组成要素之间的相对稳定的联系方式、组织秩序及其时空关系的内在表现形式。结构反映系统的内部关系,是系统一种内在的规定性。系统的结构是系统功能的基础,系统的功能依赖于系统的结构。具有一定的系统结构就具有一定的系统功能。系统的结构相同,则系统的功能也就相同。当然亦存在异构同功,即不同结构的系统可以具有相同的功能。

2.1.2　系统理论与土地利用平衡

土地利用系统的演变经历了一个不断分化、完善的过程。在原始社会,人类野居穴处,借土地的天然赐予过着"采集经济"生活。这时期的土地利用系统只有一种,暂且称之为"采集系统"。在新石器时代,有了原始畜牧业、农业和制陶、制骨的原始手工业,有了固定的村落和集中的公共墓地,土地的用途开始分化,出现了田、百、村、墓地等不同的土地利用系统。到青铜、铁器时代,又增加了冶炼作坊用地,原始居民点也开始分化,有统治阶级集中居住的"都"、"城"和平民百姓居住的"鄙"、"里"(何永棋,1991)。工业革命以后,除了城镇和工业用地大规模的扩展外,随着生活水平的提高,还出现了用于休闲娱乐的旅游用地以及用于保护环境的自然保护地等。

时至今日,每一种土地利用类型都可视为一种土地利用系统,它们具有不同的土地利用方式和不同的功能。土地利用系统的这种分化并没有停止,还将继续下去。随着科学技术的不断进步,人类生活水平有很大的提高,生活方式也将趋于多样化,随之产生多种多样、功能各异的土地利用系统,这些系统相互影响、相互转化。许多功能各异而又相互联系的土地利用系统组合在一起,构成一个土地利用大系统。其中,每一种具有特定功能的土地利用系统,如耕地系统、林地系统又成为大系统下的子系统,即大系统的构成单元。各种不同规模、不同产出性能、不同分布位置的土地利用子系统的组合及其联系形成土地利用系统的结构。划分土地利用子系统,确定子系统之间的关联方式,是刻画土地利用系统结构的重要方法。土地利用系统可以从不同角度或按不同标准划分子系统。按同一标准划分出来的子系统一般具有完备性和独立性,各个子系统还可以继续分出更小的子系统。不同结构的土地利用系统表现出不同的总体功能。根据系统的可测度原理,土地利用系统的总体功能是可以用经济、社会、环境效益指标加以衡量的。但系统的总体功能并不是各个子系统功能的总和。由于各个子系统之间存在着相互影响，即"外部性效应"，土地利用系统的总体功能可能大于或小于各子系统功能之和。系统结构好，总体功能就大，反之则小（何永棋，1991）。

土地利用系统的变化和发展，依赖于自然、社会经济系统及其各组成要素之间的相对运动。对该系统发展过程的分析表明，以生产工具水平、劳动者素质的提高以及人地观念的进步为表现形式的科学技术发展。科学技术的每一次进步，都相应地促进了土地利用系统的发展。在科学技术进步越来越快的今天，这种进步也体现得越来越明显。科学技术的进步，使人类对土地利用系统中各种流的认识和改变它们的能力提高，人类可以按照自己的目的改变土地利用系统中各子系统或各组成要素的运动状态，从而促进自然、经济、社会系统之间的协调，推动土地利用系统的发展。

土地利用系统与经济、社会系统之间的关系表现在它们的两重性方面，即任何一个系统相对于其他两个系统都表现出相对的两种不同的属性——自然属性和社会属性，如同人类本身同时具有自然和社会两重属性一样。土地利用系统相对于社会系统来说，是构成社会存在和发展的自然环境条件或自然基础；而相对于经济系统来说，则表现为经济活动所不可缺少的基本生产要素——自然资源。经济系统相对于社会系统来说，通过生产关系决定社会结构；相对于土地利用系统，则是变化的人类驱动力表现。社会系统为经济系统提供另一个基本生产要素——劳动，同时又通过科学技术的运用对土地利用系统发生影响。这种两重性正是持续土地利用系统的本质特征，它使人地系统成为一个整体，其中任何一个系统的发展都离不开另外两个系统的配合和协调以及各组成要素之间配置关系的协调。再加上土地利用系统的各个不同层次及子系统，其功能不可能处在同等的地位，各个子系统之间相互联系、相互制约、相互协调，使土地利用系统发挥整体的最优功能和效益。

2.2　产权理论

2.2.1　产权理论基本概述

产权是近年来从西方现代产权理论中引入的一个概念。它是指能使自己或他人受益或受损的权利。在公有制基础上,土地产权可以理解为以土地所有权和使用权等权能为基础,并反映这些权能转让或交易过程中所体现的个人或社会受益或受损的权利。土地产权关系,简单地说,就是人们占有和利用土地而结成的土地公利关系。现代产权理论认为,产权的功能就在于引导人们在产权交易中尽可能地将外在性内在化(吕益民和王进才,1992)。明确产权是资源有效配置的基本条件,因为资源配置的有效性取决于产权的明确程度,这一理论对解决土地产权界定与资源优化配置的关系问题是适用的。总体而言,土地产权界定明晰化程度与土地资源配置效率之间呈正相关关系。如果土地产权关系是清晰的,就能保证真正平等的法人地位及其平等的交易,土地产权主体之间的交易就会减少摩擦,交易成本就会降至最低,使得土地资源配置达到最有效的状态。此外,明确产权不仅有助于市场的基础调节,而且是有效计划调控的需要。由于现实生活中价值观具有不完全一致性,如果计划执行者权、责、利不明确,再完备的计划也难以得到贯彻。因此,根据土地产权理论,只有明确界定土地产权关系,促使产权主体独立化和真实化,形成各利益主体之间在经济、法律和利益方面内在的约束机制,土地资源的优化配置才具备了必要的前提条件。尤其在土地资源配置的微观层次上,没有明确的产权关系,土地使用者便不能成为利益主体,从而不可能产生追求最佳效率的内在冲动,土地流转受阻,这意味着土地资源的利用难以逼近最优的配置状态。

本书选择了三个有代表性的国家和地区——英国、美国和中国香港地区,借鉴他们的土地产权制度,对我国现行土地产权制度提供改革方向(魏景明,

2002）。

2.2.1.1　英国的土地产权理论

英国在法律上实行土地国有制,具体由两个层次构成:一是土地所有权,它属于国王所有;二是土地权益,它是指对土地的占有、使用和收益的一系列各种各样的权利。因此在英国直接附着于土地的不是所有权,而是土地的各种权益。英国法律规定,拥有土地使用权者被称为土地持有人或租借人。土地持有人所保有的土地权利总和,被称作地产权,包括土地的使用权、发展权、维护权和处分权(王卫国,1997)。地产权有两种形式:一种是自由保有的地产权,又称永业权,主要有三类,即无限制的单纯地产权、限制继承的地产权和终身地产权。其中无限制的单纯地产权是与绝对所有权最相近的权利,它是权利人在生前及死后依遗嘱形式行使的完全地占有、使用、收益和处分的权利。限制继承的地产权只限于本人及其后裔享有。终身地产权是以土地占有人的寿命或另一人的寿命为存续期限的地产权,终身地产权人有权占有并使用地产,还可以转让其权益。另一种是租用保有地产权,也称为租业权,它是有一定期限的地产权,大部分依协议而产生。最重要的租借地产权是有期限的地产权和定期地产权。前者因合同中规定的期限届满而终止,后者只有在地主或租户在合同约定的期限届满前通知对方时才终止,如果逾期未通知,则新一轮租借期又开始。由此可见,在英国,国家土地所有权是名义的土地所有权,从国王那里取得的土地权利具有排他性,是自由保有地产权,而从自由保有土地所有权人手中取得的土地权利是租借地产权。

2.2.1.2　美国的土地产权制度

美国土地产权制度同英国一样,属于英美法系,但美国是从名义到实际都是实行土地的私有产权制度,但这并不意味着美国的土地产权没有约束、限制以及美国所有土地都实行土地私有制。为了公共利益,美国也存在着对土地私有产权的限制,对土地产权的限制实质上就是政府干预的产权基础。但美国宪法规定保护财产所有权,将这种权利赋予每一个美国公民,并保护公民的这些权利不受各州政府的侵犯。所以,当土地所有者认为地方政府的干预侵犯了其土地权益时,可以以宪法规定为依据向法院起诉。正因为如此,美国的土地产权制度有相互矛盾的方面。一方面要维护大多数人的最大利益,另一方面又要保护个人的权利不受政府侵害。

与通常人们所想象的不同,美国的土地并不是全部为私人所有,而是呈现出多元化的形式。美国现有陆地总面积中美国联邦政府拥有 28%,私人拥有的土地大约为 58%,另有 12% 为州、县、市政府拥有的土地,剩下的 2% 为印第安人托管的土地。联邦、州、县、市在土地的所有权、使用权和受益权上各自独立,不存在任意占用或平调,如确实有需要,也要依法通过买卖、租赁等有偿方式取得(李玉峰,2002)。

2.2.1.3　中国香港地区的土地产权制度

中国香港地区是世界上仍采用土地批租制(租业权制度)的五个地区中的一个。其他的国家和城市分别是瑞典的斯德哥尔摩,澳大利亚的堪培拉,以色列以及荷兰的阿姆斯特丹。与永业权制度不同,批租制的土地使用者没有土地所有权,只拥有一定时期内的排他性权利。租业权制度的实质在于土地是按一定期限出租的,具体做法是:土地的批租市场只按一定年限出租土地使用权,而不出卖土地所有权。土地批租制的产权安排是政府拥有所有土地的所有权,土地购买者只能获得土地使用的租约,拥有一些权利束,包括转让权、使用权和收益权。

香港地区的土地批租制从英国殖民政府开始实行,从 1842 年至 1997 年共实行了 150 多年。1997 年香港回归以后,《中华人民共和国香港特别行政区基本法》规定:"香港特别行政区境内的土地和自然资源属于国家所有,由香港特别行政区政府负责管理、使用、开发、出租或批给个人、法人或团体使用或开发,其收入全归香港特别行政区政府支配。"(见《中华人民共和国香港特别行政区基本法》第 7 条),所以现任特区政府仍然是香港所有土地的唯一所有者。香港特区政府代表国家拥有除了圣约翰教堂的土地外,绝对的、永久的香港土地所有权(李玉峰,2002)。

2.2.1.4　中国内地的土地产权制度

与英美等市场经济国家不同,我国实行土地的社会主义公有制。在改革开放前用行政手段直接分配土地资源,而随着经济体制改革的深入和社会主义市场经济的发展,原有的土地利用机制越来越不适应经济体制改革以及社会主义市场经济发展的要求,因此土地产权制度不得不进行改革。土地产权制度的改革与中国其他经济领域中的改革一样,也实行渐进的局部性改革。一方面,在某些土地用途中仍保持行政性分配土地资源的方式;另一方面,对城市土地产权进行市场化改革,将土地所有权和使用权进行市场化分离,使土地使用权能在市场上进行交易,这样既保持了国家对土地的最终所有权,又通过土地使用权的交易提高土地利用效率(李累,2002)。因此,我国土地产权安排与土地私有制有很多不同。

目前我国土地权利包括土地所有权、土地使用权以及土地他项权利,其中土地所有权和土地使用权是我国两种主要的土地权利。因此,本书主要介绍土地所有权和土地使用权。另外,土地的他项权利是附着于土地使用权的权利,包括地役权、空中权、地下权、租赁权、借用权、耕作权、抵押权等。

(1) 我国的土地所有权

土地所有权是土地财产权利的核心,属于财产所有权的范畴,具有所有权的一般属性,是财产所有权中最重要的一种。土地所有权与一般财产权不同的是,由于土地资源的极端重要性,土地所有权制度一般直接构成社会制度的一个重要组成部分。

《宪法》规定了我国土地所有权具有国有和集体两种形式,即城市的土地属于国家所有,由国务院代表国家行使土地的所有权;农村和城市郊区的土地,除由法律规定属于国家所有的以外,属于集体所有。我国《土地管理法》第二条规定:"中华人民共和国实行土地的社会主义公有制,即全民所有制和劳动群众集体所有制。全民所有,即国家所有土地的所有权由国务院代表国家行使。"所以,国家土地所有权的主体是国家,由中央政府授权各级地方政府来分级行使。根据我国法律规定,土地所有权不能以任何形式交易。土地所有权的买卖、赠与、互易和以土地所有权作为投资,均属非法,在法律上视作无效。新增城市土地所有权只能通过征用城市郊区集体土地所有权来获得。因此,国家土地所有权都是单向性的、不可逆的,实际上不存在国家所有权的终止(朱德举,1993)。

根据《土地管理法》第十条规定:"农村劳动群众集体土地的所有权主体是劳动群众集体。而集体土地所有权由村集体经济组织或者村民委员会经营、管理,已经属于村内各农村集体经济组织或者村民小组所有的,由村民委员会经营、管理;已经属于乡(镇)农民集体所有的,由乡镇农村集体经济组织经营、管理"。关于集体土地所有权的客体,《土地管理法》第八条明确规定:"城市市区的土地属于国家所有。农村和城市郊区的土地,除由法律规定属于国家所有的以外,属于农民集体所有;宅基地和自留地、自留山,属于农民集体所有"(陈德荫,1991)。

(2) 我国的土地使用权

与土地所有权相对应,我国的土地使用权也有两种,即国家土地使用权利和集体土地使用权。关于我国的土地使用权,在《民法通则》《土地管理法》、《城市房地产管理法》和《城镇国有土地使用权出让和转让暂行条例》中均有规定,具体种类有:城镇建设用地使用权、乡镇企业建设用地使用权、农业用地使用权、农村宅基地使用权等。在我国,土地使用权是从土地所有权中派生出来作为一种相对独立的权利形态而存在(林培,1994)。

从国有土地使用权的概念中,可以发现我国土地使用权本身的特征:首先土地使用权是一种物权,所谓物权是指权利主体支配物的绝对权;其次,土地使用权是一种他物权,所谓他物权是指在他人所有物上设立的物权;最后,土地使用权是一种用益物权,用益物权是指以物之使用、收益为目的的他物权。我国的土地使用权不仅包含了全部的享用权能,并且具有广泛的适用范围。城市国有土地使用权按获得方式不同可分为两种,即出让土地使用权和划拨土地使用权。

集体土地使用权是一种用益物权和一种限制物权,是两个基本法律属性。集体土地使用权是从集体土地所有权中派生出来的一种用益物权,是所有权人以外的民事主体享有的对集体土地进行占有、使用、收益的权利。在法律规定的范围内,集体土地使用权可以转让、出租、抵押和用于投资,公民拥有的集体土地使用权可以依法继承,但法律也对集体土地使用权做出了限制性规定。集体土地使用权的主体范围是集体组织内的成员,因此在多数情况下,拥有社员权是取得集体土地使用权的必要条件。这种主体资格的限制性,在一定程度上决定了集体土地使用权流转的限制性。基于不同种类的集体土地使用权在设置目的上的差异,使得法律对它们使用权和处分权有不同的限制。例如,按照现行规定,农民对承包使用的耕地,必须按规定用途使用,不能擅自改变用途。集体建设用地使用权人拥有转让、投资入股、抵押等处分权利。

2.2.2　产权理论与土地利用平衡

目前,我国的农村土地产权制度仍然是集体所有,农户承包经营的家庭联产承包责任制。家庭联产承包责任制在破除大锅饭效应,提高农民的生产积极性和劳动生产率,增加农民收益等方面都发挥了积极的政策效应,使我国农业出现了突飞猛进的大发展。但是,随着经济社会的快速发展,家庭联产承包责任制的纵深发展也显露出一些不符合市场经济发展要求的产权弊端。

长期以来,我国对农地产权的实物性偏重,实物性强调生产资料归谁所有,也就是所有制问题。法律规定,家庭联产承包责任制下,我国农村土地的产权属于农村集体所有。这种对农地集体产权的强调,也体现在历次政策调整中。时至今日,政府仍然没有放开对农地产权集体所有的控制。即使在发达资本主义市场经济国家,对土地产权的调整也是十分谨慎的,但我国对农地产权集体所有的过多控制而导致的产权模糊性与非排他性的加剧却带来了诸多外部性问题及产权纠纷。

相较于我国农地产权制度颁布实施之日起对产权实物性即所有制的强调而言,农地产权的价值性并没有得到足够的重视。这表现在农地产权的价值性,即对可转让性与可交换性的强调是在实践中逐步发展和放开的。从 1995 年《农业部关于稳定和完善土地承包关系的意见》到 1998 年的十五届三中全会、2001 年第 18 号文件《关于做好农户承包地使用权流转工作的通知》、2002 年九届全国人大通过的《农村土地承包法》、2004 年的《宪法(修正案)》再到 2008 年的中央 1 号文件《关于切实加强农业基础建设进一步促进农业发展农民增收的若干意见》无一不在坚持家庭联产承包责任制的前提下,允许土地使用权的自由流转。尽管这是根据农村土地承包的实际情况而做出的及时的政策、法律调整,具有政策修正的重要意义,使土地在家庭联产承包责任制的框架下有偿自由流转。但是,当前的土地产权制度仍然呈现出一种弱转让性。一方面,虽然农民在现有法律、政策下,有权在不改变土地农用性质的前提下,将土地承包经营权采取转包、互换、转让等方式进行流转,但是流转的期限仅限于承包期的剩余期限,这从时间上限制了转让权的完全使用,降低了农民土地的财产性收益。另一方面,除了通过招标、拍卖、公开协商等方式取得的荒地等承包经营权可以抵押外,耕地、宅基地、自留地、自留山等集体所有的土地使用权是不能抵押的,这从宽度上限制了土地转让的范围,缩小了农民土地转让范围可选择性(王松需,1992)。如果农民不能在可资利用的土地权利上拥有完全的转让权,不能以最有效、最适合自身发展的方式来转让土地使用权,一方面会造成土地流转不畅,另一方面会使得土地集约节约利用程度低,不利于土地的平衡利用。

2.3　区位理论

2.3.1　区位理论基本概述

区位是指地球上某一事物的空间几何位置及自然界的各种地理要素与人类社会经济活动之间的相互联系和相互作用在空间位置上的反映。区位理论是关于人类社会经济活动的空间分布及其空间中相互关系的学说,旨在研究特定区域内人类经济活动与社会、自然等其他事物或要素之间的内在关系和空间分布规律的空间法则和法律。人类活动的领域和空间的拓展必然会导致区位理论的发展与变化。在农业经济时代,人类如何选择作为农业活动的场所是社会面临的主要问题,由此产生了杜能的农业区位理论(董德显,1990)。在工业经济时代早期,工业生产活动的场所主要取决于生产成本的大小,而运费作为影响空间成本的重要因子,受到格外关注,因此,最早出现了成本(主要是运费)最小的韦伯工业区位理论。随着工业经济社会的发展,社会生产更多地受到市场的直接制约,使得市场因子备受关注,因此就有了廖什的市场区位理论。第二次世界大战以后,人类生活方式和价值观进一步多样化,仅考虑单一的经济因素已不能全面地反映工厂区位的选择,因此,重视非经济区位因子以及行为因素的新的区位理论应运而生。不仅在生产活动中,在消费和流通活动中的区位问题也越来越受到重视,从而出现了反映作为人类生活基本场所的城市和聚落的空间配置规律的理论,如中心地理论。

2.3.1.1　农业区位论

农业区位论指以城市为中心,由内向外呈同心圆状分布的农业地带,因其与中心城市的距离不同而引起生产基础和利润收入的地区差异。该理论由德国农业经济学家杜能(Thünen)首先提出,因此该学说又称为"杜能农业区位论"。他根据在德国北部麦克伦堡平原长期经营农场的经验,于1826年出版的《孤立国对农业及国民经济之关系》一书中,提出农业区位的理论模式。该理论的中心思想是要阐明农业土地的不同经营方式不仅取决于土地的自然特性(如肥力等),更重要的是依赖其社会经济的空间要求,其中尤以不同用地到农产品消费地(市场)的空间距离影响最为突出。为了清晰地表述这一观点,杜能假设了均质的、单中心的、自由竞争的、等距离运输费用的封闭区域的研究前提(即"孤立国"模式),从农产品的销售价格、生产成本、运输成本和利润的均衡关系出发,最终推导出围绕着封闭的市场中心(谷树忠,1999)。农业土地的经营方式按集约化程度的高低呈同心圆状的空间规律,后人将之形象地概括为"杜能圈"模型。即以城市为中心,由内向外呈同心圆状的6个农业地带:第一圈为自由农业地带,生产易腐的蔬菜及鲜奶等食品;第二圈为林业带,为城市提供烧柴及木料;第三至第五圈都是以生产谷物为主,但集约化程度逐渐降低的农耕带;第六圈为粗放畜牧业带,最外侧为未耕的荒野。从杜能圈层布局中可以看出农业用地布局的比较优势只是在一定条件下具有的相对布局优势,不存在对所有地域有绝对优势的农业生产方式。级差地租与距城市的距离成反比,距城市越近,级差地租越高,应布局收益高的农用地。当城郊土地质量差异不大时,影响布局的因素主要是级差地租。距市场越近,所布局农业生产方式的单位面积收益应越高;农业集约化程度与距居民点的距离成反比,远离城市的地区实行粗放经营是合理的。杜能学说的意义不仅在于阐明市场距离对于农业生产集约程度和土地利用类型(农业类型)的影响,更重要的是首次确立了土地利用方式(或农业类型)的区位存在着客观规律性和优势区位的相对性(谷树忠,1999)。

2.3.1.2　工业区位论

18世纪一些古典经济学家就提出了区位论的思想。如爱尔兰的 R. 坎特龙(R. Kemtron)于 1755 年发表的著作中和英国的亚当·斯密于 1776 年发表的著作中,都论述过运费、距离、原料等对工业区位的影响。

创建现代工业区位理论基础的是德国经济学家阿尔弗雷德·韦伯(Alfred Weber)。他在 1909 年发表《工业区位论》一书中为工业区位理论建立了完整的理论体系,并提出了严密的研究方法。它的核心是:通过运输、劳动力及集聚因素相互关系的分析与计算,找出工业产品生产成本最低的点作为工业企业的理想区位。因此,韦伯区位理论是最低成本学派的典型代表(吴殿廷,1999)。

韦伯是第一个系统建立工业区位论体系的经济学者,他的区位论是经济区位论的重要基石之一。韦伯的工业区位理论是建立在现代运输方式基础上,运用纯经济区位因素,排除某些特定社会制度下非经济区位因素而推导出来的,在当今仍是有一定实践意义的工业区位模式。可以说,他的分析和推导为工业区位决策奠定了计算分析的理论基础。韦伯区位论具有以下特点。首次将抽象和演绎的方法运用于工业区位研究中,建立了完善的工业区位理论体系,为其后的区位论学者提供了研究工业区位的方法论和理论基础。韦伯区位论最大贡献之一是最小费用区位原则,即费用最小点就是最佳区位点。他之后许多学者的理论仍然脱离不开这一经典法则,仅仅是在他的理论基础上的修补而已。该理论不仅限于工业布局,对其他产业布局也具有指导意义,但是韦伯的工业区位论是抽象的、孤立的因素分析的静态区位论。韦伯的理论也有一些重大的缺陷,最主要的是没有考虑到消费因素对工业区位选择的影响。此外,他主要从局部均衡理论,即从个别工厂出发,考察一个生产单位,从运费、工资等方面确定区位点,而对整个区位问题涉及很少,对指导宏观工业布局意义不大。

在此基础上,1924 年美国经济学家弗兰克·弗特尔提出"贸易边界区位理论"。他认为,贸易区的边界是由该区产品的单位生产成本和单位运输成本之和决定的。瑞典经济学家俄林在其 1924 年的《贸易理论》和 1933 年的《区际贸易和国际贸易》书中开始讨论整个工业布局问题。从 20 世纪 40 年代末开始,美国学者胡佛·伊萨德提出了工业区位的多种成本因素综合分析的理论。这些理论探讨的中心问题是如何以最低成本和最大利润的原则选择厂址,因此,它属于工业区位理论的微观领域。第二次世界大战后,从宏观经济角度研究工业区位的理论逐渐发展,这种理论着重从全国范围的国民生产总值和国民收入的增长率,资本形成特征和投资率、失业率和通货膨胀等的地区差异,以及环境经济、生态平衡等方面进行研究。从德国经济学家廖什1940年发表《经济的空间秩序》开始,发展为多因素的对比研究,形成各种学派的动态区位论。著名的代表者有运输费用学派的 E. M. 胡佛(E. M. Hoover)、市场学派的廖什(Losch)和区域科学学派的 W. 伊萨德(W. Isard)、行为学派的 A. R. 普雷德(A. R. Preud)等(蔡玉梅,2003)。

2.3.1.3　市场区位论

德国经济学家奥古斯特·廖什(August Losch)的市场区位理论把市场需求作为空间变量来研究,进而探讨了市场区位体系和工业企业最大利润的区位,形成了市场区位理论。市场区位理论将空间均衡的思想引入区位分析,研究了市场规模和市场需求结构对区位选择和产业配置的影响。廖什认为,每一单个企业产品销售范围,最初是以产地为圆心,最大销售距离为半径的圆形,而产品价格又是需求量的递减函数,所以单个企业的产品总销售额是需求曲线在销售园区旋转形成的圆锥体。随着更多工厂的介入,每个企业都有自己的销售范围,由此形成了圆外空挡,即圆外有很多潜在的消费者不能得到市场的供给。但是这种圆形市场仅仅是短期的,因为通过自由竞争,每个企业都想扩大自己的市场范围,因此,圆与圆之间的空当被新的竞争者所占领,圆形市场被挤压,最后形成了六边形的市场网络。

廖什的市场区位理论以市场需求作为空间变量对市场区位体系的解释,在区位理论的发展上具有重要的意义。廖什进一步发展了区位理论,解释了为什么区域会存在,它定义了依赖于市场区以及规模经济和交通成本之间的关系的节点区。这样,不仅失去为分析由单纯的生产扩展到了市场,而且开始从单个厂商为主扩展到了整个产业。廖什认为,工业区位应该选择在能够获得最大利润的市场地域,他把利润最大化原则同产品的销售范围联系在一起,认为一个经济个体的区位选择不仅受其他相关经济个体的影响,而且也受消费者、供给者的影响,在此基础上,他认为在空间区位达到均衡时,最佳的空间范围是正六边形。

廖什理论的特点为最大利润区位论的市场是蜂窝状的正六边形"面"状市场。在垄断竞争情况下,首先着眼于确定均衡价格和销售量,即平均生产费用曲线和需求曲线的交点,再通过此来确定市场地域均衡时的面积和形状。

2.3.1.4　中心地理论

中心地理论是由德国地理学家克里斯塔勒提出的。克里斯塔勒在研究了德国南部的聚落分布后,1933 年在他的《德国南部的中心地》一书中首次发表了这一理论。克里斯塔勒的中心地概念是指相对于一个区域而言的中心点,而这一中心点的基本功能是向区域内各点提供具有中心功能的商品和服务,如零售、批发、金融、行政、管理、专业服务和文化娱乐等,往往表现为区域内的中心城市或聚落。

克里斯塔勒的中心地理论,继承了屠能和韦伯的"孤立国"式封闭均质区域假设。首先界定了中心地、中心地功能和中心度的概念,提出了不同等级中中心度划分的基本依据。其次,分析了由中心地所维持供应的空间上的销售范围(最大距离)和市场规模的需求门槛(最低闭值),建立了销售利润与需求门槛和销售范围之间的盈亏关系,并推导出六边形销售服务区的经济合理性。再次,认为不同等级的中心地可按 3 种不同的功能控制关系(市场原则、交通原则和行政原则)构成不同的等级数量体系,在空间分布上组成不同的结构形态。

克里斯塔勒的中心地理论也表现出一些缺陷。如中心地理论假设的许多前提条件中,有些条件在现实中是不存在的,得出的理论模式与实际相差较远;中心地理论的性质是静态的,未考虑城镇体系的历史演替过程和未来发展趋势,不适应动态发展变化中的城镇体系结构;中心地理论没有考虑社会方面的因素,单纯利润原则不仅在今天,即使在当时也不是完全行得通的;在经济不发达地区,由于居民收入水平低,交通不发达,要使居民在所承受的运费条件下能得到服务,就得缩短中心地间的距离,故中心地的数目有增的趋势,相反,在经济发达的国家或地区,因收入高,交通快速使捷,中心地数目则会减少,其中,某些第二级中心就可能失去意义,这样,中心地体系就不像克氏所推导的那样,是一个完整有序的等级结构。尽管中心地理论存在这些不足,但其基本原理和模式,仍然是今天研究各种经济活动的理论基础和依据,并且已被广泛应用到土地利用中(刘彦随,1999)。

2.3.2　区位理论与土地利用平衡

从区位论的观点来看,土地具有明显的区位特征,土地的利用效率与经济收益也会有明显的差异。因此,根据区位理论,分析研究不同区位的土地上社会经济活动的运动规律和集约程度,研究各种已有布局对土地利用的影响,可以用来指导用地结构和用地布局。根据区位理论,土地的区位条件不同,其在社会经济活动中的作用与效果就不同(周诚,1989)。土地区位是自然地理位置、经济地理位置和交通地理位置在空间地域上的有机结合,是由土地本身和投入其中的土地资本的数量和结构决定的,虽然它以土地本身的自然条件为基础,但往往更受经济地理位置和交通地理位置的影响,并与一定地域空间上生产和生活的方便性呈正相关。由于土地资源的稀缺性以及由此引发的使用权的竞争,占有较优越地理位置的土地,会激励使用者充分利用区位优势提高土地使用的效益,从而获得比在其他区位的土地更高的收益。区位理论是土地配置的理论依据,即在土地空间上布局城乡居民点及各产业生产用地的依据。在具体组织土地利用时不仅要依据地段的地形、土壤、水利、交通等条件,确定适宜的农业、工业、交通、建筑、水利等用地,而且要从分析土地利用的纯经济关系入手,探讨土地利用最佳的空间结构。

区位理论在很大程度上影响各项用地的空间安排。因此,有目的地合理运用区位效益的理论,在符合城市产业政策、经济发展目标及土地资源可持续利用等多重目标的前提下,通过制定和征收较多的土地使用费标准,以此来调节各级各类土地的区位效益,进而实现土地资源的优化配置和高效利用,有利于土地利用平衡发展。

2.4　地域分异理论

2.4.1　地域分异理论基本概述

土地(自然)资源是区域经济增长的基本条件。发展区域经济的重要活动之一就是对区内土地(自然)资源的开发利用。一个区域内的各种经济活动的产生是与其所拥有的自然资源密切相关的。区域内自然资源的禀赋直接影响着区域经济活动的规模与效益(高培勇和崔军,2001)。也就是说,一个区域内所拥有的某种自然资源的质量高、数量多,就利于它获得资源优势。自然资源的组合状况在一定程度上决定了区域经济活动产生的现实可能性及增长的潜力。由此可见,区域的自然资源条件好,就具备了发展经济的自然资源优势,有利于经济增长。

自然环境存在着一定的地域分异规律。所谓地域分异规律,是指地球表层自然环境及其组成要素在空间分布上的变化规律,即地球表层自然环境及其组成要素,在空间上的某个方向保持特征的相对一致性,而在另一方向则表现出明显的差异和有规律的变化。研究地域分异规律是认识自然地理环境特征的重要途径,是进行自然区划的基础,对于合理利用自然资源,因地制宜进行生产布局有指导作用。

自然界中地域分异的现象是非常显著的。从赤道到两极,从沿海到内陆,从山麓到高山顶部,甚至在局部地段(如山坡和谷底)都可以观察到不同属性的自然环境的规律性变化。毫无疑问,地域分异规律应该反映整个自然环境各个部分的空间分化。自然地理环境在各种不同规模的地域分异规律作用下,分离出大小不等、属性有别的众多自然区域。这些自然区域构成一个多级次、多类别的复杂的镶嵌系统,在空间上呈现一定的分布规律性。形成地域分异的基本因素有两种:一是太阳辐射,另一个是地球内能。它们在空间上或时间上的作用都是不平衡的,其作用的效应呈现出显著的矛盾性。两者在地表自然界中的异质的特殊作用,便决定了地域分异的两个最基本、最普遍的规律性,即地带性与非地带性。地带性和非地带性是地域分异规律本质成因的概括,而其他的地域分异规律则是基本规律的具体体现或派生出来的。

地域分异规律是人们在认识自然的过程中逐步获得并加深的。古希腊的埃拉托色尼根据当时对地球表面温度的纬度差异的认识,将地球划分为 5 个气候带是最早对气候分异规律的认识。我国 2000 多年以前的《尚书·禹贡》据名山大川的自然分界,将当时的国土划分为九州,这是中国最早对地貌分异规律的认识。19 世纪德国学者洪堡经过实地考察,研究了气候与植被的相互关系,提出了植被的地域分异规律。19 世纪末,俄国的 B.B. 道库恰耶夫以土壤发生学观点进行土壤分类,并由此创立自然地带学说,同时指出该学说对地表各种自然现象的普遍意义。随着对陆地表面分异现象研究的深入,人们发现许多自然地带是不连续的,大的山系、大的高原还出现垂直带现象。这些现象的存在说明除了地带性的地域分异规律外,还有非地带性的地域分异规律在起作用(武吉华,1999)。

对地域分异规律的认识,虽然目前没有取得一致的意见,但都承认有几种分异规律存在:因太阳辐射能按纬度分布不均引起的纬度地带性;大地构造和大地形引起的地域分异;海陆相互作用引起的从海岸向大陆中心发生变化的干湿度地带性;随山地高度而产生的垂直带性;由地方地形、地面组成物质以及地下水埋深不同引起的地方性分异。

目前对地域分异规律认识的主要分歧是对地带性与非地带性广义和狭义的认识问题。第一,广义地理解地带性与狭义地理解非地带性,认为地带性既包括纬度地带性,又包括干湿度地带性(又称经度地带性),有的还包括垂直带性;而非地带性则指大地构造、地势地貌分异、岩性等引起的非带状分布或分异的特性,甚至只指自然省(见自然区划)以内的地貌、地质构造与岩性,以及土壤温度与土壤水分的变化。第二,狭义理解地带性与广义理解非地带性,认为地带性就是纬度地带性,而非地带性既包括狭义的非地带性,又包括干湿度地带性和垂直带性。第三,对地带性和非地带性都作狭义的理解,此外还分出干湿度地带性和垂直带性。这些分歧主要是由于对地域分异因素和地域分异规律作用的范围认识不同而产生的。对地带性的狭义理解认为,太阳辐射能在地表随纬度变化是地带性分异因素,而海陆分布、大地构造、地势地貌、岩性等是非地带性分异因素。地表的地域分异正是地带性因素与非地带性因素长期共同作用的结果,地方性的分异因素则主要是地方地形、地面组成物质和地下水埋深。

2.4.2　地域分异理论与土地利用平衡

地带性和非地带性因素的相互联系和彼此制约,使土地诸要素的分布存在明显的地域差异,以致自然环境也存在地区差异。这种自然环境在空间(地区)分布广的差异,称为地域分异。掌握土地资源的分布规律,分析地域间的一致性与差异性,为人们合理开发利用土地资源,进行合理的生产布局,以及进行必要的自然改造具有重要的意义。它是土地利用规划、合理利用土地,实现土地利用平衡的重要理论依据。

(1) 根据地域分异规律进行农用土地利用

农业是土地利用的主体。它的生产过程是自然再生产和经济再生产的结合,不仅受生物体本身物质循环的影响,更重要的是受光、热、水、土等环境要素的制约,加之土地位置的固定性,不同地域的土地条件不同,土地质量和土地生产潜力不同,土地利用类型以及土地利用方式的适宜性不同。而农用地利用必须通过合理规划和安排,根据土地的适宜性,合理利用安排农、林、牧、渔用地。

(2) 根据地域分异规律进行土地利用分区

土地利用分区与地域分区及各种用地的划分有直接的关系。地域分区是按照区域的地貌、气候、土壤等自然条件所作的分区。进行地域分区,有利于按照各个地域的差异性确定不同的利用方向和合理利用的结构,并为进一步进行土地利用分区提供指导依据。

(3) 根据地域分异规律进行土地开发、利用、整治与保护

一定的土地利用对土地的自然特性及数量有一定的要求。地域分异特征是确定土地开发利用方向的依据,一定地域的自然限制因素及限制程度是土地整治的目标和对象。

2.5　地租地价理论

2.5.1　地租地价理论基本概述

西方经典的地租理论,可以分为三类,即古典经济学地租理论、新古典城市地租理论和马克思地租理论,主要以威廉·配第、亚当·斯密、大卫·李嘉图、马克思、马歇尔等为代表。

2.5.1.1　古典经济学地租理论

地租是土地利用的核心。古典经济学家是从研究地租的性质和来源开始的。早在 17 世纪后期,英国古典政治经济学家创始人威廉·配第就对地租理论做出了开拓性的贡献。他首次提出地租是土地上生产的农作物所得的剩余收入,并指出,由于土壤肥沃程度和耕作技术水平的差异,以及产地距市场远近的不同,地租、地价因而也不同。威廉·配第为级差地租理论奠定了初步的基础,初步揭示了地租与土地所有权的关系。法国重农学派的代表者杜尔阁在 1766 年发表的《关于财富的形成和分配的考察》一书中指出,由于农业中存在的一种特殊的自然生产力,所以能使劳动者所生产出来的产品数量,扣除为自己再生产劳动力所必需的数量还有剩余,这是自然恩赐的"纯产品",也是土地对劳动者的赐予。这种"纯产品"是由农业劳动生产者用自己的劳动向土地取得的财富,却被土地所有者占有,这就是地租。土地所有者之所以能不劳而获占有"纯产品"(地租),是由于他们拥有法律保护的土地私有产权。英国古典经济学创始人亚当·斯密在他 1776 年出版的《国民财富的性质和原因的研究》中认为地租是使用土地而支付给地主阶级的代价,其来源是工人的无偿劳动,是一种"垄断价格",进一步揭示了地租与土地所有权的关系。李嘉图运用劳动价值论研究地租,对级差地租做出了突出贡献。他在 1817 年发表的《政治经济学与税赋原理》一书中,集中地阐述了他的地租理论。他认为,土地占有产生地租,地租是为使用土地而付给土地所有者的产品,是由劳动创造的,是由农业经营者从利润中扣除并付给土地所有者的部分。他提出地租产生的两个条件是土地的有限性以及土地肥沃程度和位置的差异。他认为,土地产品的价格是由劣等地的生产条件决定的,因而优、中等地的产品价格,除补偿成本并获得利润外还有超额利润,因而形成级差地租,这实际上是级差地租Ⅰ。对级差地租Ⅱ,李嘉图也做了考察。他认为,随着对产品需求的增加,要不断扩种劣等地,在"土地报酬递减规律"作用下,新投入耕种的劣等地的产品决定市场价格,原耕种的土地就必然出现级差地租。詹姆斯·安德森最早研究了级差地租的基本特征,他的级差地租理论主要包括两个方面:一是产品的同一市场价格是形成地租的前提;二是土地肥沃程度不同而形成的级差地租,即级差地租Ⅰ。认为等量资本投入肥力不同的各级土地,产量不等,但它们的产品是按照同一的市场价格出售的。因此,耕种较肥沃的土地所得的超额利润,转化为级差地租。他还分析了级差地租Ⅱ。安德森地租理论的特点在于他正确地把握了地租的性质,即认为不是地租决定土地产品的价格,而是土地产品的价格决定地租。古典地租理论虽然是针对农业地租,但其对地租的来源、性质以及级差地租的分析仍然是现代城市地租的理论基础。

2.5.1.2　新古典主义城市地租理论

新古典主义城市地租理论在进入 20 世纪 60 年代以后,以阿兰索、密而斯等为代表的经济学家将边际分析方法应用于传统的地租理论中,促进了地租研究的深入,从而孕育出新古典主义城市地租理论。新古典主义关于地租、地价的论述的特点有:

1) 新古典主义将生产过程视为多种变量不断变化的过程,通过边际产品价格与生产要素价格的比较,对地租的本质含义进行阐述。即一个市场中的经济实体为追求最大的利润,多次进行扩大生产,每一次投资所产生的效益都会与上一次投资产生的效益之间要有一个差,这个差就是边际效益。

2) 区位因素的重视和区位平衡概念的引入,使得新古典主义更具实际应用价值。

3) 对土地市场的分析趋于成熟。其中,有关土地平衡价格的理论及有关土地市场作为一个非完善市场的阐述有其独到之处。

4) 解决了城市地租测算的理论方法,建立了有关地租模型。

5) 更注重对政府政策的研究,使得它有良好的应用前景。

不同区位土地价值的差别可以对城市土地利用的功能和强度起着调控作用。阿兰索的地租模型是新古典主义地租模型中最杰出的代表,他将空间作为地租问题的一个核心进行了考虑,并首次引进了区位平衡这一新古典主义概念,同时成功地解决了城市地租计算的理论方法问题。阿兰索还在杜能的位置级差地租理论及地价空间结构模型的基础上提出城市竞标土地利用模型,认为城市利用(种类、强度)受该块土地的可达性(相对于中心)及形成的运输费用的影响,不同的土地利用方式对可达性要求有差别,其结果就形成了不同陡缓的地租曲线。城市中不同行业支付地租地价的能力不同,其中,商务中心竞争力最强,位于城市中心。斜率次大的事务处、零售业将取得城市次中心的位置,其他的依次外推,直到城市边缘为止,土地利用的强度也由内到外逐级减弱。一般情况下从市中心出发向外推分别是一般商服业、住宅、工业、别墅、农地等,这种圈层结构也是地价杠杆调节土地区位配置的结果。

2.5.1.3　马克思的土地所有制和地租理论

马克思批判地吸收了英国古典经济学家们关于地租的理论,形成了科学的地租理论。首先,马克思批判了"地租是自然对人类的赐予"的错误观点,认为"一切地租都是剩余价值,是剩余劳动的产物"。地租在不发达的形式即实物地租的形式上,还是剩余产品。马克思肯定了地租的本质是土地经济关系的体现,指出"土地所有权的前提是一些人垄断一定量的土地,把它作为排斥其他一切人的、只服从自己个人意志的领域"。土地所有权包括四种权利即占有、使用、支配和收益权,而"地租是土地所有权在经济上的实现,即不同的人借以独占一定部分土地的法律虚构在经济上的实现"。所以,土地所有权的垄断是产生绝对地租的根本原因,即土地所有权能将超额利润转化为地租,而土地的经济价值就在于凭它可以取得地租。由此可见,所有权一方面决定分配关系,另一方面又要由分配关系来实现。

其次,马克思还分析了级差地租产生的条件和来源,批判了级差地租产生于土地自然差异的错误观点,指出级差地租产生的根本原因是土地经营权的垄断,而土地质量差异仅是产生级差地租的自然基础。

而再次,马克思批判了认为地租是造成价格上涨的错误看法。马克思指出:地租的量完全不是由地租的获得者决定的,而是由他没有参与、和他无关的社会劳动的发展决定的。这是由市场竞争条件决定的,因为每一种商品都只能在流通过程中实现它的价值,它是否实现它的价值,在多大程度上实现它的价值,取决于当时的市场状况。而地租的特征在于随着农产品发展为价值的条件和它们的价值借以实现的条件的发展,土地所有权的权力也就发展起来,使它可以从这个不费它一点气力就创造出来的价值中占有一个日益增大的部分,剩余价值中一个日益增大的部分也就转化为地租。可见,并不是地租造成价格上涨。

最后,马克思还特地分析了建筑地段的地租,认为建筑基地的地租是由距离市场中心而规定。不仅地基而且"空间是一切生产和一切人类活动所需要的要素……土地所有权都要求得到它的贡赋。对建筑地段的需求,会提高土地作为空间和地基的价值"。因此,土地所有者在出租土地时会决定合适的出让年限,来获得土地增值的收益,而建筑地段对土地使用者来说,"建筑投机的真正对象是地基,而不是房屋"。"建筑本身的利润是极小的,建筑业主的主要利润,是通过提高地租,巧妙地选择和利用建筑地点而取得的。总之,马克思的地租理论从土地制度以及土地收益分配关系的角度科学地揭示了资本主义土地所有制关系及其地租的本质,其中关于土地所有权的理论、级差地租理论等对现在研究城市土地仍然有重要意义。

总结起来,地租是为了取得土地使用权而支付的金额。地租按其形成条件和原因分为绝对地租、级差地租、垄断地租三种形式。绝对地租是指土地所有者凭借土地所有权的垄断,占有农产品价值中超过社会平均生产价格的那部分超额利润。简而言之就是使用土地而必须支付的地租。因土地等级不同而形成数量不等的地租,则是级差地租。级差地租按其形成基础,又可分为级差地租Ⅰ和级差地租Ⅱ。级差地租Ⅰ是以土地区位差异为条件的,即在不同的地块上进行等量投资,但由于土地肥力的大小和土地位置的优劣所形成的级差地租;级差地租Ⅱ是以对同一地块连续追加投资所产生的不同劳动生产率为条件的。两者的区别是:级差地Ⅰ不能在劣等地上获得,但级差地租Ⅱ可以;级差地租Ⅰ与粗放经营相联系,级差地租Ⅱ与集约经营相联系;级差地租Ⅰ以土地的自然丰度为基础,级差地租Ⅱ则以土地的经济丰度为基础。但是,二者在实质上是一致的,都是由个别生产价格同由劣等地生产价格决定的社会生产价格之间的差额所构成的超额利润。

2.5.2　地租地价理论与土地利用平衡

绝对地租促使土地合理利用。由于只要使用土地就必须交纳使用费,即由于绝对地租的存在,迫使土地使用者把土地的租金数减少到最低限度,并在已租用的土地上追加投资,以尽可能提高土地的产出率。这在客观上有利于节约土地资源,促使土地合理利用,从而达到最大的经济效益(郑振源,1994)。

根据地租地价理论,由于土地受自然、社会、经济等多重因素的影响,因而处于不同地段的土地会表现出不同的利用方式,其集约程度受制于地价的高低和提供地租量的多少及地价地租规定着土地的用途及其利用方式。区位较好的地价将会对企业的发展和产业的定位形成一种约束力,对使用土地征收地租,将促使土地使用者树立起使用土地的成本、效益观念,追求单位土地面积的最大产出率,特别是在中心地段,由于高地租的调节,土地使用性质的转换呈现一种由低效益到高效益的趋势,商业金融、服务业等第三产业就会群集在此,促使土地利用水平的提高(周广生和渠丽萍,2003)。

地价对土地利用性质和利用强度的调节,对土地利用量的调节,促进了土地利用朝集约化方向发展,提高了土地利用率。同时,土地使用者对土地的需求受其地价、使用目的、经济能力和国家政策等条件的制约,地价的高低是决定其数量的关键因素。首先,通过内部挖潜来促进土地平衡利用,即随着经济的发展和人口的增多,人们对土地的渴望是无限的,随之而来的就是土地价格的疯狂上涨。土地价格作为投资者的主要生产成本,由于成本的增加,作为理性的投资者在土地价格呈刚性上涨而又无更多的土地可供选择的情况下,则只有尽可能地使单位土地面积的产出更大,促使土地利用向集约化方向发展;随着城市化进程的加快,用地的增加是必然的,但无序的膨胀、扩张就可能带来土地利用的外部不经济。因而,合理的地价水平与土地经营方针将直接影响到土地的合理利用以及土地利用平衡的实现。

2.6　规模经济理论

2.6.1　规模经济基本概念

对规模经济的研究,可以追溯到古典学派的亚当·斯密和大卫·李嘉图,他们分别从绝对优势和比较优势角度论述分工和专业化带来的好处。古典经济学家认为,任何一种分工都能带来新的技术。由于每种新技术都与一种不可分的生产工具相联系,而"不可分性"必然带来规模经济。受历史的局限,古典经济学派没有提出规模经济一词,对大规模生产的好处进行深入论述的是穆勒和马克思。穆勒从节约生产成本的角度论述了大规模生产的好处,因此,穆勒是规模经济理论的奠基人。马克思则更为详细地研究了商业、生产,市场与企业内的分工问题,从协作的角度来分析规模报酬递增问题,认为随着企业资本额的增加,劳动协作由简单协作逐步向以分工为基础的协作和机器体系为基础的协作发展,他还论述了机器设备的使用所产生的规模经济,并认为较大的资本将战胜较小的资本。

新古典学派的马歇尔首先使用规模经济一词,把规模经济区分为外部经济和内部经济。按照新古典经济学的解释,企业内部规模经济主要是指企业生产过程中所使用的大型关键设备作为固定成本投入,在产品总成本中占了显著份额,这种固定成本投入随着产量的增多而得到更大范围的分摊,从而使得单位产品的平均成本随产量增大而减少,产生规模经济效益。其先决条件是关键设备具有技术上的不可分性。能否实现规模经济,关键是看它有没有一定的技术经济条件,以及内含这种技术水平的投资规模和产出规模,体现一定技术经济条件的固定资产实物投入量成为判断企业达到规模与否的主要因素。因此,新古典经济学谈论的规模,属于技术意义上的规模,只是静态意义上的生产单位内部的技术经济规模。

　　制度经济学派对规模经济问题也有精彩的论述。科斯认为企业是对市场的替代,企业规模的确定是市场交易费用和企业内部组织协调的结果。企业规模不可能无限放大,因为企业在规模扩大的过程中存在内部协调费用的增加。当企业规模扩大到使得外部交易费用等于内部协调费用时,企业规模达到了最佳点。威廉姆森则从资产专用的角度论述企业规模经济的问题,资产专用程度、交易频率和不确定性决定了企业规模,资产专用程度越高,交易越频繁,不确定性越大,企业越趋向于扩大规模。

　　生产要素投入量的变化分为两种:一种是在一些生产要素保持相对不变的情况下,改变另一些生产要素的投入量;另一种是所有的生产要素以相同的比例同时增加或减少。在经济学中,后者才是严格意义上的规模变化,称为“纯粹规模”的变动。在既定的(不变的)条件下,如果在某一区间生产单位单一或复合产品的平均成本递减(或递增),那么就可以说存在规模经济(或规模不经济)。对规模经济的这种定义侧重于技术角度,但规模经济并不局限于生产领域,也可以扩展到诸如市场销售、资金筹集、人员培训等方面。

　　从投入产出的角度看,由纯粹规模变动而引起的企业经济效益的变化,称为规模报酬。在投入增加的同时,产出增加的比例超过投入增加的比例,单位产品平均成本随产量的增加而降低,即规模报酬递增;反之,产出增加的比例小于投入增加的比例,单位产品的平均成本随产量的增加而上升,即规模报酬递减;如果投入和产出的比例保持不变,即规模报酬不变。当规模报酬递增时称作规模经济,规模报酬递减时称作规模不经济。规模经济既是竞争的起点又是竞争的结果,投入的增加和产出规模的扩大是规模经济的前提。

　　规模经济来自于经营实体内、外部两个方面。经营实体因规模的扩大而引起内部各要素变化,由此产生的经济效益的提高称为内部规模经济,而各经营实体之间因规模变化而互相影响产生的效益,为外部规模经济。内部规模经济来源于经营实体内部各生产要素的不可分性。

(1) 单个要素的不可分性

大规模生产能够提高生产设备的利用率和利用效率。农业中某一生产要素的使用必须有一块面积相当的土地,要想提高这一生产要素的利用率和效率,必须扩大其经营的土地规模。这在农业机械使用上表现最为明显,如农用拖拉机必须在面积较大的土地上使用才能正常运行,当经营规模较小时,它就得不到充分利用,造成利用率低下,增加农产品成本,使得土地经营者效益降低。规模的扩大,为农用机械的充分使用提供了条件,提高了农用机械的利用率,创造了规模经济。从财务上看,规模经济表现为固定成本不可分割性造成了分摊成本的降低(郝晋珉,2003)。

(2) 各生产要素相互联系的不可分性

单个要素并不是都有不可分性,如化肥、农药的投入往往是可分割的,并常常表现为"中性规模"的投入(即固定规模报酬)。当土地规模扩大时,单位面积化肥和农药的施用量有减少的趋势,这是由于各生产要素之间的关系是相互联系、相互制约,而大规模的生产有利于各要素间的协调,从而提高各要素实际使用率,达到农产品成本降低的效果。外部规模经济的产生是由于其他经营实体规模发生变化时,某经营者会从中获得一定的效益,如某实体规模扩大后,使该市场规模扩大,原料购买与产品销售会形成各企业均可利用的有利条件。另外,某实体规模较大,使它在与小企业竞争中无疑占据了极有利的地位,这样产生的效益为外部规模经济。

2.6.2　规模经济理论与土地利用平衡

土地规模的扩大与规模报酬之间的相互变化,一般存在三种情况:当土地规模扩大的幅度小于规模报酬的增长幅度时,称为土地规模报酬递增;当土地规模扩大的幅度等于规模报酬的增长幅度时,称为土地规模报酬不变;当土地规模扩大的幅度大于规模报酬的增长幅度时,称为土地规模报酬递减。17 世纪,威廉·配第(William Petty)发现一定面积土地的生产力有一最大限度,超过这一限度后,土地生产物的数量就不可能随着劳动的增加而增加了。1815 年英国爱德华·威斯特(Edward West)在其《资本用于土地》一书中,首次正式提出"土地报酬递减规律"。土地报酬递减理论是最直接研究土地合理集约度的经典理论,是优化土地利用投入产出关系与经营方式的根本依据。

土地报酬递减律,是指在技术不变、其他生产要素不变的前提下,对相同面积的土地不断追加某种生产要素的投入所带来的报酬的增量(边际报酬)终将出现减少,甚至负增长的普遍现象(周一星,1999)。对此规律的认识,应明确以下三个问题:第一,承认土地报酬的递增率。土地报酬的递增率指在一定条件下,对一定面积土地追加投入,在未达到临界线之前,土地报酬呈递增趋势。第二,不否认土地报酬的递减率。土地报酬的递减率指在一定条件下,对一定面积土地追加投入,在达到临界线之后,土地报酬呈递减趋势。第三,明确临界线的动态率。临界线的动态率指对一定面积土地追加投入,土地报酬从递增转为递减的临界线是不断变化的,长期看呈现为上升的趋势。因此提高土地产出,对土地的追加投入是必不可少的。

土地报酬递减律是适用于一定的技术和社会制度条件下,追加一定的生产要素,会导致土地收益的增长或减少。从土地利用的全过程来看,土地报酬的运动规律在正常情况和一般条件下,应该是随着单位土地面积上生产要素的追加投入,先是递增后趋向递减。在递减后,如果出现科学技术或社会制度的重大变革,使土地利用在生产资源组合上进一步趋于合理,则又会转向递增;技术水平与管理水平稳定下来后,将会再度趋于递减。由此,土地利用程度将随着社会经济技术条件的变化而变化,提高社会经济技术水平,产生更多的产品和更大的规模经营,收益的增加将能相应地提高土地合理利用度。因此,要使土地产出增加就需要了解和研究土地报酬规律的作用,合理组织集约经营为土地的合理利用提供科学依据。

2.7　可持续发展理论

2.7.1　可持续发展理论基本概述

现代可持续发展思想的提出源于人们对环境问题的逐步认识和热切关注,20世纪六七十年代以后,随着"公害"的显现和加剧以及能源危机的冲击,几乎在全球范围内开始了关于"增长的极限"讨论。在20世纪80年代中期,首先由欧洲一些发达国家提出"可持续发展"。挪威前首相布伦特兰夫人代表世界环境与发展委员会,在1987年所作的长篇调查报告——《我们共同的未来》中将可持续发展定义为"既满足当代人的需要,又不对后代人满足其需要的能力构成威胁和危害的发展",并得到国际社会所普遍接受。在所给出的定义中可看出,可持续发展就是要在人与自然以及人与人的关系不断优化的前提下,实现经济效益、社会效益和生态效益的有机协调,从而使社会的发展获得可持续性。可持续发展主要包括了三个方面的基本内容:可持续发展鼓励经济增长,强调了不仅要重视经济增长的数量,更要追求经济增长的质量;社会经济发展应与生态发展协调一致,社会经济的发展应以生态承载力为基础;发展不以牺牲环境为代价,要实现经济、环境与资源协调一致的全面发展。可持续发展必须遵循三大原则(黄文秀,1998):

(1) 公平性原则

本代人之间的公平、代际间的公平和资源分配与利用的公平,可持续发展是一种机会、利益均等的发展。它既包括同代内区际的均衡发展,即一个地区的发展不应以损害其他地区的发展为代价;也包括代际间的均衡发展,即既满足当代人的需要,又不损害后代的发展能力。该原则认为人类各代都处在同一生存空间,他们对这一空间中的自然资源和社会财富拥有同等享用权,他们应该拥有同等的生存权。因此,可持续发展把消除贫困作为重要问题提了出来,要予以优先解决,要给各国、各地区的人、世世代代的人以平等的发展权。

(2) 持续性原则

人类经济和社会的发展不能超越资源和环境的承载能力。即在满足需要的同时必须有限制因素,即发展的概念中包含着制约的因素;在"发展"的概念中还包含着制约因素,因此,在满足人类需要的过程中,必然有限制因素的存在。主要限制因素有人口数量、环境、资源,以及技术状况和社会组织对环境满足眼前和将来需要能力施加的限制,最主要的限制因素是人类赖以生存的物质基础——自然资源与环境。因此,持续性原则的核心是人类的经济和社会发展不能超越资源与环境的承载能力,从而真正将人类的当前利益与长远利益有机结合。

(3) 共同性原则

各国可持续发展的模式虽然不同,但公平性和持续性原则是共同的。地球的整体性和相互依存性决定全球必须联合起来,认知我们的家园。可持续发展是超越文化与历史的障碍来看待全球问题的。它所讨论的问题是关系到全人类的问题,所要达到的目标是全人类的共同目标。虽然国情不同,实现可持续发展的具体模式不可能是唯一的,但是无论富国还是贫国,公平性原则、协调性原则、持续性原则是共同的,各个国家要实现可持续发展都需要适当调整其国内和国际政策。只有全人类共同努力,才能实现可持续发展的总目标,从而将人类的局部利益与整体利益结合起来。

2002 年中共十六大把"可持续发展能力不断增强"作为全面建设小康社会的目标之一,我国的可持续发展正式被提上了议程。我国的可持续发展是以保护自然资源环境为基础,以激励经济发展为条件,以改善和提高人类生活质量为目标的发展理论和战略。它是一种新的发展观、道德观和文明观。其内涵表现在 4 个方面:第一,突出发展的主题,发展与经济增长有根本区别,发展是集社会、科技、文化、环境等多项因素于一体的完整现象,是人类共同的和普遍的权利,发达国家和发展中国家都享有平等的不容剥夺的发展权利；第二，发展的可持续性，人类的经济和社会的发展不能超越资源和环境的承载能力；第三，人与人关系的公平性，当代人在发展与消费时应努力做到使后代人有同样的发展机会，同一代人中一部分人的发展不应当损害另一部分人的利益；第四，人与自然的协调共生，人类必须建立新的道德观念和价值标准，学会尊重自然、师法自然、保护自然，与之和谐相处。中共提出的科学发展观把社会的全面协调发展和可持续发展结合起来，以经济社会全面协调可持续发展为基本要求，指出要促进人与自然的和谐，实现经济发展和人口、资源、环境相协调，坚持走生产发展、生活富裕、生态良好的文明发展道路，保证一代接一代地永续发展。

在社会、经济以及生态的可持续发展中，土地资源作为人类最重要的生产生活资源，它的可持续发展越来越受到人们的重视。土地资源的可持续利用是一种既满足当代人的土地需求又不对后代人满足其土地需求的能力构成危害的发展模式，是可持续发展的最基本内容。土地可持续利用的思想是 1990 年 2 月在新德里由印度农业研究理事会（Indian Council of Agricultural Research，ICAR）、美国农业部（United States Deparment of Agriculture，USDA）和美国 Redale 研究中心共同组织召开的首次国际土地持续利用系统研讨会上正式确认的。土地可持续利用的思想虽然已经被大多数专家和学者所接受，但不同研究方向的学者对其涵义的解释还不统一，目前国际上普遍接受的是联合国粮食及农业组织（FAO）拟定的《持续土地管理评价大纲》中对持续土地管理所下的定义，即："持续土地管理是将技术、政策和能够使社会经济原则与环境考虑融为一体的行为结合起来，以便同时实现保持或提高生产与服务（生产性），包括农业的和非农业的土地生产力以及环境美学方面的效益；降低生产风险（安全性），即有利于降低土地资源利用可能带来的风险，使土地产出稳定；保护自然资源潜力和防止土壤与水质的退化（保护性），即在土地利用过程中必须保护土地资源与水资源的质与量，以公平地给予后代；经济上合理可行（可行性），如果某一土地利用方式在当地是可行的，那么这种土地利用一定有经济效益,能促进经济增长,增加人们的福利,否则肯定不能存在下去;社会可接受(接受性),如果某种土地利用方式不能为社会所接受,那么这种土地利用方式必然失败。生产性、安全性、保护性、可行性和接受性构成了土地可持续利用的基本要求,也必须以这五点来检验和监测土地是否是可持续利用的"。

土地可持续利用是社会经济发展的立足之本,是实现土地生产力的持续增长和稳定性,保证土地利用潜力和防止土地退化的有效途径,具有良好的经济效益和社会效益,是担负着保证人类永续地生存于地球的唯一道路。从生态方面看,土地可持续利用是无退化的开发,并在利用中促使土地向质量提高的方向演替;从社会经济观点来看,则意味着可开发利用土地为人类提供基本需求,遵循各代人之间的平等性,确保对后代人的足够供给。

2.7.2　可持续发展理论与土地利用平衡

可持续发展是以保护自然为基础,与资源和环境的承载力相协调的发展,是要在人与自然和人与人的关系不断优化的前提下,实现经济效益、社会效益和生态效益的有机协调,从而使社会的发展获得可持续性。可持续发展提出了公平性、可持续性、共同性等原则,体现了经济效益、社会效益和生态环境效益的有机结合,即健康的经济发展应当建立在生态能力持续、社会公正和人们积极参与自身发展的基础上,其追求的目标是既要使人类的各种需要得以满足,个人得到充分发展,又要保护资源和生态环境,不对后代人的生存和发展构成威胁。在可持续发展中,"发展"是前提和基础,既要经济繁荣,又要社会进步;不仅有量的增长,还有质的提高;可持续发展中的"可持续"是发展的要求。因此,可持续发展包括经济可持续发展、社会可持续发展和资源的合理利用与环境保护。

市场经济和土地的有偿使用,对土地配置的经济效益起到了有效的作用,但在土地的经济效益提高的同时,也出现了土地利用粗放或因土地开发强度过大的现象。土地可持续利用是一种崭新的土地利用观,它是在充分认识土地利用发展中出现的各种问题的基础上,提出的一种新的土地利用模式,它在强调社会进步和经济增长的重要性和必要性的同时,更加注重耕地保护、集约利用,生态友好,以指导公平合理地利用土地,提高土地利用效率,实现社会、经济、生态环境的均衡发展。同时,土地的可持续利用,既关注土地利用结构效率,又注重未来的土地利用方向。

土地是一种稀缺的和位置固定的自然资源,同时也是具有一定结构和功能的生态经济系统,因此,人们在利用土地资源时必须以可持续发展理论为指导,合理高效的利用。在对土地资源进行开发利用时,转变人们对土地资源开发利用的粗放行为,通过制度创新、组织创新与技术创新以及改革和完善现行土地资源环境制度和土地资源利用的激励机制,科学规划、控制人口增加、加强生态建设及重点工程管理等途径,寻找符合技术经济条件的投资规模,确定符合土地生态规律的投资结构,以便取得最佳的生态经济综合效益,从而确保土地利用的生产性、安全性、保护性、可行性和接受性。同时,可持续发展理论为开展协调研究提供了理论指导,要求在着眼长远与统揽全局的战略高度,合理利用土地,保护生态环境,特别是在现阶段生态环境日益恶化的状态下,要将生态环境的保护和建设作为实现土地可持续利用的根本条件和切入点,通过改善生态环境、持续稳定地保持土地生产力,保证土地产出,实现土地的可持续利用。因此进行土地利用平衡要坚持以可持续发展理论为基础,并不断为实现土地的可持续利用寻求理论依据、技术支撑和可行性途径。

第3章　重庆市土地利用平衡现状分析

　　土地,作为地表自然综合体,既是生态环境各要素相互作用的联结纽带,又是人类生活、生产的空间载体,是人类社会赖以生存发展的最基本的自然资源。自从人类开始种植与定居,便开始了土地利用的历史(Najafi Mohammad et al.,2007)。土地利用是人们根据土地资源的自然特性和一定的经济目的,对土地的使用、保护和改造(刘书楷,1996)。土地利用首先是个技术问题,它是各种自然因素的综合体,同时,土地利用又是一个经济问题,土地作为一种基本的生产要素与其他生产要素结合后,才进入生产过程。土地和其他生产要素一样,在利用过程中必须服从经济规律才能取得较好的经济效益。确切地说,土地利用是人类通过与土地结合获得服务和物质产品的经济过程,这是人类与土地进行的物质、能量及价值、信息的交流、转换过程(毕宝德,1990),本质是人与地的关系,或人与自然的关系。因此,土地利用现状及其空间格局是人类土地利用对自然、社会经济、科学技术和土地政策响应的累积结果。研究土地利用方式、变化情况与管理水平的优劣对于促进区域社会经济与生态环境的协调发展具有十分重要的意义。目前国内外学者做了许多相关方面的研究,主要集中在土地利用覆被变化、驱动力及影响因素、生态服务价值损益与经济社会可持续发展等方面(王秀兰和包玉海,1999;朱会义等,2001;蒙吉军等,2003)。

　　建设用地急剧扩张,尤其是耕地大量减少是当前重庆市乃至全国面临的一个重要土地利用问题。重庆市作为西部唯一的中央直辖市以及作为长江上游地区最大的经济、文化、商贸中心,在西部大开发中扮演十分重要的角色,特别是随着成渝城乡统筹试验区的成立,重庆市的发展上升为国家战略。国务院出台了《关于推进重庆市统筹城乡改革和发展的若干意见》两阶段目标，2012 年重要领域和关键环节取得重大进展，2020 年各项改革全面深化，实现"统筹城乡，率先小康"目标。重庆市势必迎来一个新的、更大的发展机遇，经济跨越式发展的势头不可避免。随着城镇化和工业化进程加快，经济繁荣的同时，将带动着土地覆盖类型和土地利用方式发生剧烈变化，人地矛盾、生态环境问题会日益突出。虽然土地利用相关问题已经成为国内外的研究热点，但大部分研究仍然主要集中在土地利用的某一方面，全面系统地对近年来重庆市土地利用状况以及相关影响的研究甚少。因此，本书以近 10 年来重庆市土地资源及其利用状况为基础，对其进行清楚地认知和评价，并科学、准确地预测未来各类用地的数量，为保护耕地资源、改善生态环境、促进区域社会经济可持续发展和实现土地利用平衡发展提供科学依据。

3.1 研究思路和方法

3.1.1 研究思路

土地利用变化是自然和社会经济发展过程中交叉最为密切的领域，尽管重庆市是我国最年轻的直辖市，但"大城市带大农村"的区域特色仍没有改变。在人多地少的市情下，土地利用与经济社会发展的矛盾十分尖锐，合理利用土地资源，实现重庆市土地利用平衡的基础是对土地利用现状与空间格局进行清楚的认知与分析。为此，本书分析 1999~2008 年重庆市土地利用变化情况，由于过去 10 年重庆区域经济高速发展，各类用地数量的变化情况可以反映出区域土地利用结构变化的总体态势，因此运用土地利用动态度定量描述重庆区域土地利用变化速度，对比较各年份土地利用变化差异及预测未来土地利用变化趋势都具有十分积极的作用。采用土地利用转移矩阵分析，进一步厘清各类用地变化的内在过程和趋势，可清楚地认识过去 10 年重庆市各类用地的流向和转换情况。

　　资源利用绩效是对资源利用的一种制度安排,是由于资源的不同配置结构与不同的利用程度而产生的利用效率、效益与效果等的综合体现,即资源的配置是否最合理有效、资源的利用是否最充分与最佳。利用土地利用绩效评价模型对重庆市1999~2008年土地资源利用状况进行评价,了解过去10年重庆区域经济发展所进行土地利用的绩效、经验以及存在问题。土地利用系统和区域经济社会系统是相互影响和制约的,土地利用变化受社会经济发展水平影响,同时又反作用于社会经济发展,影响其协调可持续发展水平。区域的发展应该是社会经济、资源、人口、生态环境等各方面平衡、和谐、可持续发展,土地供需情况则影响了区域发展的各个方面。在了解过去土地利用状况的基础上,利用灰色序列预测模型对未来10年重庆市土地资源供需情景进行预测,清楚地认识该区域土地后备资源的现实供给状况与经济发展的建设用地需求状况;同时考虑到土地利用平衡的关键就是解决耕地保护、经济发展以及生态环境三者之间的矛盾,因此对土地利用与耕地保护的关系、土地利用变化与社会经济发展的相关性以及土地利用变化对生态环境效应的影响进行讨论,为重庆市未来土地利用平衡目标确定及途径探讨提供依据。

3.1.2　研究方法

3.1.2.1　土地利用变化分析

　　土地利用动态度用以反映某一土地利用类型数量的速度变化,它既可以表达单一土地类型的时空变化,也可以对区域土地利用动态的总体状况及其区域分异进行分析,其表达式为

$$K = \frac{U_b - U_a}{U_a} \times \frac{1}{T} \times 100\%$$ (3-1)

式中,K代表研究时段内某一土地利用类型动态度;T代表研究时段长,当T设定为年时,K值就是该研究中某种土地利用类型的年变化率;U_a,U_b分别

代表研究期初和研究期末某一土地利用类型的数量。

为了进一步分析土地利用变化的内在过程和趋势,引入土地利用转移矩阵分析,其数学表达式(杨阳和张红旗,2009)为

$$\boldsymbol{p} = (p_{ij}) = \begin{bmatrix} p_{11} & p_{12} & \cdots & p_{1n} \\ p_{21} & p_{22} & \cdots & p_{2n} \\ p_{31} & p_{32} & \cdots & p_{3n} \\ p_{n1} & p_{n2} & \cdots & p_{nn} \end{bmatrix} \tag{3-2}$$

式中, n 为土地利用类型数目; p_{ij} 表示期初至期末类型 i 转化为类型 j 的面积。

3.1.2.2 土地利用绩效评价

本书采用主观与客观相结合的方法选取各项指标的权重,即最优组合赋权法(蒋慧峰,2007),这种方法将主观赋权法与客观赋权法相结合,突破单一方法确定权重的局限,将客观赋权法(本书采用熵值法)和主观赋权法(本书采用 AHP 法)两种方法所得到的权重系数按照最优组合赋权法结合起来,客观地反映各指标层对目标层的影响程度,并将评价结果与所采用的评价标准进行比较,最终得到土地利用绩效值。

(1) 基于 AHP 层次分析法确定评价指标权重

层次分析法(简称 AHP)是一种定性与定量相结合的多目标决策分析法(厉伟等,2005)。对于结构复杂得多目标、多准则决策问题,它是一种有效的决策分析工具。首先根据问题的性质和要达到的目标,将问题按层次分析为各组成因素,然后再按支配关系将各因素分组成有序的层次结构,通过两两比较确定同一层次内各因素之间的相对重要性权重。下一层次因素的重要性,既要考虑本层次,又要考虑上一层次的权重因子,逐层计算,直到最后一层是要比较的各个方案权重大小。本书首先分析重庆市土地利用绩效的各目标层,然后构成判断矩阵,通过计算得出准则层各要素对总体目标的权重值 P_t ,目标层各要素对对应的准则层的权重值 C_{ij} ,并进行一致性检验;最后对准则

层和指标层两个层次的权重用公式 $\sum\limits_{j=1}^{t}\sum\limits_{t=1}^{n}P_tC_{ij}$ 进行加权综合,计算出指标层各要素对重庆市土地利用绩效这一总体目标的重要性。

（2）基于熵值法确定评价指标权重

在评价决策中所获得信息的多少,是评价精度与可靠性的决定因素之一（张培学等,2006）。熵值法赋权是一种客观赋权方法,用熵值法确定指标权重时,是根据各项评价指标值的差异程度来确定其权重。若评价对象在某项指标上的值相差较小,熵值就较大,说明该指标提供的信息量较小,则该指标的权重也应较小;若评价对象在某项指标上的值相差较大,熵值就较小,则该指标的权重也应较大;若评价对象在某项指标上的值相同,熵值则达到最大,意味着该指标没有向决策提供任何有用的信息,应该从评价指标体系中除去。

设有 m 个评价指标, n 个评价对象,则形成原始数据矩阵 $\boldsymbol{X}=(x_{ij})_{m\times n}$ 。对于某项指标 j ,指标值 x_{ij} 的差异越大,则该指标在综合评价中所起的作用越大;如果某项指标的指标值完全相等,则该指标在综合评价中几乎不起作用。主要包括以下 3 个步骤。

第一,原始数据矩阵进行标准化。

设 m 个评价指标, n 个评价对象得到的原始数据矩阵为

$$\boldsymbol{X}=\begin{bmatrix} x_{11} & x_{12} & \cdots & x_{1n} \\ x_{21} & x_{22} & \cdots & x_{2n} \\ \vdots & \vdots & & \vdots \\ x_{m1} & x_{m2} & \cdots & x_{mn} \end{bmatrix} \tag{3-3}$$

该矩阵标准化可得

$$\boldsymbol{R}=(r_{ij})_{m\times n} \tag{3-4}$$

式中, r_{ij} 为第 i 年第 j 种评价指标上的标准值, $r_{ij}\in[0,1]$ 。

对大者为优的收益性指标而言

$$r_{ij}=\frac{x_{ij}-\min\limits_{j}\{x_{ij}\}}{\max\limits_{j}\{x_{ij}\}-\min\limits_{j}\{x_{ij}\}} \tag{3-5}$$

对小者为优的成本性指标而言

$$r_{ij} = \frac{\max\limits_{j}\{x_{ij}\} - x_{ij}}{\max\limits_{j}\{x_{ij}\} - \min\limits_{j}\{x_{ij}\}} \tag{3-6}$$

第二,定义熵。

在有 m 个评价指标,n 个评价对象的评估问题中,第 j 个指标的熵定义为

$$h_j = - k \sum_{j=1}^{n} f_{ij}\ln f_{ij} \, , j = 1,2,3,\cdots,m \tag{3-7}$$

式中,$f_{ij} = \dfrac{r_{ij}}{\sum\limits_{j=1}^{n} r_{ij}}$; $k = \dfrac{1}{\ln n}$;当 $f_{ij} = 0$ 时,令 $f_{ij}\ln f_{ij} = 0$。

第三,定义熵权。

定义了第 j 种指标的熵之后,第 j 种指标的熵权定义为

$$w_j = \frac{1 - h_j}{m - \sum\limits_{j=1}^{m} h_j} \tag{3-8}$$

式中,$0 \leqslant w_j \leqslant 1$; $\sum\limits_{i=1}^{m} w_j = 1$。

利用熵值法赋权确定重庆市土地利用绩效评价指标权重时,研究期为 1999~2008 年。

1)将各指标规范化,计算第 i 年第 j 种指标,指标值的比重 r_{ij} : $r_{ij} = \dfrac{x_{ij}}{\sum\limits_{i=1}^{5} x_{ij}}$, $i = 1,2,3,4,5; j = 1,2,\cdots,24$。

2)计算第 j 项指标的熵值 h_j : $h_j = - \sum\limits_{i=1}^{5} r_{ij}\dfrac{\ln r_{ij}}{\ln 5}$, $j = 1,2,\cdots,24$。

3)计算第 j 项指标的差异性系数 g_j : $g_j = 1 - h_j$, $j = 1,2,\cdots,24$。

4)计算各指标的权重 w_j : $w_j = \dfrac{g_j}{\sum\limits_{j=1}^{24} g_j}$, $j = 1,2,\cdots,24$。根据熵值法步骤可以得出各指标权重。

(3) 最优组合赋权法确定指标权重

假设层次分析法得出的各指标权重系数为 $w_1 = (w_1^*, w_2^*, \cdots, w_n^*)^T$,熵值

法得出的各指标权重系数为 $w_2 = (w_1, w_2, \cdots, w_n)^T$，可见层次分析法和熵值法所得的指标权重系数结果是不一致的。为了结合这两种赋权法的优点，可考虑最优组合赋权法，设最优组合权向量为

$$W_c = (w_{c1}, w_{c2}, \cdots, w_{cn})^T，令 w_c = \theta_1 w_1 + \theta_2 w_2 \tag{3-9}$$

式中，θ_1，θ_2 是组合权系数向量的线性表出系数。θ_1，$\theta_2 \geq 0$，且满足约束条件 $\theta_1^2 + \theta_2^2 = 1$，令 $\Theta = (\theta_1, \theta_2)^T$，$\Theta$ 为 θ_1，θ_2 组成的二维列向量。此时 W_c 矩阵形式为 $W_c = W \cdot \Theta$，其中 $W = (w_1, w_2)$。根据简单加权法，各决策方案的多指标评价值可表示为

$$D_i(W_c) = \sum_{j=1}^{n} Z_{ij} W_{cj}, i = 1, 2 \cdots, m 。$$

显然，$D_i(W_c)$ 越大越好，$D_i(W_c)$ 越大表明决策方案 A_i 越优。在加权向量 W_c 已知的情况下，可根据上述公式对各决策方案进行排序或决策，然后再进一步讨论加权向量 W_c 的确定方法。如 G_j 指标能够使所有决策方案的属性值具有较大差异，这样的评价指标对方案决策和排序将起重要作用，应给予较大的权系数；如 G_j 指标对所有决策方案而言均无任何差异，则 G_j 指标对方案决策和排序将不起任何作用，这样的评价指标可令其权系数为 0。假设对于 G_j 指标而言，决策方案 A_i 及其他所有决策方案的离差用 V_{ij} 表示，则可定义：

$$V_{ij}(W_c) = \sum_{k=1}^{m} |W_{cj} z_{ij} - W_{cj} z_{kj}|, i = 1, 2, \cdots m, j = 1, 2, \cdots, n \tag{3-10}$$

$$V_{ij}(W_c) = \sum_{k=1}^{m} vij(W_c) = \sum_{i=1}^{m} \sum_{k=1}^{m} |z_{ij} - z_{kj}| w_{cj}, j = 1, 2, \cdots, n \tag{3-11}$$

则 $V_j(W_c)$ 表示对 G_j 指标而言，所有决策方案和其他决策方案之总离差。据前面分析，加权向量 W 的选择应该使所有评价指标对所有决策方案之总离差达到最大。为此，构造目标函数：$\max F(W) = \sum_{i=1}^{m} v_j(W_c) = \sum_{j=1}^{m} \sum_{i=1}^{m} \sum_{k=1}^{m} |z_{ij} - z_{kj}| w_{cj}$，于是，求解加权向量 W_c 等价于求解如下最优化问题：

$$\begin{cases} \max F(W) = \sum_{j=1}^{n} v_j(W_c) = \sum_{j=1}^{m} \sum_{i=1}^{m} \sum_{k=1}^{m} |z_{ij} - z_{kj}| W_{cj} \\ s.t. \sum_{j=1}^{n} W_{cj}^2 = 1 \end{cases} \tag{3-12}$$

利用 MATLAB 软件解出 $\theta_1{}^*$、$\theta_2{}^*$，并对 $\theta_1{}^*$、$\theta_2{}^*$ 进行归一化处理得到：

$\theta_1 = \dfrac{\theta^*}{\sum\limits_{k=1}^{2} \theta_{k1}^*}, \theta_2 = \dfrac{\theta_2^*}{\sum\limits_{k=1}^{2} \theta_{k2}^*}$。根据 $w_c = \theta_1^* w_1 + \theta_2^* w_2$，算出土地利用绩效评价指标

的组合权重。

权重确定后将准则层的分值进行线性加权求和，构建土地利用绩效评价模型：

$$P = A \times W_a + B \times W_b + C \times W_c + D \times W_d \tag{3-13}$$

式中，P、A、B、C、D 分别为土地利用绩效、利用结构、利用程度、利用效率、利用效益的分值；W_a、W_b、W_c、W_d 分别为结构、程度、效率和效益的权重值。

3.1.2.3　土地利用供求预测

(1) 土地后备潜力测算

本书以重庆市现有可进行整理的各坡度级耕地面积为基础，采用土地资源详查时测算出的不同坡度级的净耕地系数，结合重庆市各地在土地整理实践中，不同坡度级的耕地在整理后所能达到的净耕地系数，测算出不同坡度级的耕地整理后可以增加的净耕地系数，按下列公式推算出耕地整理新增耕地潜力：

$$M_g = \sum_{i=1}^{n} (g_2 - g_1) \times m_i \tag{3-14}$$

式中，M_g 为耕地整理后新增耕地潜力；g_1 为耕地的某一坡度级整理前的净耕地系数；g_2 为耕地的某一坡度级整理后可达到的净耕地系数；i 为耕地的坡度级 $(i = 1, 2, 3, \cdots, n)$；m_i 为某一坡度级可进行整理的耕地规模。

农村居民点整理盘活农村存量建设用地潜力预测，根据重庆市已经完成的土地开发整理规划，以及各区县农村居民点整理的实践，可保守地把理论空置的农村居民点用地的可整理率估算为 40%，按下列公式推算农村居民点整理盘活农村存量建设用地潜力：

$$M_n = (T_x - T_l) \times 0.4 \tag{3-15}$$

式中，T_x 为 2008 年农村居民点占地面积；T_l 为规划期末的农村居民点占地面积；M_n 为农村居民点整理盘活农村存量建设用地潜力。

未利用地开发潜力预测和土地复垦潜力预测，主要采用《重庆市土地开发整理(复垦)潜力研究》和 2008 年末重庆市可复垦土地统计资料研究结果。

(2) 建设用地需求预测

本书拟采用灰色序列预测模型(邓华灿和陈松林,2007)对经济发展所需建设用地需求量进行预测。灰色系统理论认为一切随机量都是在一定范围内、一定时段上变化的灰色量及灰色过程。作为预测模型，常用 GM(n,1) 模型，即只有　个变量的 GM 模型，对数据要求是"综合效果"的时间序列。一般情况下，灰色序列预测主要是指 GM(1,1) 模型，是对时间序列数据进行数量大小的预测。建立 GM(1,1) 模型的步骤如下。

第 1 步:对数据序列 $x^{(0)} = \{x^{(0)}(1), x^{(0)}(2), \cdots, x^{(0)}(N)\}$ 作一次累加生成,得

$$x^{(1)} = \{x^{(1)}(1), x^{(1)}(2), \cdots, x^{(1)}(N)\}$$

式中, $x^{(1)}(t) = \sum_{k=1}^{t} x^{(0)}(k)$ 。

第 2 步:构造累加矩阵 $\boldsymbol{B}$ 与常数向量 Y_N ,即

$$\boldsymbol{B} = \begin{vmatrix} -\frac{1}{2}[X^{(1)}(1) + X^{(1)}(2)] & 1 \\ -\frac{1}{2}[X^{(1)}(2) + X^{(1)}(3)] & 1 \\ \vdots & \vdots \\ -\frac{1}{2}[X^{(1)}(m-1) + X^{(1)}(m)] & 1 \end{vmatrix} \tag{3-16}$$

$$Y^N = [X^{(0)}(2), X^{(0)}(3), \cdots, X^{(0)}(N)]^T \tag{3-17}$$

第 3 步:用最小二乘法解出灰参数:

$$\hat{\alpha} = \begin{bmatrix} \alpha \\ u \end{bmatrix} = (B^T B)^{-1} B_T Y_N \tag{3-18}$$

第 4 步:将灰参数代入时间函数:

$$x^{(1)}(t+1) = \left[x^{(0)}(1) \cdot \frac{u}{\alpha} \right] e^{-\alpha t} + \frac{u}{\alpha} \qquad (3\text{-}19)$$

第 5 步:对 $x^{(1)}$ 求导还原得到:

$$\hat{x}{}^{(0)}(t+1) = \hat{x}{}^{(1)}(t+1) - \hat{x}{}^{(1)}(t) \qquad (3\text{-}20)$$

第 6 步:计算 $x^{(0)}(t)$ 与 $\hat{x}{}^{(0)}(t)$ 之差 $g^{(0)}(t)$ 及相对误差 $e(t)$:

$$\begin{cases} \varepsilon^{(0)}(t) = x^{(0)}(t) - \hat{x}{}^{(0)}(t) \\ e(t) = \dfrac{\varepsilon^{(0)}(t)}{x^{(0)}(t)} \times 100\% \end{cases} \qquad (3\text{-}21)$$

第 7 步:模型诊断及应用模型进行预报。为了分析模型的可靠性,需对模型进行诊断,即对模型进行后验差检验,即先计算观察数据平均离差 s_1 :

$$s_1{}^2 = \frac{1}{M} \sum_{t=1}^{M} \left[x^{(0)}(t) - \overline{x}^{(0)} \right]^2 \qquad (3\text{-}22)$$

及残差的平均离差 s_2 :

$$s_2^2 = \frac{1}{M-1} \sum_{t=2}^{M} \left[\varepsilon^{(0)}(t) - \overline{\varepsilon}^{(0)} \right]^2 \qquad (3\text{-}23)$$

其次计算方差比 $c = \dfrac{s_2}{s_1}$,以及小误差概率:

$$P = \{ |\varepsilon^{(0)}(t) - \overline{\varepsilon}^{(0)}| < 0.6745 s_1 \} \qquad (3\text{-}24)$$

最后根据方差比和小误差概率对模型进行诊断,当所建立的模型残差较大、精度不够时,为提高精度,一般可以对残差建立 GM(1,1) 模型进行分析,得到残差模型:

$$\hat{x}{}^{(0)}(i,1) = \hat{x}{}^{(0)}(i) - \hat{e}{}^{(0)}(i) \qquad (3\text{-}25)$$

3.2　结果与分析

3.2.1　重庆市土地利用动态变化

3.2.1.1　土地利用类型数量变化

土地利用的变化首先反映在不同土地类型总量的变化上(表 3-1)。通过分析重庆市过去 10 年不同土地类型总量的变化可以了解该区域土地利用变化总体态势和土地利用结构变化。1999～2008 年重庆市的土地变更资料(图 3-1)显示出该区域内各种土地利用类型数量一直处于不断的变化之中,其中减少最多的是耕地:1999 年的耕地面积是 2 529 611.7hm²,到了 2008 年下降为2 235 932.0hm²,数量总共减少了 293 679.7hm²。其中,减少幅度最大的是 2003 年,其耕地减少 118 135.8hm²。

在耕地面积大幅下降的同时,林地、园地、建设用地面积变化却与之相反。分析可见林地面积出现了明显的上升趋势(图 3-2),1999～2008 年林地面积增长了 320 252.4 hm²,其中又以 2002～2003 年增幅最大,达到了 155 983.7 hm²;园地也出现了上升趋势,1999～2008 年面积总共增长了 75 341.3hm²;建设用地自1999 年以来逐年稳步增长(图 3-3),10 年间新增建设用地共计 74 334.1 hm²,其中居民点及工矿用地增长 46 133.7 hm²,交通用地增长 14 585.2 hm²,水利设施用地增长 13 615.3 hm²,可见居民点及工矿用地增长最多,占总新增建设用地的 60%。

随着土地开发整理复垦的力度和深度不断扩展,被开发的未利用地也逐年增多,1999～2008 年,未利用地总量减少 61 855.9 hm²;其中未利用土地减少65 936.9hm²,其他未利用土地增加 4081.0hm²。

表3-1 重庆市1999~2008年土地利用类型面积

(单位:hm²)

年份	农用地					建设用地			未利用地	
	耕地	园地	林地	牧草地	其他农用地	居民点及工矿	交通用地	水利设施	未利用土地	其他土地
1999	2 529 611.7	1 64 903.4	2 970 846.5	237 071.4	1 030 450.3	443 321.8	33 788.4	41 726.3	598 186.1	176 959.2
2000	2 522 925.4	167 819.2	2 973 960.3	238 557.4	1 025 720.7	447 294.7	34 704.8	42 482.3	596 271.3	177 128.9
2001	2 519 209.1	170 696.3	2 977 700.8	238 442.1	1 024 646.5	449 155.2	35 873.3	42 807.0	591 550.0	176 784.8
2002	2 465 763.2	182 491.6	3 034 202.1	238 495.7	999 893.7	452 030.0	37 744.2	43 012.6	596 178.6	177 053.3
2003	2 347 627.5	209 996.9	3 190 185.8	238 418.4	967 654.4	456 638.5	39 324.5	43 992.7	563 462.3	169 564.0
2004	2 287 418.7	220 943.5	3 251 275.3	238 054.6	946 332.6	466 048.2	40 921.2	51 979.1	555 651.0	168 240.8
2005	2 262 697.4	235 279.1	3 273 073.8	237 915.6	936 042.9	471 733.0	43 753.0	53 585.5	545 862.3	166 922.5
2006	2 241 955.6	243 819.5	3 291 470.8	237 427.7	926 789.0	477 175.9	46 525.7	53 842.9	538 881.9	168 976.0
2007	2 239 082.2	243 081.6	3 293 289.3	237 424.7	922 664.0	483 483.3	47 823.0	54 466.9	536 481.7	169 068.2
2008	2 235 932.0	240 244.7	3 291 098.9	237 210.1	915 919.3	489 455.5	48 373.6	55 341.5	532 249.2	181 040.2

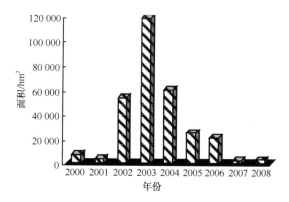

图 3-1　重庆市 1999~2008 年耕地净变化趋势

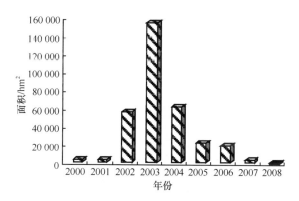

图 3-2　重庆市 1999~2008 年林地净变化趋势

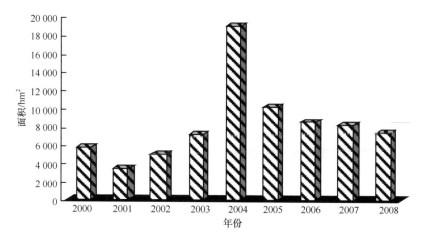

图 3-3　重庆市 1999~2008 年建设用地净变化趋势

3.2.1.2　土地利用变化的动态度

土地资源数量的变化可以采用土地利用动态度表示。通过计算重庆市1999~2008年单一土地利用类型年均动态度来描述重庆市区域土地利用动态变化(表3-2)。

(1) 农业用地的动态变化

耕地面积变化:1999~2008年重庆市的耕地年变化率为-1.16%,其中2003年,耕地变化率最大,达到-4.79%。主要原因是2003年生态退耕及三峡库区蓄水,导致耕地数量损失较大。

园地面积变化:1999年重庆市园地面积164 903.4hm²,到了2008年,面积变为240 244.7hm²,10年间年均变化率为4.57%。1999~2006年园地面积都在增加,其中,2002~2003年变化率最大,达到15.07%,其次是2001~2002年和2004~2005年,变化率分别是6.91%、6.49%,2006~2008年园地面积出现小幅减少,2006~2007年变化率为-0.03%,2007~2008年变化率-1.17%。

林地面积变化:1999~2008年重庆市的林地年变化率为1.08%,1999~2007年,重庆市林地面积每年都有所增加,其中,2002~2003年增加最多,年变化率达到了5.14%,2008年,林地面积出现了小幅度的下降,变化率为-0.07%,主要是由于国家生态退耕政策的实行,增加了大量林地。

牧草地面积变化:1999年重庆市牧草地面积为237 071.4hm²,到2008年面积增加到237 210.1hm²,10年间年均变化率为0.01%,其中2005~2006年变化最大,年变化率为-0.21%。

(2) 建设用地的动态变化

居民点及独立工矿面积变化:1999~2008年,重庆市居民点及独立工矿面积由443 321.8hm²增加到489 455.5 hm²,10年间年均变化率为1.04%。期间增长趋势较为平缓,增长最快的年份是2004年,变化率是2.06%,2001年

表3-2　重庆市1999~2008年土地利用的年变化率

类型	1999~2000年 变化率/%	2000~2001年 变化率/%	2001~2002年 变化率/%	2002~2003年 变化率/%	2003~2004年 变化率/%	2004~2005年 变化率/%	2005~2006年 变化率/%	2006~2007年 变化率/%	2007~2008年 变化率/%	1999~2008年 变化率/%
耕地	-0.26	-0.15	-2.12	-4.79	-2.56	-1.08	-0.92	-0.13	-0.14	-1.16
园地	1.77	1.71	6.91	15.07	5.21	6.49	3.63	-0.30	-1.17	4.57
林地	0.10	0.13	1.90	5.14	1.91	0.67	0.56	0.06	-0.07	1.08
牧草地	0.63	-0.05	0.02	-0.03	-0.15	-0.36	-0.21	0.00	-0.09	0.01
其他农用地	-0.46	-0.10	-2.42	-3.22	-2.20	-1.09	-0.99	-0.45	-0.73	-1.11
居民点及工矿	0.90	0.42	0.64	1.02	2.06	1.22	1.15	1.32	1.24	1.04
交通用地	2.71	3.37	5.22	4.19	4.06	6.92	6.34	2.79	1.15	4.32
水利设施用地	1.81	0.76	0.48	2.28	18.15	3.09	0.48	1.16	1.51	3.26
未利用土地	-0.32	-0.79	0.78	-5.49	-1.39	-1.76	-1.28	-0.45	-0.79	-1.10

涨幅最小,只有 0.42%。

交通运输用地面积变化:10 年间重庆市交通运输用地呈出上升势头,面积由 1999 年的 33 788.4hm² 增加到 2008 年末的 48 373.6hm²。10 年间年变化率为 4.32%,变化幅度仅次于园地。其中 2005 年、2006 年变化最大,变化率分别达到 6.92% 和 6.34%。

水利设施用地面积变化:重庆市水利设施用地从 1999 年面积为 41 726.3hm²,到了 2008 年,面积增加到 55 341.5hm²,10 年间年变化率 3.26%。1999~2003 年水利设施用地面积变化较小,2004 年却出现明显增加,年变化率达到 18.15%,主要是由于三峡大坝的蓄水导致水库水面急剧增加。

(3) 未利用地的动态变化

这里主要研究可供开发复垦的未利用土地,至于短期内不能利用的其他土地类型暂不考虑。1999~2008 年重庆市未利用土地面积呈逐年减少趋势,1999 年末面积为 598 186.1hm²,2008 年末面积为 532 249.2hm²,总共减少65 936.9hm²。10 年间年未利用土地变化率为−1.10%,变化率最大的是 2003 年,其变化率达到了−5.49%。在此之前,未利用土地下降幅度缓慢,变化率不超过−1%。未利用土地逐年减少的主要原因是土地开发整理(复垦)力度不断加大所致。

3.2.1.3 土地利用转移矩阵分析

为了进一步分析土地利用变化的内在过程和趋势,引入土地利用转移矩阵分析,通过计算重庆市 1999~2008 年土地利用转移矩阵可以看出(表 3-3)。

表 3-3　1999~2008 年研究区土地利用类型转移矩阵　　　（单位:hm²）

地类	耕地	园地	林地	牧草地	其他农用地	建设用地	未利用地	1999 年
耕地	1 719 124.10	66 781.70	562 332.7	15 683.6	13 912.9	78 923.9	72 852.8	2 529 611.7
园地	5 260.42	94 407.20	17 595.19	5 672.68	24 883.92	9 208.21	7 882.38	164 903.4
林地	125 666.81	36 244.33	2 543 341.7	95 958.34	39 512.26	90 907.91	39 215.17	2 970 846.5

续表

地类	耕地	园地	林地	牧草地	其他农用地	建设用地	未利用地	1999 年
牧草地	81 599.98	2 086.23	2 584.08	107 677.8	7 989.31	13 702.72	21 431.25	237 071.4
其他农用地	65 330.55	32 047	3 503.53	206.09	743 572.94	102 117.63	83 672.56	1 030 450.3
建设用地	130 737.70	852.92	20 155.55	771.13	6 750.28	281 335.1	78 233.82	518 836.5
未利用地	108 210.28	7 828.97	141 541.53	11 239.61	79 297.36	16 975.68	410 051.86	775 145.3
2008 年	2 235 932	240 244.7	3 291 098.9	237 210.1	915 919.3	593 170.6	713 289.4	8 226 865

1）耕地面积显著减少。耕地主要向建设用地和林地转化，耕地向建设用地转化表明 1999~2008 年重庆市社会经济高速发展，城市化工业化进程不断加快。耕地向林地转化主要是由于产业结构调整以及坡耕地退耕还林的大力开展所致。其次，耕地也有部分转向牧草地和未利用地，这是由于农村人口大量的转入城市，农村剩余劳动力减少，耕地废弃造成。

2）林地面积逐年增加。林地增加主要源自耕地和未利用地两种地类。增加的原因，一方面是为保护三峡大坝，降低库区水土流失而实施的国家退耕还林工程取得了初步成效；另一方面是为提高城市形象，建设"森林重庆"的过程中不断地建设为重庆提供绿色生态屏障的环城林带。

3）城乡建设用地始终处于增长阶段。1999~2008 年重庆市城乡建设用地增加来源主要是耕地和其他农用地。城乡建设用地的增加主要是由于人口增长，城区、农村居民点不断扩建，基础设施和交通用地日趋完善。另外重庆市作为西部唯一的直辖市，为发展新高新科技产业，建设了各种的工业园区及开发区，这都使得城乡建设用地快速扩展。

4）未利用地主要转向耕地和建设用地。从重庆土地开发整理（复垦）的轨迹看，2000~2008 年，重庆市共实施了 973 个土地开发整理（复垦）项目，累计增加耕地面积 36 095.99hm^2。在整个研究期内，未利用地一直减少，说明未利用地在被开垦利用，成为耕地占补平衡的主要来源。

总体而言，从 1999~2008 年重庆市土地利用发生了较大变化，其中较为典型的就是耕地急剧下降,建设用地大幅增加,并且建设用地增加的趋势逐渐走强,可见近 10 年重庆市土地利用变化趋势与社会经济发展趋势一致。直辖至今,重庆市在国家宏观政策环境下迎来了经济文化发展的新时期,伴随着的就是城市建设加快,建设用地增加而耕地逐年减少,虽然城市化的过程中难以避免占用耕地,但是我们应该反思在土地利用过程中是否存在不合理的地方,只有在清楚认识问题的基础上,才能为将来合理地利用土地资源找到解决方法,因此,需要对近 10 年来重庆市土地利用的绩效进行评价。

3.2.2　重庆市土地利用绩效评价

绩效评价起源于工业研究,20 世纪 90 年代以后被西方经济学家引入制度经济学中,用以评价制度的运行状况(North,1990)。近些年来,管理学、组织行为学、产业经济学及土地管理等不同学科从不同角度对经济政策绩效、企业经营管理绩效、土地制度绩效等方面作了相关研究(吕军和虞春萍,2009)。土地利用绩效评价是对土地利用过程中所形成的格局与利用效率、程度与效益进行的全面评价。

3.2.2.1　绩效评价指标体系建立

土地具有不同的类型、不同的自然条件和不同的利用方式。此外,对土地利用的评价需要考虑评价的目的和评价的方法,有的是对土地利用情况某一个方面或某个问题的评价,有的是对一定范围内相对复杂的土地利用效率的综合评价。所以,土地利用绩效评价首先是选择一定的标准和角度作为衡量土地利用绩效的基础。土地利用绩效是土地资源不同的利用程度及不同配置结构产生的利用效率、效果和效益等的综合体现,即土地配置是否达到最佳与最充分、最合理地有效利用。因此,土地利用绩效的评价指标体系应该从 4 个方面加以考虑:①土地利用结构;②土地利用效率;③土地利用程度;④土地利用效益(Editorial,2004;赵鹏军和彭建,2001)。

土地利用结构主要通过土地利用多样性指数、农地与建设用地面积比、垦殖指数、森林覆盖率、坡耕地比率以及基本农田保护指数等几方面来表现。土地利用程度指标设置要兼顾土地利用的广度和深度,因此选取土地利用率、人均建设用地面积、人均耕地面积、复种指数、林地有效利用率和容积率等 6 个指标。土地利用效率反映了土地利用的投入产出情况,由地均 GDP、地均环保投资额、地均农业生产经营投入、地均基础设施投资额、单位面积固定资产投入和建设用地弹性系数等 6 个指标构成。土地利用效益反映土地利用的综合价值,由人均 GDP、人均纯收入、人均绿地面积、单位面积废物排放量、单位建设用地产值及单位农用地农业产值等指标构成(表 3-4)。

表 3-4　重庆市土地利用绩效评价指标体系

目标层	准则层	因素层	元素层
土地利用绩效(P)	土地利用结构(A)	土地利用多样性指数 A_1	各类土地利用面积,最大土地利用类型数
		农地与建设用地面积比 A_2	农用地面积,建设用地面积
		垦殖指数 A_3	耕地面积,土地总面积
		森林覆盖率 A_4	森林面积,土地总面积
		坡耕地比率 A_5	大于 15° 坡耕地面积,耕地总面积
		基本农田保护指数 A_6	实际保护的基本农田面积、基本农田总面积
	土地利用程度(B)	土地利用率 B_1	已利用的土地面积,土地总面积
		人均建设用地面积 B_2	人口数量,建设用地面积
		人均耕地面积 B_3	人口数量,耕地面积
		复种指数 B_4	年播种作物的总面积,耕地面积
		林地有效利用率 B_5	林地面积,宜林荒地面积
		容积率 B_6	区域总建筑面积,总用地面积

目标层	准则层	因素层	元素层
土地利用绩效（P）	土地利用效率（C）	单位面积固定资产投资 C_1	固定资产投资额，土地总面积
		地均 GDPC_2	GDP 总量，土地总面积
		地均环保投资额 C_3	环保投资总额，土地总面积
		地均农业生产经营投入 C_4	农业生产经营投入总额，土地总面积
		地均基础设施投资额 C_5	基础设施投资总额，土地总面积
		建设用地弹性系数 C_6	基期 GDP 数量，比较期 GDP 数量，基期建设用地面积，比较期建设用地面积
	土地利用效益（D）	人均 GDPD_1	GDP 总量，人口总数
		单位面积废物排放量 D_2	废物排放总量，土地总面积
		人均纯收入 D_3	居民家庭收入，各项费用性支出，家庭人数
		单位建设用地产值 D_4	经济总产值，建设用地面积
		单位农用地农业产值 D_5	经济总产值，农用地面积
		人均绿地面积 D_6	绿地面积，区域人口总数

3.2.2.2　绩效评价权重的确定

本书采用最优组合赋权法，将客观赋权法（采用熵值法）和主观赋权法（采用 AHP 法）两种方法所得到的权重系数按照最优组合赋权法结合起来，客观地反映各指标层对目标层的影响程度，计算得到土地利用绩效评价指标的组合权重（表 3-5）。

表 3-5　重庆市土地利用绩效评价指标权重

分类	指标	层次分析法确定的指标权重	熵值法确定的指标权重	最优组合赋权法的指标权重
A 0.1928	A_1	0.1544	0.1190	0.1356
	A_2	0.3876	0.2855	0.2478
	A_3	0.2065	0.1455	0.1802

续表

分类	指标	层次分析法确定的指标权重	熵值法确定的指标权重	最优组合赋权法的指标权重
A 0.1928	A_4	0.3320	0.1988	0.2277
	A_5	0.1766	0.0966	0.1224
	A_6	0.1223	0.0652	0.0863
B 0.1621	B_1	0.3873	0.1532	0.1955
	B_2	0.2576	0.0880	0.1734
	B_3	0.3665	0.1436	0.2070
	B_4	0.2766	0.0920	0.1745
	B_5	0.1765	0.0660	0.1166
	B_6	0.1865	0.0210	0.1330
C 0.3811	C_1	0.1867	0.0966	0.1332
	C_2	0.2655	0.0440	0.1934
	C_3	0.3021	0.0540	0.1687
	C_4	0.3121	0.0770	0.1554
	C_5	0.2865	0.0790	0.1576
	C_6	0.2544	0.1421	0.1917
D 0.2640	D_1	0.2330	0.0890	0.1240
	D_2	0.3211	0.2076	0.2478
	D_3	0.2055	0.0720	0.1345
	D_4	0.3387	0.1652	0.2426
	D_5	0.2334	0.0650	0.1655
	D_6	0.8467	0.8654	0.0856

3.2.2.3　绩效评价的结果分析

　　土地利用绩效是以土地资源的合理配置为基础,采用绩效模型计算得出重庆市 1999~2008 年土地利用绩效值(表 3-6)。

　　研究结果可以看出:1999～2008年,土地配置结构分值从1999年的0.7132降到2008年的0.2942,随着直辖后重庆市经济社会的跨越式发展,城乡建设用地规模不断扩展,导致土地资源的配置弹性呈明显的下降趋势,表明重庆市建设用地面积的剧增和耕地的锐减的矛盾日益突出。土地利用程度主要反映土地利用的广度与深度,它不仅反映了土地利用过程中土地本身的自然属性,同时也反映了人类活动与自然环境相互作用的综合效应,研究表明重庆市土地利用程度呈现出总体下降趋势,1999～2008年其分值由0.1144下降到0.0387,其下降主要原因是由于抛荒、闲置导致土地利用率降低和人均耕地锐减所造成。在土地资源总量不变的情况下,解决经济建设与耕地保护矛盾的关键在于提高土地产出率,土地利用效率与利用效益就是反映土地利用的投入产出情况的主要指标,研究表明重庆市的土地利用效率与利用效益则增长明显,分值分别由1999年的0.0655和0.0467增长到2008年的0.4472和0.3011,由此可见,虽然目前重庆市土地产出率较低,影响了土地资源的有效利用,但同时也表明重庆的土地产出率还有很大的提高空间。

表3-6　重庆市1999～2008年土地利用绩效

年份	结构	程度	效率	效益	绩效
1999	0.7132	0.1144	0.0655	0.0467	0.1767
2000	0.6778	0.1210	0.0612	0.0654	0.1543
2001	0.5534	0.1232	0.0733	0.0662	0.1532
2002	0.5321	0.1201	0.0765	0.0611	0.1477
2003	0.5109	0.0987	0.1123	0.1298	0.1723
2004	0.4877	0.0876	0.1566	0.1533	0.2166
2005	0.4655	0.0833	0.1084	0.1576	0.2268
2006	0.3765	0.0544	0.2866	0.1839	0.2325
2007	0.3244	0.0432	0.3476	0.2564	0.2436
2008	0.2942	0.0387	0.4472	0.3011	0.2598

应用土地绩效评价模型求得1999~2008年重庆市土地利用绩效值总体水平不高,但保持稳定增长趋势:由1999年的0.1767增长到2008年的0.2598。其变化情况与重庆市社会经济发展状况、自然条件变化基本一致,表明在土地利用总体规划和国家有力的宏观调控措施条件下,重庆市土地利用正朝着合理、集约与节约利用的方向发展。在了解过去重庆区域土地利用变化情况和绩效水平的基础上,还必须清楚地把握未来重庆市区域土地资源供需情景,只有在了解过去和把握未来的前提下,才能进一步地对现行土地利用制度及方式进行改革,找到实现土地利用平衡的新途径。

3.2.3　重庆市土地利用供求预测

要实现经济快速发展过程中的土地利用平衡,必须认知未来区域土地的供需有多大,并在供给的调节下,制约和引导经济发展对土地的需求,进而进行土地利用平衡制度和途径的探索,确保土地利用平衡发展。对此,需要理解未来经济发展对建设用地的需求(由于盐田和特殊用地不易变化,本书讨论的建设用地不考虑这两种类型,因此,本书讨论的符合经济发展需求的建设用地主要涉及城市用地、建制镇用地、农村居民点用地、独立工矿用地、交通用地以及水利设施用地等),经济技术许可下现实后备土地资源潜力,通过对比指出供需缺口,并结合现有政策环境及国内不同区域的具体做法,提出新思路。

3.2.3.1　后备土地的供给潜力测算

后备土地资源潜力由耕地整理、农村居民点整理、未利用地开发和土地复垦等单项构成。在开展了重庆市耕地整理、农村居民点整理、未利用地开发和土地复垦增加耕地、园地、林地等潜力测算的基础上,可综合测算出全市土地开发整理(复垦)增加耕地、园地、林地等潜力,包括理论潜力和现实潜力。理论潜力就增加面积这一指标而言,是开发整理(复垦)增加耕地、园、林地面积的极大值,在有限的规划期内,加上受现实诸多客观因素的制约,理论潜力是不可能在短期内全部实现的。因此,在有限的规划期内能实现的土地后备资源开发整理(复垦)潜力称之为实潜力。可见,现实潜力与理论潜力存在很大差距。为了更好地对比经济发展造成的区域土地资源的供需情况,本书主要讨论后备土地资源开发整理(复垦)的现实潜力。

(1) 耕地整理潜力

重庆市耕地整理潜力评价以现有可进行整理的各坡度级耕地面积为基础,重庆市土地资源资料显示:重庆市 0°~2° 平均净耕地系数 0.898,2°~6° 平均净耕地系数 0.864,6°~15° 平均净耕地系数 0.825,15°~25° 平均净耕地系数 0.798。结合重庆市 1996 年土地详查得到的耕地不同坡度级平均净耕地系数,测算出的各区县不同坡度级的耕地整理后能够增加的净耕地系数,以此即可推算出各区县耕地整理增加耕地理论潜力。

结合重庆土地开发整理规划对土地整理潜力的分析可知,耕地整理增加耕地的现实潜力,在基于可开展土地整理的区(市)、县对土地整理的投资能力相当、均按实现其新增耕地理论潜力的 33.39% 的假定条件下,测算出 2020 年各区(市)、县耕地整理新增耕地现实潜力总量可达 63 888.89 hm^2(表 3-7)。

表 3-7　重庆市不同坡度级耕地整理潜力　　　　　　　(单位:hm^2)

类别	规模	整理潜力	总理论潜力	2020 年可增加耕地现实潜力
2°~6°坡耕地	479 551	28 684.9		
6°~15°坡耕地	862 873.5	83 015.4	193 543	63 888.89
15°~25°坡耕地	645 510	81 843.04		

注:因全市 0°~2° 耕地所占比例小,且土地整理基本未将该坡度级耕地纳入整理范围中,故未予统计。

(2) 农村居民点整理潜力

农村居民点整理潜力主要来自两个方面:一是借助一定的经济、法律、行政、技术等手段,对村庄内部用地进行重新组织,力求消除低矮破旧平房以及对分散的村庄迁移、归并,提高建设用地的容积率和利用集聚率,使人均农村居民点用地面积降低到合理的人均用地标准(人均 120m²)上,对相应减少的农村居民点用地转换为农用地,实行退宅还耕、退宅还园等,并完善基础设施,改善村庄的生活条件和生态环境,推进农民新村的建设;另一方面则是来源于经济的发展,城镇化水平的提高,农村部分人口进入城镇,而对非农化转移而闲置出的农村居民点用地实行退宅还耕、退宅还园等。

根据重庆市城乡总体规划对城市化进程研究结果:2015 年重庆市农村人口将由 2008 年的 2405.64 万人减少至 1405.8 万人,2020 年将减少至 940 万人。根据前面的分析,重庆市农村居民人均用地控制在 120m² 比较合理,也与重庆市的资源禀赋相适宜。按人均 120m² 计算,到 2015 重庆市农村居民点用地规模控制为 168 696hm²(1405.8 万人×120m²),到 2020 年,重庆市农村居民点用地规模控制为 112 800hm²(940 万人×120m²),则农村居民点整理的理论规模为:

2015 年农村居民点整理的理论规模 = 2008 年农村居民点面积－2015 年农村居民用地规模 = 357 913hm²－168 696hm² = 189 217hm²。

2020 年农村居民点整理的理论规模 = 2008 年农村居民点面积－2020 年农村居民用地规模 = 357 913hm²－112 800hm² = 245 113hm²。

受到经济条件、农民传统观念以及进城务工农业人口回流等限制因素,要把理论上空置的全部农村居民点用地在 2020 年前完全整理是不太现实的。因此出于多方面的综合考虑,可保守地把理论空置的农村宅基地的可整理率估计为 40%,则 2009～2015 年农村居民点整理可盘活农村存量建设用地的实际规模为:189 217hm²×40% = 75 686.8hm²;则 2009～2020 年农村居民点整理可盘活农村存量建设用地的实际规模为:245 113hm²×40% = 98 045.2hm²。

(3) 未利用地开发潜力

重庆市未利用地开发具有一定的潜力,但可开垦土地资源数量少,耕地后备资源不足,而且,集中分布在三峡生态经济区,且以荒草地为主。2008 年重庆市共有未利用地约 713 289.4hm²,占土地总面积的 6.47%。适当开发未利用地补充耕地资源,可在一定程度上缓解的人地间矛盾的加剧。

对重庆市未利用地开发,出于对未利用地的自身条件、土地开发目标与标准以及短期内的土地开发经济技术条件等多方面考虑,只能对可开垦未利用地进行开发。因此,未利用地开发潜力测算也只能在可开垦未利用地范围内考虑。重庆市可开垦未利用地主要是考虑可垦荒草地、可垦苇地、可垦滩涂和其他可开垦未利用地。

根据《重庆市土地开发整理(复垦)潜力研究》,2008 年末重庆市共有可开垦未利用地 63 719.52hm²,若全部开垦,全市可增加农用地的理论潜力为41 935.14 hm²,这是开垦未利用地增加农用地的最大限度值。鉴于重庆市可垦未利用地集中成片的面积小,并且主要分布在经济较落后、人口密度相对较小、交通不方便、生态环境较脆弱的渝东低山和中山地区的轮荒地和弃耕地,以及石质山地的荒草地,大多数为植被遭破坏后,成为灌丛草地或旱生草地,将这些可垦未利用地开发要受到诸多客观因素的制约。

目前原则上只能优先开发那些面积较大、开发难度较小、静态投资回收期较短而又不容易引起水土流失的未利用土地。预计在 2009~2020 年开发未利用地可增加耕地的现实潜力为 10 296.76 hm²,可增加园地、林地的现实潜力为 15 191.03 hm²。

(4) 废弃地复垦潜力

重庆可复垦土地以自然灾毁地为主,大多处在自然条件较恶劣的山区,主要由于滑坡、泥石流、水毁等自然灾害造成耕地损毁,其总量大,复垦成耕地的难度相对较大。

根据 2008 年末重庆市可复垦土地统计资料(资料来源于土地勘测规划院):全市有可复垦废弃压占地 977.55hm²,占可复垦土地的 25.9%;可复垦塌陷地 41.75hm²,占可复垦土地的 1.1%;可复垦自然灾毁地 2751.86hm²,占可复垦土地的 73%。通过分析测算,重庆可复垦土地总量并不多,对这些土地应在2020 年前应全面复垦,以增加农用地面积,缓解人地矛盾,并实现土地合理有效利用。这样,全市土地复垦增加耕地潜力为 2606.97 hm²,土地复垦增加林地、园地等潜力为 575.05 hm²。

(5) 后备潜力结果汇总

2009~2020 年重庆市土地后备资源的现实潜力预测结果为:增加耕地 76 792.62 hm²,增加园、林地 15 766.08hm²(表 3-8),盘活存量建设用地 98 045.2 hm²。

表 3-8　重庆市 2020 年土地后备潜力预测结果汇总　　　(单位:hm²)

类型	耕地整理	农村居民点整理	未利用地开发	废弃地复垦	总计
增加耕地	63 888.89	—	10 296.76	2 606.97	76 792.62
增加园地、林地	—	—	15 191.03	575.05	15 766.08
盘活存量建设用地	—	98 045.2	—	—	98 045.20

3.2.3.2　经济发展的建设用地需求

根据《重庆市国民经济发展的十一五规划》中提出"西部大开发战略进入基础设施建设和特色产业发展并重的新阶段;工业化和城镇化加速发展,城乡居民消费结构加速升级,必将促进经济结构调整和优化;三峡工程竣工将促进长江流域的合作发展"。同时按照《重庆市城市总体规划(2006~2020)》提出的发展目标:力争在 2020 年将重庆建设成为经济发达、生活富裕、社会文明、环境优美、富有历史传统文化与山水城市特色的现代化都市;转变经济增长方式,保持经济持续快速与健康发展;以大融通、大流通为目标,快速发展金融、旅游、商贸、信息咨询、房地产等第三产业,进一步发挥城市的"龙头"作用、"窗口"作用和辐射作用。这一系列举措的实施,重庆市各类建设用地规模未来 10 年内应在现有的基础上有一定的发展与突破。本书利用灰色模型对各类建设用地到 2020 年的规模进行预测,以便更好地认识未来发展的供需缺口。

（1）城市用地预测

利用 1999～2008 年土地变更调查城市用地原始数据建立灰色 GM（1，1）模型，并进行城市建设用地的规模预测（表 3-9、表 3-10）。

表 3-9　1999～2008 年重庆城市用地原始序列与累加值　　（单位：hm²）

年份	1999	2000	2001	2002	2003
原始值	18 559.2	19 931.3	21 796.5	23 521	25 708
累加值	18 559.2	38 490.5	60 287	83 808	109 516
年份	2004	2005	2006	2007	2008
原始值	29 955	32 342.5	37 459.8	39 785.2	42 588.6
累加值	139 471	171 813.5	209 273.3	249 058.5	291 647.1

表 3-10　1999～2000 年各时点预测值、残差与相对误差

年份	观察值/hm²	拟合值/hm²	残差	相对误差/%
2000	19 931.32	21 827.57	287.90	1.51
2001	21 796.52	22 616.99	−307.25	−1.45
2002	23 520.97	25 797.33	725.89	3.08
2003	25 708	28 290.85	−1 280.22	−4.83
2004	29 955.01	31 915.51	250.66	0.83
2005	32 342.52	34 282.15	−1 331.22	−4.08
2006	37 459.82	37 085.66	1 422.16	3.78
2007	39 785.21	43 619.93	2 020.91	4.95
2008	42 588.6	47 404.41	−1 664.25	−3.72

根据灰色 GM（1，1）模型的建模方法求得 GM（1，1）模型的参数：$a = -0.098\,906$；$b = 17\,198.238\,460$。

GM（1，1）模型为

$$X(t + 1) = 19\,244.35e^{0.099t} - 173\,885.15$$

利用后验差法对当前模型进行评价: $c = 0.1371$ (很好); $p = 1.0000$ (很好), 符合预测的要求。

预测结果(表 3-11)表明:2009~2020 年重庆市城市用地总量将呈持续上升趋势,用地增量逐年增大,2009~2015 年、2016~2020 年城市建设用地年均增量分别为 6 579.71hm², 9 451.41hm², 近增量较远期小, 与重庆市 1999~2008 年城市建设用地年均增量 2402.95 hm² 相比, 远期增量偏大。

表 3-11　2009~2020 年城市用地预测结果　　　　　(单位:hm²)

预测时刻	预测值	年份
$X(11)$	48 726.89	2009
$X(12)$	53 792.65	2010
$X(13)$	59 385.05	2011
$X(14)$	65 558.85	2012
$X(15)$	72 374.50	2013
$X(16)$	79 898.71	2014
$X(17)$	88 205.16	2015
$X(18)$	97 375.16	2016
$X(19)$	107 498.50	2017
$X(20)$	118 674.29	2018
$X(21)$	131 011.93	2019
$X(22)$	144 632.22	2020

(2) 建制镇用地预测

利用 1999~2008 年土地变更调查建制镇用地原始数据建立灰色 $GM(1, 1)$ 模型, 并在基础上进行建制镇用地的规模预测(表 3-12、表 3-13)。

表 3-12　1999~2008 年重庆建制镇用地原始序列与累加值 （单位：hm²）

年份	1999	2000	2001	2002	2003
原始值	22 047.59	23 501.89	23 506.75	24 236.03	24 862.2
累加值	22 047.59	45 549.48	69 056.23	93 292.26	118 154.46
年份	2004	2005	2006	2007	2008
原始值	28 711.08	30 563.34	31 879.03	33 898.63	36 521.73
累加值	146 865.54	177 428.88	209 307.91	243 206.54	279 728.27

表 3-13　1999~2000 年各时点预测值、残差与相对误差

年份	观察值/hm²	拟合值/hm²	残差	相对误差/%
2000	23 501.89	23 100.82	937.77	4.12
2001	23 506.75	25 307.94	1 782.57	6.83
2002	24 236.03	25 821.53	−568.13	−2.34
2003	24 862.2	28 722.97	−1 599.09	−6.43
2004	28 711.08	30 233.97	−1 529.21	−5.82
2005	30 563.34	32 628.78	654.68	2.08
2006	31 879.03	32 941.16	−42.45	−0.13
2007	33 898.63	36 997.68	−111.06	−0.34
2008	36 521.73	38 943.97	897.45	2.55

根据灰色 GM（1,1）模型的建模方法求得 GM（1,1）模型的参数：$a = -0.063\,289$；$b = 19\,755.387\,862$。

GM（1,1）模型为

$$X(t+1) = 334\,191.02 e^{0.0633t} - 312\,143.43$$

利用后验差法对当前模型进行评价：$c = 0.2087$（很好）；$p = 1$（很好），符合预测的要求。

预测结果（表 3-14）表明：2009~2020 年重庆市建制镇建设用地总量将持续上升，用地增量逐年增大。随着主城区的不断发展，必将带动和辐射建制镇

的发展。预测结果表明:2009~2015 年建制镇用地年均增量为 2971.09 hm²,2016~2020 年建制镇用地年均增量为 3463.18 hm²,与重庆市 1999~2008 年城市建设用地年均增量 1447.41 hm² 相比,远期增量偏大。

表 3-14　2009~2020 年建制镇用地预测结果　　　(单位:hm²)

预测时刻	预测值	年份
$X(11)$	38 593.85	2009
$X(12)$	41 115.38	2010
$X(13)$	43 801.66	2011
$X(14)$	46 663.45	2012
$X(15)$	49 712.21	2013
$X(16)$	52 960.17	2014
$X(17)$	56 420.33	2015
$X(18)$	60 106.56	2016
$X(19)$	64 033.64	2017
$X(20)$	68 217.28	2018
$X(21)$	72 674.27	2019
$X(22)$	77 422.46	2020

(3) 独立工矿用地预测

利用 1999~2008 年土地变更调查独立工矿用地原始数据建立灰色 GM(1,1)模型,并在此基础上进行独立工矿用地的规模预测(表 3-15、表 3-16)。

根据灰色 GM(1,1)模型的建模方法求得 GM(1,1)模型的参数:$a=-0.044\ 163$;$b=30\ 340.338\ 250$。

GM(1,1)模型为

$$X(t+1) = 719\ 106.47e^{0.044t} - 687\ 010.07$$

利用后验差法对当前模型进行评价:$c = 0.2920$(很好);$p = 1.0000$(很

好),符合预测的要求。

表 3-15　1999~2008 年重庆独立工矿用地原始序列与累加值(单位:hm²)

年份	1999	2000	2001	2002	2003
原始值	32 096.4	32 778.89	33 136.93	33 806.45	36 324.12
累加值	32 096.4	64 875.29	98 012.22	131 818.67	168 142.79
年份	2004	2005	2006	2007	2008
原始值	39 083.61	41 112.31	41 017.21	43 524.87	45 763.88
累加值	207 226.4	248 338.71	289 355.92	332 880.79	378 644.67

表 3-16　1999~2000 年各时点预测值、残差与相对误差

年份	观察值/hm²	拟合值/hm²	残差	相对误差/%
2000	32 778.89	35 002.12	2 086.26	6.35
2001	33 136.93	34 817.91	−860.95	−2.53
2002	33 806.45	36 283.62	−2 843.61	−8.69
2003	36 324.12	38 959.86	−428.49	−1.22
2004	39 083.61	41 726.32	373.53	0.95
2005	41 112.31	41 666.73	2 093.76	5.05
2006	41 017.21	43 294.17	893.73	1.93
2007	43 524.87	45 293.24	−761.94	−1.66
2008	45 763.88	47 292.12	−478.46	−1.06

表 3-17　2009~2020 年独立工矿用地预测结果　　　　(单位:hm²)

预测时刻	预测值	年份
$X(11)$	48 316.21	2009
$X(12)$	50 497.81	2010

续表

预测时刻	预测值	年份
$X(13)$	52 777.91	2011
$X(14)$	55 160.97	2012
$X(15)$	57 651.63	2013
$X(16)$	60 254.75	2014
$X(17)$	62 975.41	2015
$X(18)$	65 818.91	2016
$X(19)$	68 790.80	2017
$X(20)$	71 896.89	2018
$X(21)$	75 143.21	2019
$X(22)$	78 536.12	2020

预测结果(表 3-17)表明:2009~2020 年重庆市独立工矿用地总量将持续上升,其中 2009~2015 年独立工矿用地年均增量为 2443.2 hm^2,2016~2020 年独立工矿用地年均增量为 2 543.44 hm^2,与 1999~2008 年重庆市独立工矿用地年均增量 1366.75 hm^2 相比,远期增量比近期增量大。2010~2015 年随着重庆市工业的快速发展,工业用地的需求进一步增加。

(4) 交通用地预测

利用 1999~2008 年土地变更调查交通用地原始数据建立灰色 GM(1,1)模型,并进行用地的规模预测(表 3-18、表 3-19)。

表 3-18　1999~2008 年重庆交通用地原始序列与累加值　(单位:hm²)

年份	1999	2000	2001	2002	2003
原始值	33 788.4	34 704.8	35 873.3	37 744.2	39 324.5
累加值	33 788.4	68 493.2	104 366.5	142 110.7	181 435.2

年份	2004	2005	2006	2007	2008
原始值	40 921.2	43 753.0	46 525.7	47 823.0	48 373.6
累加值	222 356.4	266 109.4	312 635.1	360 458.1	408 831.7

根据灰色 GM(1,1)模型的建模方法求得 GM(1,1)模型的参数: $a = -0.043\ 388$; $b = 32\ 224.639\ 507$。

GM(1,1)模型为

$$X(t+1) = 777\ 589.84 e^{0.043t} - 742\ 702.74$$

利用后验差法对当前模型进行评价: $c = 0.2942$(很好); $p = 1.0000$(很好),符合预测的要求。

表 3-19 1999~2000 年各时点预测值、残差与相对误差

年份	观察值/hm²	拟合值/hm²	残差	相对误差/%
2000	34 704.8	35 170.57	225.18	0.67
2001	35 873.3	36 081.98	872.34	2.34
2002	37 744.2	39 073.43	-3 101.66	-9.36
2003	39 324.5	42 573.42	50.67	0.13
2004	40 921.2	44 461.27	1 265.88	2.94
2005	43 753	44 933.62	995.41	2.10
2006	46 525.7	44 868.35	2 094.66	4.18
2007	47 823	47 652.17	-1 770.52	-3.78
2008	48 373.6	52 887.75	-417.09	-0.86

预测结果(表 3-20)表明:2009~2020 年重庆市交通用地总量呈持续上升,其中 2009~2015 年、2016~2020 年交通用地年均增量分别为 2525.21 hm²、2616.78 hm²,远期年均增速较大。依据《重庆市城市总体规划(2006~2020)》:构建"二环八射"高速公路骨架以及形成主要由一、二级公路构成的县际公路网;2020 年建成 8 条干线铁路,3 条支线铁路;基本形成联结东西、沟

通南北的铁路网络;启动江北国际机场第三航站楼和第二跑道建设前期工作并力争部分项目开工,进一步完善万州五桥机场,建成黔江舟白机场,创造条件适时建设旅游金三角机场。经过交通体系的完善,到 2020 年争取把重庆打造成为长江上游综合交通枢纽。因此交通用地将有较大的扩展,故预测结果符合实际。

表 3-20　2009~2020 年交通用地预测结果　　　（单位:hm^2）

预测时刻	预测值	年份
$X(11)$	50 952.93	2009
$X(12)$	53 212.35	2010
$X(13)$	55 571.97	2011
$X(14)$	58 036.22	2012
$X(15)$	60 609.74	2013
$X(16)$	63 297.38	2014
$X(17)$	66 104.20	2015
$X(18)$	69 035.49	2016
$X(19)$	72 096.75	2017
$X(20)$	75 293.77	2018
$X(21)$	78 632.55	2019
$X(22)$	82 119.38	2020

（5）水利设施用地预测

利用 1999~2008 年土地变更调查水利设施用地原始数据建立灰色 GM(1,1)模型,并进行用地的规模预测(表 3-21、表 3-22)。

表 3-21　1999～2008 年重庆水利设施用地原始序列与累加值（单位：hm²）

年份	1999	2000	2001	2002	2003
原始值	41 726.3	42 482.3	42 807.0	43 012.6	43 992.7
累加值	41 726.3	84 208.6	127 015.6	170 028.2	214 020.9
年份	2004	2005	2006	2007	2008
原始值	51 979.1	53 585.5	53 842.9	54 466.9	55 341.5
累加值	266 000.0	319 585.5	373 428.4	427 895.3	483 236.8

表 3-22　1999～2000 年各时点预测值、残差与相对误差

年份	观察值/hm²	拟合值/hm²	残差	相对误差/%
2000	42 482.3	43 131.47	1 535.43	3.90
2001	42 807	46 395.17	284.47	0.66
2002	43 012.6	48 972.22	−2 045.48	−4.45
2003	43 992.7	48 023.69	−4 217.39	−10.08
2004	51 979.1	49 633.56	3 016.88	5.47
2005	53 585.5	51 958.31	2 249.52	4.25
2006	53 842.9	58 327.15	−69.13	−0.12
2007	54 466.9	56 939.57	389.40	0.70
2008	55 341.5	63 564.54	−1 066.05	−1.86

根据灰色 GM（1,1）模型的建模方法求得 GM（1,1）模型的参数：$a = -0.045\,774$；$b = 38\,202.009\,231$。

GM（1,1）模型为

$$X(t+1) = 874\,510.34 e^{0.046t} - 834\,570.34$$

利用后验差法对当前模型进行评价：$c = 0.3031$（很好）；$p = 1.0000$（很好），符合预测的要求。

预测结果（表 3-23）表明：2009～2020 年重庆市水利设施用地总量将持续上升，其中 2009～2015 年水利设施用地年均增量为 3257.68 hm²，2016～2020

年水利设施用地年均增量为 3423.88 hm²。与重庆市 1999~2008 年水利设施用地年均增量 1361.5 hm² 相比,远期的预测结果较大。从 1999~2008 年重庆市水利设施用地动态变化情况得知,2003~2004 年增量相对较大,主要是随着三峡大坝的蓄水和水位的不断升高,水库水面面积急剧增大所致。根据《重庆市城市总体规划(2006~2020)》以及《重庆市国民经济发展的十一五规划》:2020 年末全市水库总库容达到 33 亿 m³,并继续实施防洪护岸工程,重点建设县级以上城市堤防和中心镇堤防,基本保障全市县级以上城市的防洪安全。重庆市水利设施用地在规划期将有较大扩展。水利设施用地的发展具有特殊性,因此在水利设施用地预测过程中,应参考相关部门的规划和水利项目建设安排计划。

表 3-23　2009~2020 年水利设施用地预测结果　　　　（单位:hm²）

预测时刻	预测值	年份
$X(11)$	61 841.82	2009
$X(12)$	64 738.38	2010
$X(13)$	67 770.62	2011
$X(14)$	70 944.88	2012
$X(15)$	74 267.82	2013
$X(16)$	77 746.39	2014
$X(17)$	81 387.90	2015
$X(18)$	85 199.97	2016
$X(19)$	89 190.59	2017
$X(20)$	93 368.12	2018
$X(21)$	97 741.33	2019
$X(22)$	102 319.36	2020

（6）农村居民点用地预测

参照 3.3.1.2 节农村居民点整理潜力测算,到 2015 年农村居民点整理可盘活农村存量建设用地 75 686.8hm²。到 2020 年农村居民点整理可盘活农村存量建设用地的实际规模为 98 045.2hm²。因此,到 2015 年重庆市农村居民点将从 357 913.0hm² 下降到 282 226.2hm²;到 2020 年重庆市农村居民点将从 357 913.0hm² 下降到 259867.8hm²。

（7）预测结果汇总

运用残差 GM(1,1)模型法对各类建设用地进行了分类预测,本研究建设用地预测结果为:2015 年 637 319.2hm²,2020 年 744 897.3hm²(表 3-24)。预测结果总体上反映出了重庆市未来社会经济发展对土地的需求趋势,通过预测可见到 2015 年,预计在 2008 年末的基础上增加 50 816.89hm² 建设用地,到 2020 年预计在 2008 年末的基础上增加 158 395hm² 建设用地。

表 3-24　重庆市阶段年建设用地预测结果汇总　　　（单位:hm²）

年份	城市用地	建制镇用地	农村居民点	独立工矿用地	交通用地	水利设施用地
2008	42 588.6	36 521.73	357 913	45 763.88	48 373.6	55 341.5
2015	88 205.16	56 420.33	282 226.2	62 975.41	66 104.2	81 387.9
2020	144 632.22	77 422.46	259 867.8	78 536.12	82 119.38	102 319.36

通过分析重庆市未来 10 年供需状况,2009~2020 年重庆市土地后备资源的现实潜力预测结果为:增加耕地 76 792.62 hm²,增加园、林地 15 766.08hm²,盘活农村存量建设用地 98 045.2 hm²,总计 190 603.9 hm²。随着经济发展,预计到 2020 年将在 2008 年末的基础上增加 158 395hm² 建设用地。比较可见,土地资源在数量上是可以实现占补平衡的。但仅仅实现数量上的占补平衡是不能满足新形势下区域土地利用平衡的要求,还应在此基础上提高耕地质量、进行节约集约利用土地和维护生态环境。要实现这个目标,不能仅仅依靠现有的土地制度和土地整理方式,必须对土地制度,特别是土地流转制度以及土地

整理方式进行改革,将农村宅基地的整理和流转作为挖潜土地后备资源的关键。通过盘活农村存量建设用地,调整和优化土地利用格局,以减轻经济发展对土地资源的压力,实现区域土地资源利用平衡。

3.3　结论

本书通过了解过去 10 年重庆市土地利用动态变化情况,构建了适合重庆地域特征的土地利用绩效评价指标体系,并对该区域过去 10 年的土地利用绩效进行了科学合理的评价。然后在此基础上对未来 10 年该区域土地资源供需情景进行预测,同时考虑到土地利用平衡的关键是解决耕地保护、经济发展以及生态环境三者之间的矛盾,最后讨论了土地利用平衡与耕地保护的关系、土地利用变化与社会经济发展的相关性、土地利用变化对生态环境效应的影响等。

1)1999~2008 年重庆市耕地共减少了 293 679.7hm²,建设用地共增加 74 334.1hm²。过去 10 年重庆市在国家宏观政策环境下迎来了经济文化发展的新时期,伴随而来的是耕地急剧下降,建设用地大幅增加;林地的面积出现了明显的上升,1999~2008 年林地面积增长了 320 252.4hm²,其中 2003 年增幅最大,达到了 155 983.7hm²,主要原因是为保护三峡大坝,降低库区水土流失而实施的国家退耕还林工程取得了初步成效;园地也出现了上升趋势,1999~2008 年总共增长了 75 341.3hm²;随着土地开发整理复垦的力度和深度不断扩展,在耕地减少速度放缓的同时,被开发复垦的未利用地却逐年增多,1999~2008 年未利用地总量减少 61 855.9hm²。

重庆区域建设用地变化对经济发展的弹性系数较大,GDP、固定资产投资总额、工业增加值与建设用地面积变化呈正相关,与耕地面积变化呈负相关。表明重庆经济社会发展主要依赖于土地资源的开发,并且重庆市目前正处于经济快速增长和城市化加速发展阶段,建设用地和耕地的变化趋势在短时期内很难完全改变。虽然随着近年来的退耕还林、生态湿地建设,使得重庆市的生态服务价值呈上升趋势,但总体价值仍不高。

2) 通过对 1999~2008 年重庆市土地利用绩效进行评价,可见重庆市土地利用绩效值总体水平不高,但保持稳定增长趋势:由 1999 年的 0.1767 增长到 2008 年的 0.2598。其变化情况与重庆市的社会经济发展状况、自然条件变化基本一致,表明在土地利用总体规划和国家有力的土地宏观调控措施下,重庆市土地利用正朝着合理、节约与集约利用的方向发展。

3) 为了更好地了解未来 10 年重庆市经济发展对建设用地的需求,运用残差 GM(1,1) 模型法对 2009~2020 年重庆市各类建设用地进行了分类预测,到 2015 年建设用地规模将达 637 319.2hm^2,2020 年将达 744 897.3hm^2,总共将增加 158 395hm^2。同时,2009~2020 年重庆市土地后备资源的现实潜力预测结果为:增加耕地 76 792.62hm^2,增加园、林地 15 766.08hm^2,盘活农村存量建设用地 98 045.2hm^2,总计 190 603.9 hm^2。比较可见,土地资源在数量上是可以实现占补平衡的,但仅仅实现数量上的占补平衡不能完全协调区域经济建设、耕地保护以及生态安全间的矛盾。只有在严格耕地数量的基础上,提高耕地生产能力及耕地产品质量,最大限度地提高耕地利用效率及综合效益,且实现自然生态系统良性循环才能满足新形势下区域土地利用平衡的要求。因此,现阶段重庆市土地利用平衡的内涵应包括以下几层含义:保有耕地数量,提高耕地质量,高效集约利用土地,发展生态环境友好。

第 4 章　土地利用平衡困境识别

高速发展的现代科学技术大大促进了经济水平的提高和生活质量的改善,但丝毫未降低人类社会对土地的依赖性。在充满挑战和机遇的 21 世纪,随着人口的增长和经济建设的快速发展,人类社会对土地资源的需求量越来越大,人地矛盾日益突出,人类社会面临的土地利用问题较历史上任何时期都更为复杂。目前重庆市在实现土地利用平衡的过程中始终处于两难困境,一方面根据重庆市在全国粮食安全的定位,既要保障本市粮食的基本自给,又要服务于城乡生态环境建设,因此在粮食安全和生态安全压力下对耕地保护的诉求日益强烈;另一方面在重庆市目前新的经济发展环境下,如成渝统筹城乡试验区、胡总书记"314"总体部署、三峡工程进入后移民时期、五个重庆建设、内陆开放高地等,都源于统筹城乡、科学发展观、新农村建设、循环经济生态城市、构建和谐社会等一系列国家政策的出台在重庆市的体现,而这些政策在带来城镇经济的跨越式发展的同时,对建设用地的需求不断增长。区域经济发展与土地资源之间存在紧密的相关性(王业侨,2006),建设用地的快速扩张支撑了经济总量和城市建设的高速发展,城市化进程中伴随城市人口的增加和城市产业的扩张,使城市范围不断扩大,但无计划的增加城市面积,扩展城市空间,会带来土地资源的闲置和浪费(王业侨,2006)。因此,如何利用好每一寸土地,使其发挥最大的效益,建立既符合市场经济规律,又满足可持续发展原则的土地利用模式,并实施有效控制,关系到重庆市甚至全国的经济发展和社会稳定。

长期以来,由于各种原因,城市化快速发展过程中的不合理土地利用方式不仅导致土地资源的浪费(战金艳等,2003),而且加剧土地资源供给的有限性与社会经济需求的增长性之间的矛盾。近年来,学者们针对中国城市化、工业化的发展带来的土地利用问题进行了大量研究(李超等,2003;崔莹,2006;杨朔和李世平,2009),城市边缘和山区土地利用中存在的问题尤为突出(汤江龙等,2004)。重庆市作为丘陵山区直辖市,集中了中国西南地区的大部分典型问题,如贫困人口多,区域经济相对落后,是国家级贫困县集中地区,但重庆市又具有独特的资源禀赋,如长江上游的经济中心和生态屏障,"大城市,大农村"等特点。近年来由于社会经济发展的胁迫,重庆市土地需求持续增大,土地利用中出现了众多问题,严重影响了该区域生态安全和社会经济可持续发展。因此,本书对现阶段重庆市土地利用平衡中存在的困境进行识别,目的是为提高该区域土地利用效率,合理利用土地资源,最大限度地发挥土地效益,实现满足跨越式经济发展背景下的区域土地利用平衡提供基础依据。

4.1　研究思路与数据来源

4.1.1　研究思路

重庆市作为城乡统筹试验区,人地矛盾突出,土地利用问题复杂,土地利用平衡作为满足经济发展、粮食安全和生态保护间关系良性循环的重要手段,其最根本的目的在于协调区域内经济发展对土地的需求(特别耕地)已成为城乡统筹的重大战略需求调整的政策取向。

现阶段重庆市在实现土地利用平衡中主要面临的困境主要来源于耕地和建设用地利用、土地利用结构和空间布局以及土地后备资源挖潜等几方面。因此,本书将通过分析近年来重庆市新增建设用地的来源和比较人均耕地与人均建设用地的变化情况,以此反映重庆市建设扩张中耕地消耗情况。通过调查重庆市农村人口和农村建设用地变化情况,了解农村建设用地的利用现状和土地集约节约水平。采用 GDP 产出率衡量重庆市区域的土地利用效率,反映出区域单位土地面积上的经济产出水平,并与北京、上海、天津进行比较,了解目前重庆地区土地产出率和土地资源的有效利用情况。运用城市空间布局相关合理标准衡量重庆市土地利用空间布局和协调情况分析近年来重庆土地后备资源挖潜的轨迹和特点,了解随着土地后备资源挖潜的不断深入,以及现阶段重庆土地后备资源挖潜面临的困难,通过这几方面的分析,力求全面了解重庆市现阶段在实现土地利用平衡过程中面临的困境。土地利用平衡是一项复杂的人类社会经济活动,考虑到重庆市正处于工业化、城镇化的高速发展时期,其土地利用平衡的最大困境是经济发展导致的农地非农化与耕地保护、生态安全之间的矛盾,究其产生的动因与农地非农化过程相关利益主体的行为倾向和博弈行为有着直接的关系。因此,本书运用博弈模型对土地利用平衡困境产生的动因进行讨论,为合理利用土地资源,探索区域土地利用平衡途径提供基础依据。

4.1.2 数据来源

本书分析重庆市在实现土地利用平衡过程中所面临的困境,为统筹城乡土地利用平衡的实现提供可能,重庆市作为统筹城乡发展试验区的重要组成部分,理应在土地利用方面进一步做出开创性的努力和贡献。为此,进行数据资料收集时,主要参考土地利用现状图(2008)、地形图、1999~2008年重庆市土地利用变更数据、土地开发整理复垦已实施总规模、实际新增耕地、完成总投资等方面数据来源于重庆国土资源和房屋管理局及各区(市)、县土地开发整理复垦方面现有规划资料、相关规划和研究成果,重庆市统计局提供的《重庆市统计年鉴1999~2008》等相关社会经济数据,国家统计局提供的北京、天津、上海等直辖市《2009年统计年鉴》,2008年世界城市结构用地数据;重庆经济运行环境,如长江上游经济中心、成渝新特区共同体、重庆经济结构转型和重庆经济结构挑战、"五个重庆"等资料,参考国家相关规划、重庆市发改委提供的相关文献及重庆不同区域的发展实际。

4.2　结果与分析

由于土地资源自身的约束性和改革的复杂性、艰巨性,重庆市长期以来在土地利用上积累的问题不仅在当前依然表现得十分明显,而且还将随着经济社会发展日益突出。

4.2.1　城镇化扩展占用大量耕地且浪费严重

大多数城市的扩展都是政府主导的外延式扩张,是一种无秩序的、连续的、无计划的随意性的空间扩展方式,占用土地资源尤其是耕地资源。以重庆市为例,1999 年全市城市面积 18 559.2hm^2,2008 年城市面积拓展为 42 588.6hm^2,1999 ~ 2008 年 10 年间,重庆市城市面积扩张平均每年达 2402.94hm^2。同时,根据重庆市 2004~2007 年土地变更调查数据分析,重庆市新增建设用地来源中:2004 年有 47% 来源于耕地减少,有 16% 来源于园、林地减少;2005 年有 52% 来源于耕地减少,13% 来源于园、林地减少;2006 年有 54% 来源于耕地减少,23% 来源于园、林地减少;2007 年有 55% 来源于耕地减少,24% 来源于园、林地减少。说明重庆市建设扩张属耕地高消耗类型,建设占用耕地情况严重。

1999~2008 年,重庆市建设用地共增长 74 334.1hm^2,同期耕地面积减少了 293 679.7hm^2,人均耕地面积从 0.0823hm^2 下降到 0.0686hm^2,农业人口人均耕地面积从 0.1038hm^2 下降到 0.0952hm^2,人均建设用地面积从 0.0169hm^2 上升到 0.0182hm^2(表 4-1)。建设用地增量水平较高的年份,也是耕地减量水平较高的年份,说明建设用地增加对耕地减少具有直接影响。

表 4-1　重庆市 1999~2008 年人均耕地与人均建设用地情况

年份	耕地面积 /hm²	建设用地面积/hm²	农业人口 /万人	总人口 /万人	人均耕地面积 hm²/人	农业人口人均耕地面积/hm²/人	人均建设用地面积/hm²/人
1999	2 529 611.7	518 836.5	2 437.18	3 072.34	0.082 3	0.103 8	0.016 9
2000	2 522 925.4	524 481.8	2 430.2	3 091.09	0.081 6	0.103 8	0.017 0
2001	2 519 209.1	527 835.5	2 408.39	3 097.91	0.081 3	0.104 6	0.017 0
2002	2 465 763.2	532 786.8	2 392.38	3 113.83	0.079 2	0.103 1	0.017 1
2003	2 347 627.5	539 955.7	2 376.18	3 130.1	0.075 0	0.098 8	0.017 3
2004	2 287 418.7	558 948.5	2 358.4	3 144.23	0.072 7	0.097 0	0.017 8
2005	2 262 697.4	569 071.5	2 351.88	3 169.16	0.071 4	0.096 2	0.018 0
2006	2 241 955.6	577 544.5	2 353.44	3 198.87	0.070 1	0.095 3	0.018 1
2007	2 239 082.2	585 773.2	2 358.35	3 235.32	0.069 2	0.094 9	0.018 1
2008	2 235 932	593 170.6	2 349.67	3 257.05	0.068 6	0.095 2	0.018 2

由于快速的城市发展,不断占用我们赖以生存的耕地,无论农业科研人员如何开发研究提高粮食产量的新技术,我们都会面临粮食产量和人口数量差距的巨大缺口。而且农业用地一旦被用于城市建设利用以后,要想恢复到当初适宜于农业用地的土质十分困难。因此,在过快的城市扩张中占用大量农地特别是耕地,对于重庆市乃至整个国民经济建设和国家的可持续发展来说,都具有巨大危害。

4.2.2　农村建设用地利用不规范且浪费严重

重庆市主要以丘陵地貌为主,调查发现农村建设用地在利用过程中的主要表现是农村建设用地分散且面积较大。另外,随着经济快速发展,农民生活条件改善,农村住宅建设速度加快,不少农民任意扩大宅基地,大肆占用耕地进行居民点建设。在相当长时期内,重庆农村居民点处于自发性的发展中,农民依山依田而居形成了分散的居民点布局体系,造成农村基础设施配套水平低,土地集约利用水平低。根据《2009年重庆市统计年鉴》,到2008年底,重庆市有724.06万农户,拥有住宅住房面积107 913hm²,户均住宅面积为149m²。同时,农村人口逐年减少,建设用地总量却逐年上升,人均建设用地也在逐年增加。1999~2008年农村人口减少了87.51万,但人均建设用地却从1999年的0.0169hm²,增加到2008年的0.0182hm²。农村还有大量的集体建设用地,包括农民宅基地、公益事业用地、(镇)村公共设施、单位和个人用于生产和经营的集体建设用地,目前由于相应的政策不够完善,使得大量原本可以作为城市社会经济发展的土地资源被低效的、无序的使用和浪费。

4.2.3　土地利用效率低下且粗放式经营严重

一个地区的土地利用效率可用GDP产出率衡量。GDP产出率等于GDP/土地面积,它能够准确反映出一个地区单位土地面积上的经济产出水平(姚慧,2007)。2008年重庆市实现地区生产总值5096.66亿元,GDP产出率为619万元/km²,城市土地产出率11.97亿元/km²。对比其他三个直辖市:2008年北京市的GDP产出率为6750.44万元/km²,城市土地产出率36.37亿元/km²;2008年上海市的GDP产出率为21 604.29万元/km²,城市土地产出率34.17亿元/km²;2008年天津市的GDP产出率为6378.09万元/km²,城市土地产出率33.94亿元/km²(表4-2)。由此可以看出,重庆市人多地少的矛盾突出,农业用地与建设用地以及生态用地之间的矛盾也日益加剧。在土地资源总量不变的情况下,解决这些矛盾的关键在于提高土地产出率。目前重庆地区土地产出率较低,严重影响了土地资源的有效利用,但同时也表明,重庆的土地产出率还有很大的提高空间。

表4-2　2008年全国直辖市土地利用效率对比

年度效率指标	北京	天津	上海	重庆
GDP总量/亿元	11 346	7 500.8	13 698.2	5 096.66
土地总面积/km²	16 807.8	11 760.26	6 340.5	82 268.65

续表

年度效率指标	北京	天津	上海	重庆
城市面积/km²	311.997	220.98	400.834	425.89
土地 GDP 产出率/(万元/km²)	6 750.44	6 378.09	21 604.29	619.51
城市土地 GDP 产出率/(亿元/km²)	36.37	33.94	34.17	11.97
常住人口密度/(人/km²)	1 033	897	2 930	345

资料来源:根据 2008 年各地区土地利用变更数据以及统计年鉴数据计算而得。

由于存在着大量闲置、存量土地,影响了重庆市的土地利用和优化配置,造成土地利用效率低下。主要原因有:其一,规划不足,引入一些项目后,盲目上马,后期资金不足造成土地闲置,形成城市土地的极大浪费;其二,政府以低价征用大量土地作为存量土地进行储备,以期获得高额收益,但由于招商引资的速度和开发力度跟不上,导致这些存量土地未能发挥其应有的效益;其三,炒买炒卖土地现象严重,一些开发商利用土地投机,低价购进土地后,并不马上进行开发,而是留待地价涨高时转手卖出,牟取暴利,从而造成土地一段时间内的闲置。

4.2.4 土地利用协调不力且用地布局不合理

合理的城市用地结构和空间布局有利于发挥城市土地的生产潜力、区位效益和经济聚集效应,从而达到城市土地利用的综合效益最优化。按照国际《城市用地分类与规划建设用地标准》规定,合理的城市用地结构应该是生活居住用地占 40%~50%,工业用地占 10%~15%,绿地占 8%~15%,道路广场用地占 8%~15%(倪杰,2006)。而我国工业用地比重过高,居住用地比重偏低,道路交通和绿化用地比重小(表 4-3)。特别是重庆市作为老工业生产基地,工业企业用地占地过多。工业用地比重过高,在一定程度上挤占了其他用地需求,特别是限制了居住、绿化、道路公共设施等生活用地的需求。而住宅、环境绿化用地、道路基础设施等比重过低,就妨碍了城市功能的发挥,降低了城市居民的生活质量。

　　另外,重庆市城市空间布局也不尽合理,优地没有得到优用。随着城市的不断扩大,行政办公及许多工业用地,甚至产生污染源的企业用地、重工业用地、仓库用地等都集中在城市中心地区,占据城市的黄金地段。不仅使得土地产出率低,而且产生的"三废"还造成了严重的环境污染;也使城市的环境质量下降,影响城市中心商务区功能的发挥,难以体现土地的级差经济效益(孙钰和孙敏义,2009)。虽然近年来重庆市政府致力于进行"退二进三",很多污染型的工业企业纷纷搬迁到城市边缘,但是仍然没有完全形成合理的用地布局。

表 4-3　2008 年城市用地结构及比较　　　　　　　　(单位:%)

城市	小计	工业用地	居住用地	交通用地	绿化用地	其他用地
重庆	100	32.7	27.4	8.3	7.5	24.1
纽约	100	5.6	23.2	34.7	17.3	18.8
伦敦	100	6.5	36.5	20.5	18.1	18.4
巴黎	100	8.33	30.2	27.1	13.5	20.87

资料来源:根据国家统计局城市结构用地 2008 年数据整理得出。

4.2.5　土地后备资源的挖潜难度且成本渐增

　　长期以来,为了解决耕地保护和建设用地扩张之间的矛盾,各地政府采取的主要措施是挖潜土地后备资源。通过实施土地开发整理(复垦)(主要是农地整理)新增耕地,用于弥补建设用地的扩张,实现区域内耕地资源占补平衡,以此作为协调区域社会经济与生态环境平衡发展的重要措施。

　　重庆市从 1989 年成立国土局以来,就开始了土地整理的探索。1989~1999 年,土地开发整理以自发行为为主,整理对象集中在"四荒"地上,开发方式比较单一,土地开发整理的投资模式主要是市级少量补助,区、县部分配置,农民投工投劳。这一期间全市每年增加耕地约 $100\sim200\text{hm}^2$,园地、林地等农用地约 $200\sim300\text{hm}^2$。从 2000 年开始,重庆市先后组织了各区、市、县的土地开发整理规划,并以土地开发整理规划确定的重点区域、重点工程、重点项目为依据,以土地开发整理规划确定的项目布局、项目规模、投资规模、新增耕地面积及项目工期安排为控制,在全市范围内广泛开展土地开发整理,使土地开发整理工作逐步走上了规范化、有序化发展道路。

就重庆市土地开发整理(复垦)的轨迹看,2000～2008 年,重庆共实施了973 个土地开发整理(复垦)项目,实施规模 136 105.62hm²,完成总投资 28.38亿元,累计增加耕地面积 36 095.99hm²(表4-4)。

表4-4　2000～2008 年重庆市土地开发整理(复垦)项目验收情况汇总

年份	项目数量/个	实施总规模/hm²	完成总投资/亿元	实际新增耕地/hm²			
				开发	复垦	整理	小计
2000	47	3 654.37	1.58	1 644.60	154.90	489.58	2 289.08
2001	41	3 375.58	1.07	1 455.70	243.90	363.54	2 063.14
2002	44	2 675.68	0.73	1 009.80	131.60	287.37	1 428.77
2003	152	10 001.88	2.06	2 502.06	386.90	1008.30	3 897.26
2004	74	9 514.91	1.69	2 532.69	246.12	794	3 572.81
2005	129	16 678.99	3.08	3 353.10	483.39	1803.13	5 639.62
2006	194	25 879.12	4.63	2 799.84	351.61	1983.63	5 135.08
2007	117	26 727.44	5.41	2 137.64	236.49	2715.30	5 089.43
2008	175	37 597.65	8.13	2 176.85	305.91	4498.05	6 980.81
合计	973	136 105.62	28.38	19 612.28	2 540.82	13 942.9	36 095.99

详细分析以上数据可以把重庆市 2000～2008 年的土地开发整理(复垦)实施情况根据其不同特点分成三个阶段。

2000～2002 年是重庆市土地开发整理(复垦)的第一阶段,也是起步阶段。该阶段呈现出的特点就是项目个数少、实施的总规模小、新增耕地率高。虽然该阶段实施项目少,但新增耕地率却十分高,2000 年、2001 年以及 2002年通过土地开发整理(复垦)项目新增耕地率分别高达 62.64%、61.12% 和53.4%,都超过50%以上的新增耕地率。开发项目是该阶段新增耕地的主要来源,2000 年有 1644.60 hm² 新增耕地来源于土地开发,占到当年土地开发整理(复垦)项目新增耕地总量的 71.8%;2001 年有 1 455.70 hm² 新增耕地来源于土地开发,占到当年土地开发整理(复垦)项目新增耕地总量的 70.6%;2002 年有 1009.80 hm² 新增耕地来源于土地开发,占到当年土地开发整理(复垦)项目新增耕地总量的 70.7%。形成这一特点的原因是作为土地开发整理(复垦)工作的起步阶段,技术要求较低,新增耕地显著的未利用地开发是首选。

　　2003～2005 年是重庆市土地开发整理(复垦)的第二阶段,也是逐步走向规范的阶段。该阶段的特点是项目个数波动大,实施总规模波动大、新增耕地率减小。2003 年是重庆市土地开发整理(复垦)工作转折性的一年,通过第一阶段的实施,许多区县政府看到了高额的投资回报率,在经济利益的驱动下 2003 年项目高达 152 个,实施总规模达到 10001.88hm²。由于短时间内项目激增,很多项目出现了不同质量问题,特别是后期管护不当。因此,在总结 2003 年的教训的基础上,2004 年政府加严了审批的条件,所以 2004 年项目74 个,相当于 2003 年一半。但由于经济社会的高速发展,被占用的耕地越来越多,占补平衡的压力使得土地开发整理(复垦)工作继续加大力度,因此 2005 年项目个数上升到了 129 个,实施规模也再次突破一万公顷。第二阶段新增耕地率较第一阶段有较大幅度下降,2003～2005 年新增耕地率分别为 38.97%,37.55% 和 33.81%。分析第二阶段新增耕地率下降的原因主要是随着土地开发整理(复垦)工作的不断深入,易开发的项目越来越少,因此开发整理的难度,技术要求也逐渐增加。第一阶段新增耕地主要来源于土地开发,而第二阶段土地整理的比例有所增加,2003～2005 年每年新增耕地总量中土地整理新增耕地比例分别达到 25.8%,22.2% 和 32%,随着整理的比例不断增加,新增耕地率也因此有所下降。

　　2006 年至今是重庆市土地开发整理(复垦)的第三阶段,也是成熟阶段。2006 年重庆市国土房管局为进一步推进土地开发整理事业健康有序发展,确保科学规划和合理布局土地开发整理项目,提升土地开发整理的规模效应和社会影响力,根据国土资源部《关于加强和改进土地开发整理工作的通知》建立项目指南制度的要求,在总结过去重庆市项目管理经验的基础上,发布了《重庆市 2006 年土地开发整理项目指南》,以指导重庆市各级投资项目安排及申报工作。从此重庆市土地开发整理(复垦)工作迈入成熟阶段。该阶段的特点是项目个数和实施总规模趋于稳定,新增耕地率继续减小。2006~2008 年新增耕地率分别为 19.84%、19.04% 和 18.57%,可见第三阶段新增耕地率继续下降,原因同样是随着土地开发整理(复垦)工作的不断深入,开发整理的难度,技术要求也不断增加,同时在分析新增耕地来源可见,整理新增耕地比例继续增加,2006~2008 年分别为 38.6%、53.4% 和 64.4%。

近年来随着开发整理(复垦)的力度逐年加大,土地开发整理(复垦)(主要是农地整理)成为增加耕地的首选,是实现区域内土地利用平衡的重要源泉。分析 2004~2008 年重庆市土地利用变化情况可见,2004 年重庆市通过土地开发整理(复垦)增加耕地 3572.81hm²,占当年耕地增加总量的 87.96%,而 2004 年因建设占用耕地高达 9018.97hm²,虽然当年没有实现耕地占补平衡,但主要补充建设占用耕地的来源是通过土地开发整理(复垦)增加的耕地;2005 年建设占用耕地 5557.99hm²,当年耕地增加总量为 6254.02hm²,在补充建设占用的同时还有 696.03hm² 盈余,其中通过土地开发整理(复垦)增加的耕地达到 5639.62hm²,占当年耕地增加总量的 90.18%;2006 年全年耕地增加 7337.00hm²,由于 2006 年农业结构调整增加了较大面积耕地,因此当年通过土地开发整理(复垦)增加的耕地占总量的 69.99%,比例有所下降,但仍然实现了当年的耕地占补平衡目标;2007 年,2008 年土地开发整理(复垦)力度继续加大,通过土地开发整理(复垦)增加的耕地也继续增多。2007 年耕地增加 5284.93hm²,其中通过土地开发整理(复垦)增加耕地为 5089.43hm²,占当年增加总量的 96.30%;2008 年耕地增加 7182.71hm²,其中通过土地开发整理(复垦)增加耕地为 6980.81hm²,占当年增加总量的 97.19%,2007 年和 2008 年都实现了当年的土地占补平衡(表4-5)。

表 4-5　2004~2008 年重庆市土地开发整理(复垦)项目补充耕地情况

年份	耕地总增加量 /hm²	土地开发整理(复垦) 增加耕地/hm²	比例/%	建设占用耕 地/hm²	占补平衡情况 /hm²
2004	4 061.83	3 572.81	87.96	9 018.97	-4 957.14
2005	6 254.02	5 639.62	90.18	5 557.99	696.03
2006	7 337.00	5 135.08	69.99	5 008.25	2 328.75
2007	5 284.93	5 089.43	96.30	4 880.84	404.09
2008	7 182.71	6 980.81	97.19	5 091.06	2 091.65

　　我国现代意义上的土地整理是在土地利用形势日益严峻,确保耕地占补平衡的背景下提出的,在实施土地整理项目的初期,新增耕地数量成为项目申报、衡量项目成效的唯一指标。国家投资土地开发整理项目管理办法以及有关政策都明确规定了不同性质土地整理项目的新增耕地率的最低门槛,如土地复垦项目不低于 40%,土地开发项目不低于 60%,一般土地整理项目不低于 10%,基本农田整理项目不低于 3%(国土资源部土地整理中心,2005)。由于上述政策的导向,就土地整理项目的性质而言,重庆市第一阶段的土地整理多以对未利用地(荒草地)的开发和新增耕地较多的整理项目为主。因此初期的项目具有难度较低,投入较少以及收益较大等特点,再加上重庆整理策略的刚刚转型,政府监管不严,在低投入高收益的驱动下,各利益主体参与的积极性较高,并且土地整理初期实施的主要是自发组织、集中"四荒"、投资补助等模式。随着挖潜力度的不断加大,重庆土地开发整理(复垦)出现新增耕地率不断下降、造地费用不断增加、项目难度不断增加的趋势(表 4-6)。如新增耕地率从 2000 年的 62.64% 逐年下降,到 2008 年新增耕地率仅为 18.57%,并且随着土地整理挖潜的继续加深,新增耕地率仍有下降的趋势;2000 年的造地费用为 4601.56 元/亩①,2001~2005 年都维持在 3500 元/亩左右,2004 达到 3153.45 元/亩。然而从 2006 年开始,土地整理挖潜潜力的成本渐增,2006

---

　　①1 亩 ≈ 666.7m²。

年为 6010. 94 元/亩,2007 年 7086. 58 元/亩,2008 年更达到 7764. 15 元/亩,并且随着难度的增加,造地费用也有逐年上升的趋势。

表 4-6 2000~2008 年重庆市土地开发整理(复垦)项目趋势

年份	项目数量 /个	实施总规模 /hm²	完成总投资 /亿元	实际新增耕地 /hm²	新增耕地率 /%	新增耕地投资 /元·亩
2000	47	3 654. 37	1. 58	2 289. 08	62. 64	4 601. 56
2001	41	3 375. 58	1. 07	2 063. 139	61. 12	3 457. 51
2002	44	2 675. 68	0. 73	1 428. 767	53. 40	3 406. 20
2003	152	10 001. 88	2. 06	3 897. 263	38. 97	3 523. 84
2004	74	9 514. 91	1. 69	3 572. 81	37. 55	3 153. 45
2005	129	16 678. 99	3. 08	5 639. 62	33. 81	3 640. 91
2006	194	25 879. 12	4. 63	5 135. 08	19. 84	6 010. 94
2007	117	26 727. 44	5. 41	5 089. 43	19. 04	7 086. 58
2008	175	37 597. 65	8. 13	6 980. 81	18. 57	7 764. 14
合计	973	136 105. 62	28. 38	36 095. 99	—	—

4. 2. 6 土地整理中生态损耗凸显且日益严重

土地整理的实施具有重要的经济、社会和生态意义。通过土地整理,可有效改善农业生产条件,实现农业生产增产增效;可增加有效耕地面积,缓解耕地面积减少趋势,保证耕地总量动态平衡目标的实现;可改善农村生活和居住环境,提高农民生活质量。最初的土地整理目标主要是增加耕地面积,因此绝大部分土地整理项目都是以增加耕地面积为主要目的,而对耕地质量提高、土地生态效益、土地综合生产能力没有定量指标要求,结果造成土地整理中"重数量、轻质量;重开发、轻整理复垦;重面积、轻效益"的状况。现阶段重庆市乃至全国的土地整理项目实施中大多只进行简单的地块合并、平整土地,土壤改良很少,新增耕地质量较差。另外为了追求高效率,项目规划实施中,道路沟渠完全混凝土化、直线化,田块片面追求整齐划一。这些做法最终导致了土壤板结、自然植被破坏、生物物种减少,也使得生态环境受到严重威胁。重庆市作为丘陵山区,在土地整理实施中坡耕地动土面积大,造成的水土流失是一般农地水土流失的 10~350 倍(平均 180 倍),且一旦发生在几年内难以恢复。根据重庆市现有土地整理项目实施情况,石土坎设计在地势较陡的地段,加上施工过程中的偷工减料,垮塌的现象比较严重,造成更严重的水土流失。随着土地整理的深度和广度不断扩大,给越来越多的项目区及其背景区域的水资源环境、土壤、植被等环境要素及其生态过程产生直接、间接、有利或有害的影响,生态损耗也逐渐凸现。

　　土地整理活动的重要内容之一是建设水利基础设施,因此土地整理可能会改变水文结构。而农田水利工程、灌溉工程等的实施不仅会改变自然环境,还可能影响伴随原有水系网络而形成的各种相关生态过程(高向军和鞠正山,2005)。如混凝土修建而成的灌溉水渠和防渗水渠,与原有的土质渠道相比,虽然较为牢固并减少了维护渠道劳动力的成本,却无法涵养水源,而且渠道表面光滑且笔直,易造成渠道无法储存水分以寄养水中生物或者为地下水补助。另外,为改良土壤,使用农药、农膜、化肥作为提高耕地生产效率的手段,易引发耕地污染、地下水体污染及地力下降等环境及耕地质量问题。在土地整理的实施过程中,土壤的各种理化性质及相关生态过程均会受到不同程度的影响。如果为追求耕地产出率的提高而一味加大耕地垦殖度或不顾土地适宜性要求而盲目调整土地利用方式,土地整理不仅不能提高耕地质量,反而会造成土壤肥力和土地生产力降低,甚至会引发一系列的自然灾害(谭荣和曲福田,2006)。由此可见,在土地整理过程中若忽视生态环境的建设,必将导致当地生态环境恶化,土地整理取得的所谓的"经济社会效益"也必将是短期的和不可持续的。

4.2.7　土地利用平衡中相关利益主体的博弈

现阶段重庆市土地利用平衡的最大困境是经济发展导致的农地非农化与耕地保护、生态安全之间的矛盾,究其产生的动因与农地非农化过程中相关利益主体的行为倾向和博弈行为有着直接的关系。农地非农化过程中涉及了多个相关利益主体,各利益主体之间存在责任、权利、利益关系。在这些关系中,尽管存在共同的利益结合点,但同时也有差异,各方都希望能在土地利用实施过程中达到自己的最优目标或实现利益的最大化(谭荣和曲福田,2006)。在这种博弈过程中,各主体在最大化自身偏好的同时需要相互合作,同时又必然存在冲突。

4.2.7.1　影响土地利用平衡的利益博弈主体

利益主体是指极其有可能受拟议中的某项干预活动(无论是积极或消极)影响的或者指那些会影响到这项干预结果的人、群体和单位(任净和车贵堂,2008)。土地利用过程中涉及的利益主体主要有:中央政府(代表国家利益)、地方政府(代表地区利益)、用地单位(代表私人利益)、农户(代表个人利益)等。

(1) 中央政府

困境一:经济快速增长与粮食安全的选择

非农化可以带来高额的土地出让金,推动经济高速发展,加快城市化进程,但由于土地资源的稀缺性,粮食安全问题是不可忽视的。

困境二:中央政府与地方政府利益分配选择

在处理非农化带来的利益分配上,中央政府与地方政府是此消彼长的关系。一方面中央要求地方上缴的比例过大,会严重打击地方政府的非农化积极性,影响经济发展速度;另一方面如果地方政府收益过大,造成大量的农地非农化,又不利于耕地保护。

困境三:中央政府利益与农户利益分配选择

非农化带来的利益分配上,中央政府(全体公民)与农户(个体)也是此消彼长的关系。中央政府制定较高的补偿标准,失地农民获得较高补偿,政府可以赢得农户的政治信任,但政府的征地成本会增加;相反补偿如果过低,政府会获得较高的收益,但丧失政治信任,有可能带来社会不稳定。

通过上述分析可见,中央政府是土地利用政策的制定者,因此,中央政府在做出决策时,为保证国家整体利益的实现,一般要权衡多方的利益并兼顾经济、社会和生态效益。同时中央政府具有管理和监督土地的责任,出于宏观环境下的人口问题和粮食安全问题的考虑,中央政府具有较强的耕地安全保护意识,获得较高的非农化收益不是其最重要的目标。

(2) 地方政府

地方政府和中央政府、用地单位和农户之间都存在利益博弈。一方面,中央政府和地方政府的目标既有一致性,又有差异性。地方政府既代理中央政府,实行对区域土地资源的宏观管理和调控,完成中央下达的任务,如耕地保护,高效利用土地、安置好失地农民;同时又代理区域的非政府主体(指居民、企业和其他团体),促进经济发展,以实现本地区经济利益最大化。由于地方政府具有强烈的经济和政治诉求,他们考虑更多的是发展当地的经济,他们不会特意操心粮食是否安全,因为当缺少粮食时,只要经济发达,就可以很方便地从外地购入。当局部利益与整体利益不完全一致时,地方政府会在一定范围、一定程度上会表现出局部利益大于整体利益的现象。但由于和中央政府之间的上下级关系,地方政府不敢正面对抗中央政府的相关政策,只能委与应付。

另一方面,农业用地的产出低于非农建设用地的产出。非农建设用地的价格远远高于农业用地的价格,农地非农化能产生巨额的土地增值收益,因此地方政府在巨额的土地增值收益的驱动下,非农化的积极性较高。而农户最关心的是自身利益的最大化,用地单位追求的是利益最大化,当补偿金额不能满足农户预期或者地方政府制定的土地利用政策威胁用地单位的利益时,就有可能发生冲突。

(3) 用地单位

用地单位是土地的直接利用者,地方政府代表着社会的公共利益,而各用地单位则代表着各自的私人利益。政府为切实保护耕地,大力促进节约集约用地,提高土地利用效率,会制定一系列政策法规,约束用地单位的个体行为。如果威胁其利益,用地单位有可能为了自身的利益而违反地方政府的土地利用决策,通过各种方式与地方政府周旋。

(4) 农户

农户是农地的使用者,他们享有农地的经营权和使用权,因此非农化与他们自身的利益密切相关。土地作为农民赖以生存的唯一生产资料,是安身立命的物质基础,体现在土地上的功能有:收入功能、保障功能、就业功能。农民由于其自身知识水平的局限,往往着眼于眼前的利益,而政府在很大程度上代表国家利益和长远利益,理念和认识上的差异决定两者分歧存在的客观性。

一方面,农民可在非农化过程中获得相应的利益补偿,改变原有的生产和生活方式。离开公共设施和基础设施较缺乏的乡村,非农化打破了他们对熟悉环境的依赖,他们的社会关系也会受到影响,生存成本增加。

另一方面,由于农民没有土地的所有权,在收益分配中他们没有多少讨价还价的能力,再加上信息不对称及缺少民主程序使得农民在征地过程中自觉地产生了一种抵触情绪,滋生了冲突(任净和车贵堂,2008),并且农村产权主体缺位也方便了地方政府官员利用手中的权力在土地转换过程中的寻租行为,农民在保护自己利益上处于劣势地位。

4.2.7.2　影响土地利用平衡的博弈主体行为

本书中的博弈分析包含以下假设条件:第一,参与者是政府(中央政府和地方政府)、农户、用地单位;第二,博弈参与者都满足"经济人"的假设,各自追求自身利益的最大化。

(1) 中央与地方政府的博弈行为分析

中央政府实行非农化的最大化目标是发展社会公共事业,保证社会和经济的可持续发展,而地方政府实行非农化的最大化目标是发展本地经济,增加自己的收益。在农地非农化过程中,中央政府不可能亲力亲为,只能委托地方政府,所以就出现中央政府与地方政府的监督博弈。当中央政府对地方政府的农地非农化实施情况进行监督检查时,地方政府就会遵守中央政府的相关政策合理保护耕地;当中央政府不对地方政府的实施情况进行检查监督时,地方政府就不遵守或降低耕地保护的政策,造成大量土地资源(特别是耕地资源)不合理配置甚至低效利用。由于行为出发点的不一致,在非农化(实质是保护耕地)问题上,地方政府与中央政府之间就必然存在着以下策略博弈。

参与者:中央政府定义为 A ,地方政府定义为 B ,则参与人集合 $i = \{A,B\}$ 。

策略空间:中央政府的策略空间为 $S_A = \{监督检查,不监督检查\}$;地方政府的策略空间 $S_B = \{遵守,不遵守\}$ 。其中,地方政府遵守保护耕地的概率为 P_1 ,不遵守保护耕地的概率为 $(1-P_1)$;中央政府监督检查的概率 P_2 ,不监督检查的概率为 $(1-P_2)$ 。

$S = \{A_1,B_1\}$,即中央进行监督检查,地方遵守保护耕地政策时。地方政府支付耕地保护的成本(BC_1):包括执行中央政府的耕地保护政策时,采取保护行动所需要的直接成本(C_1);限制非农化所导致的土地出让收益损失(C_2);非农产业发展受阻带来的地方财政税收的减少(C_3), $BC_1 = C_1 + C_2 + C_3$ 地方政府保护耕地时的收益(BR_1):包含地方政府因执行中央政府的耕地保护政策所带来的政治收益(R_1);中央政府给予地方政府耕地保护的奖励(F);保障了地方未来社会经济和环境可持续发展空间(R_2), $BR_1 = R_1 + R_2 + B$ 。

中央政府支付的监督检查成本(AC):包括监督检查的直接成本(C_4)和给予地方政府耕地保护的奖励(F)。中央政府的收益(AR):包括被保护耕地资源所带来的粮食产量增加与粮食安全程度的改善(R_3);生态环境改善与社会稳定(R_4);耕地保护以及整个社会的可持续发展(R_5),AR = $R_3 + R_4 + R_5$ 。

$S = \{A_2, B_1\}$,即中央不进行监督检查,地方遵守保护耕地政策时,此时地方政府的收益为($R_1 + R_2$),地方政府的成本为(BC$_1$);中央政府的成本为 0,中央政府的收益为 AR。

$S = \{A_1, B_2\}$,即中央进行监督检查,地方不遵守保护耕地政策时。此时,地方政府的成本包括来自因不执行中央政府耕地保护政策所带来的政治危险(C_5),中央政府对地方政府的惩罚(H),地方可持续发展的丧失(C_6),其收益为 BC$_1$;中央政府的成本为(C_4),其收益是对地方政府的罚款(H)。

$S = \{A_2, B_2\}$ 时,即中央不进行监督检查,地方不遵守保护耕地政策时。地方政府支付为(C_6),获得的收益为(BC$_1$);中央政府不监督支付为 0,获得收益为 0。双方的博弈矩阵(表 4-7)。

这样,我们就建立了中央政府和地方政府的监督博弈模型,当地方政府遵守保护耕地政策的概率为 P_1 ,中央政府采取监督的期望收益:

$$E_d = P_1 \times (AR - AC) + (1 - P_1) \times (H - C_4) \tag{4-1}$$

中央政府采取不监督的期望收益:

$$E_d = P_1 \times AR \tag{4-2}$$

当中央政府采取监督的概率为 P_2 ,地方政府遵守保护耕地政策的期望收益:

$$E_d = P_2 \times (BR_1 - BC_1) + (1 - P_2) \times (R_1 + R_2 - BC_1) \tag{4-3}$$

地方政府采取不遵守保护耕地政策的期望收益:

$$E_d = P_2 \times (BC_1 - C_5 - H - C_6) + (1 - P_2) \times (BC_1 - C_6) \tag{4-4}$$

表 4-7 地方政府与中央政府之间的博弈

参与主体及其策略		地方政府	
		遵守(P_1)	不遵守($1-P_1$)
中央政府	监督(P_2)	AR$-$AC BR$_1$$-BC_1$	$H-C_4$ BC$_1$$-C_5-C_6-H$
	不监督($1-P_2$)	AR R_1+R_2-BC$_1$	0 BC$_1$$-C_6$

上述模型是一个没有纯策略纳什均衡的博弈模型。假如地方政府选择"不遵守保护耕地政策"的策略,对中央政府来说,最好就是选择"监督"策略,这样就可以约束地方政府的不保护的行为,维护耕地资源安全,进一步实现土地利用平衡;假如中央政府选择"监督"的策略,对地方政府而言,最好就是选择"遵守保护耕地政策"的策略,而一旦地方政府选择了"遵守保护耕地政策"的策略,中央政府就自然宁愿选择"不监督"的策略。而此时,地方政府又会选择"不遵守保护耕地政策"的策略,来获得不保护带来的非农收益,这个博弈可以无限地进行下去。

根据中央政府的期望收益表达式,则地方政府的策略要满足,无论中央政府选择"监督"策略或"不监督"策略,其期望的收益都相同,也就是

$$P_1 \times (AR - AC) + (1 - P_1) \times (H - C_4) = P_1 \times AR \qquad (4-5)$$

可计算出地方政府选择"遵守保护耕地政策"策略的均衡概率 P_1,即

$$P_1 = \frac{H - C_4}{F + H} \qquad (4-6)$$

同样,根据地方政府的期望收益表达式,中央政府选择"监督"的策略要满足:无论地方政府选择"遵守保护耕地政策"策略还是"不遵守保护耕地政策"策略,其期望的收益都相同,也就是

$$P_2 \times (BR_1 - BC_1) + (1 - P_2) \times (R_1 + R_2 - BC_1)$$
$$= P_2 \times (BC_1 - C_5 - H - C_6) + (1 - P_2) \times (BC_1 - C_6) \qquad (4-7)$$

可计算出中央政府选择"监督"的策略的均衡概率 P_2,即

$$P_2 = \frac{2BC_1 - (C_6 + R_1 + R_2)}{C_5 + F + H} \qquad (4-8)$$

从均衡概率可以得出,当地方政府的耕地安全保护的概率大于、小于以及等于 P_1 时,中央政府的最优选择分别是"不进行监督检查","进行监督检查"和"可随机选择监督检查"。同样的道理,当中央政府监督检查的概率大于、小于以及等于 P_2 时,地方政府的最优策略分别为"遵守保护耕地政策","不遵守保护耕地政策"和"随机选择遵守与不遵守"。

通过中央政府和地方政府的博弈行为分析可见:

1)违反耕地保护政策的惩罚力度越大,地方政府不保护的概率就越小,同时中央政府可以以更小的概率进行监督;

2)地方政府不违规获得的奖励越大,其进行耕地保护的概率就越小,而中央政府监察的概率也越小;

3)中央政府的监督成本越大,地方政府进行耕地保护的概率越小;

4)地方政府保护耕地支付的成本越大,中央政府进行监察的概率越大。

以上结论中第一个和第四个与实践相符,而第二和第三两个结论似乎与实际情况不符。需要说明的是,博弈的均衡意味着对博弈参与人在各种情况下的最优决策,但并不意味着参与人在实际情况中就一定会采取这样的策略。因为参与人在进行决策之前不一定进行过深入的博弈分析,不知道真正的最优选择是什么,所以往往根据表面现象作出决策。如地方政府往往是看到不保护带来的增值收益大,就会更倾向于选择不保护。而事实上,因为不保护带来的收益越大,中央政府越会加大监督以及给予耕地保护更高的奖励,从而可能导致地方政府的期望越高,认为不保护耕地可能会带来更高的增值收益,即"收益越大,风险也越大"。所以,地方政府实际采用的策略并不一定是最优的策略。

(2) 地方政府与农户博弈行为分析

地方政府既要遵守中央政府的耕地保护政策,又要谋求利益最大化。而农户最为关注的是自身利益的最大化。农户从自身利益出发,可能会对地方政府的非农化决策表现出合作或者抵制,因此,在非农化过程中,地方政府和农户之间存在着以下策略博弈。

参与者:地方政府定义为 B,单个农户定义为 C,则参与人集合 $i = \{B,C\}$。

策略空间:地方政府的策略空间 $S_B = \{鼓励非农化,限制非农化\}$;农户的策略空间 $Sc = \{合作,抵制\}$。

$S = \{B_1,C_1\}$,即地方政府鼓励非农化,农户合作。地方政府鼓励非农化支付成本(BC_2):包括地方政府给予农户的征地补偿,即包括货币补偿、实物补偿以及相关的社会保障补偿(C'_1);地方环境以及生态安全的丧失(C'_2);征地过程中农户对政府信任丧失造成的政治风险(C'_3,$BC_2 = C'_1 + C'_2 + C'_3$)。地方政府鼓励非农化所带来的政治收益($BR_2$):非农化所带来的土地出让收益($R'_1$);非农产业发展所带来的地方财政税收收入的增加($R'_2$);城市建设所带来的地方政府政绩($R'_3$),$BR_2 = R'_1 + R'_2 + R'_3$。

农户对于地方政府鼓励非农化的政策采取合作的成本(CC_1):农地非农化后失去的直接农业损失(C'_4);依附于土地上的农户相关生存保障丧失(C'_5);失去土地后为了另谋工作以及可持续发展需要支付的培训费用(C'_6,$CC_1 = C'_4 + C'_5 + C'_6$)。农户所获得的收益主要指非农化后所获得的直接征地补偿(CR_1)。

$S = \{B_1,C_2\}$,即地方政府鼓励非农化,农户抵制。地方政府支付成本为(C'_3),获得收益为 0;农户支付成本(CR_1),获得收益($C'_4 + C'_5$)。

$S = \{B_2,C_1\}$,即地方政府限制非农化,农户合作。地方政府支付成本为(BR_2),获得收益为($C'_2 + C'_3$);农户支付成本(CR_1),获得收益($C'_4 + C'_5$)。

$S = \{B_2,C_2\}$,即地方政府限制非农化,农户抵制。地方政府支付成本为(BR_2),获得收益为($C'_2 + C'_3$);农户支付成本(CR_1),获得收益($C'_4 + C'_5$)。这种情况一般不存在,因为农户不会主动要求政府征地,在非农化过程中他们都是被动行为。双方的博弈矩阵见表4-8。

表4-8 地方政府与农户之间的博弈

参与主体及其策略		农户			
		合作 P_3		抵制$(1-P_3)$	
地方政府	鼓励	$\mathrm{BR}_2-\mathrm{BC}_2$	$\mathrm{CR}_1-\mathrm{CC}_1$	$-C'_3$	$C'_4-C'_5-\mathrm{CR}_1$
	限制	$C'_2+C'_3-\mathrm{BR}_2$	$C'_4+C'_5-\mathrm{CR}_1$	$C'_2+C'_3-\mathrm{BR}_2$	$C'_4+C'_5-\mathrm{CR}_1$

建立地方政府和农户的非农化博弈模型,由于地方政府限制农地非农化,农户不会主动抵制。因此,地方政府如果从考虑农户的态度出发而做出是否进行非农化的决策,就一定会选择鼓励非农化。所以在地方政府和农户的均衡博弈中,主要研究的是农户的态度。

假设农户采取合作态度的概率为P_3,地方政府鼓励非农化和限制非农化的期望收益分别为

$$E_d = P_3 \times (\mathrm{BR}_2 - \mathrm{BC}_2) + (1 - P_3) \times (-C'_3) ; E_d = P_3 \times (C'_2 + C'_3 - \mathrm{BR}_2)$$
$$+ (1 - P_3)(C'_2 + C'_3 - \mathrm{BR}_2)。$$

根据地方政府的期望收益表达式,则农户的策略要满足,无论地方选择"鼓励非农化"策略或"限制非农化"策略,其期望的收益都相同,也就是:

$$P_3 \times (\mathrm{BR}_2 - \mathrm{BC}_2) + (1 - P_3) \times (-C'_3)$$
$$= P_3 \times (C'_2 + C'_3 - \mathrm{BR}_2) + (1 - P_3)(C'_2 + C'_3 - \mathrm{BR}_2) \quad (4\text{-}9)$$

可计算出农户选择"合作"的策略的均衡概率P_3,即

$$P_3 = \frac{C'_2 + C'_3 - \mathrm{BR}_2}{\mathrm{BR}_2 - \mathrm{BC}_2 + C'_3} \quad (4\text{-}10)$$

由上式可见,P_3与BR_2成反比,与BC_2,C'_2,C'_3成正比,可知,农户选择合作策略的概率大小主要取决于地方政府给予农户的征地补偿强度。补偿的强度越大,合作的概率就越大;补偿越少,抵制的概率就越大。

(3) 地方政府与用地单位博弈行为分析

地方政府代表着社会的公共利益,而各用地单位则代表着各自的私人利益。因此,在土地利用规划以及政策实施中,两者之间可能会出现各种矛盾,用地单位有可能为了自身的利益而违反地方政府的土地利用决策,而政府部

门则力求使政策能够得到贯彻和执行。要使用地单位遵守政策,政府部门就需要进行监督,监督效果的好坏是土地利用政策能否切实地贯彻执行的关键。政策严格贯彻执行可以控制土地资源的浪费,减少违法占地以及闲置土地。地方政府与用地单位之间这种博弈的过程和结果将对当地土地利用政策的实施产生重要影响。

参与者:地方政府定义为 B ,用地单位定义为 D ,则参与人集合 $i = \{B,D\}$ 。

策略空间:地方政府的策略空间为 $S_B = \{$监督检查,不监督检查$\}$;用地单位的策略空间 $S_D = \{$不违规,违规$\}$ 。其中,用地单位不违规的概率为 P_4 ,不保护的概率为 $(1-P_4)$;地方政府监督检查的概率 P_5 ,不监督检查的概率为 $(1-P_5)$ 。

$S = \{B_1,D_1\}$,即地方政府进行监督检查,用地单位不违规时。地方政府监督检查支付的成本 (BC_3) :包括地方政府执行监督检查时所需的直接成本 (C''_1) ,给予用地单位遵守政策的奖励 $(G, BC_3 = C''_1 + G)$ 。地方政府监督检查时的收益 (BR_3) :包含地方政府因对违规进行监督检查树立的政治威信 (R''_1) ,保障了地方未来社会经济和环境可持续发展空间 (R''_2) , $BR_3 = R''_1 + R''_2$ 。

用地单位遵守土地利用政策所付出的成本 (DC_1) :不违规丧失的土地隐形增值;用地单位遵守土地利用政策所获得的收益 (DR_1) :政府给予的奖励 (G) ,政府信任带来的潜在收益 (R''_3) , $DR_1 = G + R''_3$ 。

$S = \{B_1,D_2\}$,即地方政府进行监督检查,用地单位违规。此时地方政府的收益为对用地单位的罚款 (I) ,成本为 (C''_1) ;用地单位的成本为违规后政府对其信任丧失 (C''_2) 以及政府对其的罚款 (I) ,其收益为 (DC_1) 。

$S = \{B_2,D_1\}$,即地方政府不进行监督检查,用地单位不违规。此时地方政府的收益 (BR_3) ,成本为0;用地单位的成本 (DC_1) ,其收益为 (R''_3) 。

$S = \{B_2,D_2\}$ 时,即地方政府不进行监督检查,用地单位违规。此时地方政府支付为0,获得的收益为0;用地单位违规支付为0,获得的利益为 (DC_1) 。双方的博弈矩阵见表4-9。

表 4-9　地方政府与用地单位之间的博弈

参与主体及其策略		用地单位	
		不违规(P_4)	违规($1-P_4$)
地方政府	监督(P_5)	BR_3-BC_3　DR_1-DC_1	$I-C''_1$　　$DC_1-C''_2-I$
	不监督($1-P_5$)	BR_3　R''_3-DC_1	0　　　　DC_1

这样,我们就建立了地方政府和用地单位的监督博弈模型,当用地单位采取不违规的概率为 P_4 ,地方政府采取监督的期望收益:

$$E_d = P_4 \times (BR_3 - BC_3) + (1 - P_4) \times (I - C''_1) \qquad (4-11)$$

中央政府采取不监督的期望收益 $E_d = P_4 \times BR_3$;

当地方政府采取监督的概率为 P_5 ,用地单位不违规和违规的期望收益分别为

$$E_d = P_5 \times (DR_1 - DC_1) + (1 - P_5) \times (R''_3 - DC_1) \qquad (4-12)$$

$$E_d = P_5 \times (DC_1 - C''_2 - I) + (1 - P_5) \times DC_1 \qquad (4-13)$$

上述模型是一个没有纯策略纳什均衡的博弈模型。假如用地单位选择"违规"的策略,对地方政府来说,最好就是选择"监督"策略,这样可以制止用地单位的违规行为,实现土地利用平衡。假如地方政府选择了"监督"的策略,对用地单位而言,最好就是选择"不违规"的策略,而一旦用地单位选择了"不违规"的策略,地方政府就自然宁愿选择"不监督"的策略。此时用地单位又会选择"违规"的策略,来获得违规带来的高额增值收益,这个博弈可以无限地进行下去。

根据地方政府的期望收益表达式,则用地单位的策略要满足无论政府选择"监督"策略或"不监督"策略其期望的收益都相同,也就是

$$P_4 \times (BR_3 - BC_3) + (1 - P_4) \times (I - C''_1) = P_4 \times BR_3 \qquad (4-14)$$

可计算出用地单位选择"不违规"策略的均衡概率 P_3 ,即

$$P_4 = \frac{I - C''_1}{G + I} \qquad (4-15)$$

同样,根据用地单位的期望收益表达式,地方政府选择"监督"的策略要

满足,无论用地单位选择"违规"策略还是选择"不违规"策略,其期望的收益都相同,即

$$P_5 \times (DR_1 - DC_1) + (1 - P_5) \times (R''_3 - DC_1)$$
$$= P_5 \times (DC_1 - C''_2 - I) + (1 - P_5) \times DC_1 \quad (4\text{-}16)$$

可计算出中央政府选择"监督"的策略的均衡概率 P_5,即

$$P_5 = \frac{2DC - R''_3}{G + I + C''_2} \quad (4\text{-}17)$$

从均衡概率可以得出,当用地单位的不违规概率大于,小于以及等于 P_4 时,地方政府的最优策略分别为"不进行监督检查","进行监督检查"以及"可随机选择监督检查"。同样的道理,当地方政府监督检查的概率大于,小于以及等于 P_5 时,用地单位的最优策略分别为"不违规","违规"以及"随机选择违规与不违规"。

由此可见,通过提高对违规单位的惩罚力度以及加大给予不违规单位的奖励;降低监督成本;增强用地单位遵守政策的政治利益以及加强政府的威慑力;缩小城乡土地价格差异,减少违规收益是提高用地单位遵守政府土地利用决策,减少土地资源浪费与不合理利用的重要途径。

从上面的博弈分析可以看出,土地资源非农化利用和合理利用实际上是一个利益分配问题,并且非农化是在多个利益主体之间进行的,具有典型的多人对策的特征,因此适合用博弈理论来分析。由于代表国家利益的中央政府往往更关心全局利益,担心耕地被大量建设占用后引发的粮食安全问题,而各地区政府往往只追求该地区效益的最大化,而代表个人利益的农户和用地单位主要关注非农化补偿和增值。因此,非农化的数量、规模以及速度,需要考虑的是在如何才能有效地使各地区在追求自身利益的同时,也达到土地资源的合理开发利用目标,实现人口、资源与环境的平衡发展。目前分析中央政府、地方政府、用地单位、农户的博弈均衡,可以看出:

中央政府应该提高惩罚力度以及加大给予地方政府和农户进行耕地保护的奖励,增强地方政府保护耕地的政治利益;同时地方政府应提高对违规单位

的惩罚力度以及加大给予不违规单位的奖励,以达到控制过快的非农化速度并且尽可能地遏制违法占用,提高土地的集约利用率。

中央政府和地方政府应完善相关政策,缩小城乡土地价格差异,同时提高征地补偿标准。这样将有利于保障农民的权益,遏制地方政府圈地的冲动;有利于配套深化农村集体建设用地使用制度的改革;同时能够切实地保护农村耕地,逐步建立公正的补偿机制,最终建立参考市场价格的补偿标准。

实际上,市场经济宏观调控下的非农化进程以及区域土地利用平衡的实现,将更多的灵活经营权交给了地方政府。从而促使各地区在实现自身利益最大化的目标的动力下,积极进行土地利用制度和模式的探索。力拓后备资源,盘活存量资源,破解限制经济跨越式发展和统筹城乡试验区发展的建设用地瓶颈。

4.3　结论

经济建设、保护耕地、维护生态安全既矛盾又互相支持,经济发展必然要占用一定数量的耕地和影响生态安全,而耕地是人类生存的基本保证,是确保经济发展持续稳定的前提条件。重庆市作为西部唯一的直辖市,长江上游的经济中心,同时又是城乡二元结构十分突出的城市。人地矛盾以及城乡矛盾在该区域都表现十分显著。再加上长期以来,由于种种原因,重庆市土地利用基本上属于粗放型的利用模式,造成土地资源使用效率不高以及巨大闲置和浪费。本书以问题为导向,分析重庆市在实现土地利用平衡过程中面临的困境,并在此基础上对土地利用平衡困境的动因进行了讨论,以此作为探索该区域土地利用平衡途径的基础。

1) 要实现区域内的土地利用平衡就要较好地解决和协调"耕地保护、经济建设和生态环境"间的矛盾。现阶段主要通过土地开发、整理和农业结构调整力拓后备土地资源空间,用于弥补耕地、园、林地因建设占用造成的减少。实践表明土地开发整理(复垦)已经成为重庆市近年来增加耕地的首选,是实现区域内土地利用平衡的重要源泉。

2) 随着城镇化和工业化的不断推进,在新的经济环境背景下,实现土地利用平衡过程中也会出现或存在新的不适:城市扩展中占用大量耕地且浪费严重,2004~2007 年重庆市新增建设用地来源中平均约有 52%来源于耕地减少,说明重庆市建设扩张属耕地高消耗类型,建设占用耕地情况严重;农村建设用地利用不规范且浪费严重,在农村人口不断减少的同时,人均建设用地却逐年增加;土地利用效率低下且粗放式经营严重,2008 年重庆城市土地产出率为 11.97 亿元/km²,远远小于其他三个直辖市;土地利用协调不力且用地布局不合理,重庆市工业用地比重过高,而住宅、道路基础设施、环境绿化用地等比重过低;土地后备资源的挖潜难度且成本渐增,新增耕地率从 2000 年的 62.64%下降到 2008 年仅为18.57%,且土地后备资源的挖潜成本却不断增加;随着土地整理的深度和广度不断扩大,土地整理中生态损耗凸显且日益严重。

3) 现阶段重庆市土地利用平衡的最大困境是经济发展导致的农地非农化与耕地保护、生态安全之间的矛盾,究其产生的动因与土地利用过程中相关利益主体的行为倾向和博弈行为有着直接的关系。研究表明市场经济宏观调控下的非农化进程以及区域土地平衡的实现,将更多的灵活经营权交给了地方政府,因此,政府必须改革和完善相关政策制度以及土地利用方式,核心是力拓后备资源,盘活存量资源,不仅能有效解决经济建设和耕地保护的两难困境,而且可以有效地保护生态环境,实现土地利用平衡。

第5章　土地利用平衡途径探析

5.1　宅基地换住房、承包地换社会保障

伴随着城镇化的推进,城市建设对土地的需求迅速扩张,建设用地与农业用地保护之间的矛盾日益突出,因此导致区域性人地矛盾加剧、生态环境不断恶化,形成一系列人口、粮食、资源和环境问题,而这些问题又无不直接或间接地与土地流转(特别是农地流转)相关。作为一种能够协调农村土地调整与稳定性之间矛盾的手段,土地流转的意义毋庸置疑(张红宇,2002)。土地流转是解决土地利用细碎化及撂荒、闲置的有效途径,对于优化土地资源配置、提高土地利用效率、促进农业产业结构调整、促进农民增收和发展农村经济具有重要作用(张文等,2005)。改革开放后,社会经济高速发展,为了突破土地资源制约瓶颈,重庆市乃至全国各地进行了许多土地流转模式的探索,如转包、租赁、互换、转让、反租倒包以及股份制合作等(孙海兵和张安录,2003;杜文星和黄贤金,2005),但现有流转模式的探索主要针对农用地,研究农村建设用地特别是宅基地的流转模式则相对较少。

持续加快的城镇化进程导致了建设用地需求地急剧增长,城镇国有土地的可供量已日益捉襟见肘,而各地农村集体建设用地的存量却极为可观且闲置浪费问题突出,由此产生的耕地保护和城市化用地的冲突也越来越严重。合理地进行农村集体建设用地流转有利于耕地保护以及土地的合理利用,有利于农村产业结构的调整,有利于农村剩余劳动力转移。让农村建设用地进入市场,通过市场机制进行优化配置,提高土地利用率,显化农村集体土地资

产价值,实现土地资产保值增值,不仅有利于深化土地制度改革,而且有利于培育和完善土地市场体系,促进区域经济乃至整个国民经济的发展。但根据相关法律,农民的宅基地只能自用,不能抵押、转让和出租,农民难以分享由城市化进程带来的土地增值收益。针对以上问题,有学者主张允许农村非农建设用地进入市场(蒋省三和刘守英,2003)形成规范化的统一的城乡非农建设用地市场(钱忠好和马凯,2007)。另有学者主张通过转让土地使用权将农民纳入社会保障体系,改善农民福利状况、促进土地流转、拓展土地资源的潜能和促进经济结构调整(陈颐,2000),鼓励土地流转制度创新(郑雄飞,2009)。为了达到区域经济社会、生态环境和土地资源协调发展的目标,重点在于对存量建设用地进行挖潜。因此,本书提出土地利用平衡途径之一,即按照"宅基地换住房、承包地换社会保障"的流转思路,鼓励农民自愿退出宅基地,流转承包地,盘活农村存量建设用地。

5.1.1　研究区概况与研究思路

5.1.1.1　研究区概况

(1) 自然条件

本书研究区域选取重庆市九龙坡区白市驿镇花卉园区。研究区地处中梁山西部,属于新华夏构造体系,地形为向斜浅地带。地貌类型以剥蚀为主,有厚层砂岩残留,地质构造简单。

研究区属中亚热带湿润气候区中的四川盆地南部长江河谷区,气候温和,四季分明,具有多阴少晴,多雾少日照,降水充沛,盛夏炎热常有伏旱,秋冬连绵阴雨,空气湿润,风力微弱的典型季风性气候特点。年均气温 16.5℃,夏季气温较重庆市区低,无霜期 278d,太阳辐射量为 82.50kcal[①]/cm²。平均日照

①1kcal = 4. 1868J。

时数 1279h,年平均风速 1.5m/s。规划区内年降雨量 1089mm,地下水丰富,无污染。

研究区地势开阔平坦,土地资源丰富,土壤为灰棕紫酸性泥土,土层深厚,土质肥沃,熟化程度高,保肥保水力强,pH 显微酸性,没有明显的土地污染。

研究区热量丰富,雨量充沛,适宜多种植物生长。粮食作物以水稻、玉米、小麦、红苕等为主,经济作物以油菜、茄子、白菜等为主。主要的乔木和经济林木是马尾松、杉木、黄竹、水竹、银杏、水杉、山楠木、胡椒、琵琶、樱桃、杏、葡萄、甜橙、桔等。

(2) 社会经济条件

研究区域位于九龙坡区白市驿镇,规划面积 23 km²,是重庆市统筹城乡发展综合配套改革先行示范区、国家级花卉苗木栽培标准化示范区、国家级农业现代化示范项目,也是九龙坡区统筹城乡发展、实施都市农业战略、建设都市后花园的主战场。该园区地处重庆都市发达经济圈,规划区位于白市驿镇南部,距江北机场 42 公里,距朝天门水运港口 26 公里,距重庆市中心解放碑 22 公里,距九龙坡区区政府 15 公里,北有成渝(成都—重庆)高速公路,并依此连接渝长(重庆—长寿)、渝黔(重庆—贵州)和主城区环城高速公路;南北贯穿全镇白彭一级公路与花卉基地环线公路,交通十分便利,区位优势明显。水、电、气、路、通信等基础设施完善。范围包括白市驿镇、石板镇 5 个村(白市驿镇高峰寺村、高田坎村、清河村和石板镇梅乐村、黄家堰村共计 5 个村)32 个合作社,第一期试点主要涉及白市驿镇高峰寺村、高田坎村、清河村,涉及 1200 多户,人口约 4000 人。

5.1.1.2　研究思路

重庆市作为城乡统筹试验区,提出"宅基地换住房、承包地换社会保障"土地流转模式,以期破解土地资源制约瓶颈。根据新制度经济学中经典的制度变迁理论,需要出现外部利润、初级行动集团号召和次级行动集团响应以及预期收益大于预期成本,制度变迁才会发生(North,1981)。因此,本书将基于研究区问卷调查数据以及统计部门提供的相关社会经济数据,从外部利润的产生、初级行动团体和次级行动团体的需求意愿以及创新主体的预期成本—收益等几方面研究"宅基地换住房、承包地换社会保障"土地流转模式产生的必然性。

同时,衡量一项土地制度改革是否公平合理可参照两个标准:一是从农民的角度来说,获取的收益应大于土地流转前,让农民觉得交出土地是值得的;二是从更宏观的角度说,当地经济和社会的发展借此获得更大空间。本书将从这两个角度分析"宅基地换住房、承包地换社会保障"土地流转模式取得的总体绩效。通过比较采用该流转模式对于区域农地保护、土地利用集约情况以及生态环境的影响等,衡量这种土地流转模式是否为实现重庆市区域土地利用平衡的较好途径。此外,本书还将此流转模式与现阶段得到广泛认可的"土地入股"流转模式进行比较研究,进一步探讨"宅基地换住房、承包地换社会保障"土地流转模式对农村现有土地产权的影响及其约束条件和广适性。

5.1.2 "宅基地换住房、承包地换社会保障"模式产生及运行

我国土地利用制度经历了三次大的变革:一是 20 世纪 40 年代末 50 年代初实行了土地改革,将封建地主土地所有制变为农民土地个人私有制;二是 20 世纪 50 年代中期将农民土地个人私有制改造为土地集体所有制;三是 20 世纪 70 年代末以来,在不改变土地集体所有制性质的前提下,将土地使用权承包给农民,实行土地家庭承包经营体制(王胜明等,2007)。家庭责任承包制的运行在构建农业生产环节的激励机制和保障农业经营收益实现的同时,也表现出农民预期收益不稳、农业适度规模经营难以实现、短期行为严重等缺陷。农业和经济的发展使农地的商品和资产属性日益显现,资源流动是市场经济的内在属性和最终要求,资源只有流动起来才可能实

现最优配置。稳定的土地承包关系不意味着固定化,稳定并不排斥土地权利的流转。因此,土地使用权流转,不仅是农业用途内土地资源使用制度的创新,也是集体土地在整个社会生产领域实现市场化配置的制度创新(翟建松,2002)。

农村土地流转制度虽然是解决土地资源利用瓶颈的重要途径,但它还存在许多缺陷,其流转途径、规模、方式等需要适应现实情况而不断加以完善。由农户自发产生的小规模范围内零星流转实现不了农业规模化经营,势必制约现代农业提升机械化水平的要求,不利于实现土地、农民和市场的良性对接。尤其是改革开放后,我国沿海地区农村城镇化与工业化进程加快,农村土地制度呈现出三大矛盾:一是土地分户承包与农村现代化整体规划的矛盾;二是土地零星分散与农业现代化规模经营的矛盾;三是土地增值和利益分享的矛盾。这些矛盾已经成为继续深化改革和完善农村制度的瓶颈障碍,需待加以解决。

为了突破现行农村土地制度的约束,全国各地进行了许多土地流转模式的探索。改革开放后,"社区股份合作制"的经济组织形式在广东珠江三角洲地区以及江浙一些城市郊区悄然兴起。这些地区的城市化和工业化进程较快,集体资产快速增长,为了分享集体资产带来的增值收益,农民自发开展了将集体资产折股量化、以股定权的股份合作制改革。虽然从目前实行土地股份制流转的实践来看,均收到了较好的成效,但其发展中也存在着不足,表现最突出的就是农村土地实施股份制流转以后,农村剩余劳动力转移数量会大幅增加。即使部分土地股份合作企业愿意招收流转农民进入公司打工,但由于失地农民不能在教育医疗等方面享受和城镇居民一样的社会保障,因此依旧可能导致土地流转不顺畅。此外,现有的农村土地股份合作制大多只对农户的农用地进行了流转,缺乏对农村建设用地特别是宅基地进行流转。

近年来,随着改革开放的推进和经济社会的快速发展,建设用地需求急剧增长。据2007年国土资源部的统计数据显示,农村集体建设用地的数量大约相当于国有建设用地的2.5倍。因此,在国有建设用地严格审批控制和供给不足的背景下,形成了可观的集体建设用地隐形市场。自 1999 年以来,不少地方政府在积极进行集体建设用地流转实践。1996 年苏州市就下发了《苏州市农村集体存量建设用地使用权流转管理暂行办法》;1999 年 11 月,安徽省芜湖市被国土资源部批准为全国农村集体建设用地使用权流转试点城市;2002 年 11 月,顺德市结合实践制定了《顺德市农村集体土地管理改革试点方案》、《顺德市农村集体建设用地流转试点方案》和《顺德市农村集体建设用地使用权流转管理暂行办法》;广东省政府于 2005 年 6 月颁发了《广东省集体建设用地流转办法》(王权典,2006)。

通过重庆市后备土地的供给潜力测算,农村居民点用地通过置换方式进入市场流转,可以盘活大量建设用地存量。在此背景下,重庆市作为城乡统筹试验区,提出"宅基地换住房、承包地换社会保障"土地流转模式,一方面可以使失地农民享受和城镇居民一样的社会保障,解决他们的后顾之忧,促进农地流转;另一方面可以置换出农民的宅基地,实现农村建设用地流转,盘活存量农村建设用地。

根据《九龙坡区城乡统筹发展促进农民变市民试行办法》,"宅基地换住房、承包地换社会保障"土地流转模式操作过程如下:

(1) 宅基地换住房

按照"城市建设用地增加与农村建设用地减少相挂钩"的试点要求,拿出原农村宅基地的 20% 左右,集中兴建城市化住宅小区,可以腾出 80% 左右的农村宅基地指标置换为城市建设用地,用多得的土地出让金等收益来补贴农民购房。作为第一期的三个村,即白市驿镇高峰寺村、高田坎村以及清河村。花卉园区管委会经与区内 3 个村的农民协商,将农村宅基地的 20% 用于建设城市化住宅小区,安置 1200 多户村民,平均每户住宅面积为 90m²,其他 80%的宅基地转为城市建设用地指标。住宅成本价为约 900 元/m²,售给农民为580 元,差价部分从城市建设用地的土地收益中支出,农民原有的旧房拆迁补偿为 270 元/m²。

（2）承包地换社会保障

农民将土地租赁给村,再由村流转至镇或园区。如花卉园区将 3 个村剩余的 3000 多亩耕地以每年每亩 1500 元的价格租下来,统一招商发展花卉产业。扣除 100 元村级工作经费,50 元为村民小组经费外,农民每亩地每年可得 1350 元固定收益,并且享受成为市民后的各项社会保障。

5.1.3 "宅基地换住房、承包地换社会保障"模式的生成动因

在新制度经济学经典理论中,诺思（North）等（1990）认为制度变迁是均衡—非均衡—均衡的过程（图 5-1）。均衡是在既定的制度安排下,已获取的各种生产要素资源产生了潜在收入的全部增量;或者,潜在利润即外部利润存在,但改变现有制度后,安排的成本将超过外部利润;或者,如不对制度环境做出某些改变,就不能实现收入的重新分配。制度均衡实质是指现存的制度结构处于"帕累托最优状态"中,即现存制度安排的任何改变都不能给任何团体或任何人带来更多的额外收入（Philip,1991）。

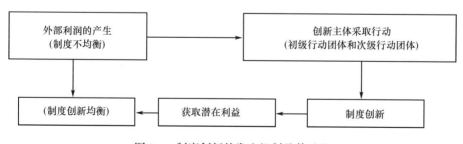

图 5-1　制度创新的发生机制及其过程

几乎所有的新制度经济学家都承认,制度创新的最终动力在于追求个人利益最大化,制度变迁的诱导因素在于经济当事人期望获得最大的潜在利润即外部利润。外部利润是制度创新的动力源泉,这是一种在已有制度安排下

无法实现的利润,只有需要通过制度创新才能获得。外部利润的存在是制度变迁的必要条件,而不是充分条件。制度变迁是初级行动集团号召和次级行动集团响应的联合过程,并且只有当制度变迁所带来的预期收益大于预期成本时,制度变迁才会发生。因此,在制度创新过程中,存在一个成本和收益的对比问题。对制度变迁及创新的当事人而言,不同的成本与收益对比,决定了其在制度变迁和创新过程中的态度,也决定了制度变迁与创新何时发生、能否继续进行等。本书从外部利润的产生、初级行动团体和次级行动团体的需求意愿以及创新主体的预期成本—收益对比,研究"宅基地换住房、承包地换社会保障"土地流转模式的生成动因。

5.1.3.1　外部利润的产生诱致制度创新

(1) 重庆市一级土地市场的土地供给

随着经济发展和城市化进展持续保持高速状态,要求不断增加建设用地以满足发展需求。重庆市土地供应方式主要有协议出让、划拨出让、"招拍挂"出让以及其他土地供应方式。随着土地资源配置的市场化不断推进,近年来以"招拍挂"方式出让的土地面积和比例呈明显的递增趋势。根据重庆市土地交易中心的数据显示,重庆市"招拍挂"的土地面积比例由 2003 年的 1536hm^2 增长到 2008 年的 2442hm^2,所占供地总面积的比例也由 2003 年的 29% 增加到 2008 年的 48.81%,成为土地征用后最主要的土地供应方式(表 5-1)。到 2008 年年底,划拨出让提供的土地范围已经仅限于行政机关、道路交通、军事等公共利益用地,经营性用地如住宅、办公和商业用地都实行了"招拍挂"方式供地,协议方式提供土地主要用于各类工业企业用地。重庆市区范围内基本形成了以市场机制为基础的土地资源配置方式。

表 5-1　2003~2008 年重庆市供地情况

年份	划拨		协议		招拍挂		其他方式		总面积/ hm²	土地出让 金/亿元
	面积/ hm²	比例/ %	面积/ hm²	比例/ %	面积/ hm²	比例/ %	面积/ hm²	比例/ %		
2003	1006	19.00	2542	48.00	1536	29.00	212	4.00	5296	102.6
2004	1369	21.19	3500	54.17	1446	22.37	147	2.27	6462	124.9
2005	2128	37.54	1425	25.14	1963	34.63	153	2.70	5669	173.4
2006	2013	38.38	667	12.72	2432	46.37	133	2.54	5245	186.4
2007	2058	38.25	562	10.45	2673	49.68	87	1.62	5380	196.8
2008	2205	44.07	334	6.68	2442	48.81	22	0.44	5003	236.59

(2) 各利益主体的收益分配比例

根据现有制度安排,农地非农化过程可分为征收和供应两个环节。征收环节的收益由征地税费和征地补偿费两部分组成,一般由政府或用地单位承担。征地补偿费支付给农村集体和农户,征地税费支付给各级政府。供应环节的收益是将被征收的土地供应给使用者的收益,包括划拨土地使用者须交纳的征地补偿费和有关税费,以及出让土地使用者须交纳的征地补偿费、土地出让金及有关税费。土地供应收益主要归中央财政和地方财政所有,而政府的支出成本一般包括土地征收支出、土地平整费用、公共设施建设和基础设施费用等。

本书选取 2003~2008 年重庆市 235 宗征地出让(划拨)案例进行分析得到在农户、村集体、市(含镇)政府及市级以上政府之间的土地非农化收益分配数额。考虑到实际操作中各村有不同的分配方式,本书根据典型村调查的情况进行估算,典型村选取重庆市不同经济类型区七个县的七个村庄。其中两个村庄来自都市发达圈巴南区和北碚区,两个村来自渝西经济走廊的潼南县和江津区,三个来自三峡库区生态经济圈的忠县、巫溪县和西阳县。通过调查汇总可以看出,被征收土地的农户及农民集体所获得的收益份额较低,分别为 17.33% 和 9.77%,而各级政府获得收益所占比例高达 72.9%。

以上分析没有考虑政府的投入,一般来说,城市政府进行征地后要进行基础设施建设,达到"五通一平"或"七通一平"后再供给土地使用者,因而土地供应是有成本的。以重庆市经济技术开发区为例,进一步分析市(含镇)政府、市级以上政府、农民及农民集体的净收益。以征收 1 hm² 农用地为例,则各主体土地非农化收益分配如下:农民及农民集体占 14.78%,各级政府占 40.67%,土地使用者占 44.55%。由此可见,在土地非农化收益分配格局中,土地使用者及地方政府分配比例最大,而农民集体及个人所得收益占比例最小,因此土地增值收益分配的不平等是农地非农化制度创新的根本原因。

5.1.3.2　行动团体参与创新的需求意愿

采用参与性农户评估方法(PRA)的半结构访谈(semi-structured interview)进行研究。半结构访谈是指有一定的采访主题和提前拟定的采访提纲,但在采访过程中又不局限于单一、狭窄的主题,而是围绕主题向被采访者进行开放式提问。访谈得到的农户信息输入到 Excel 软件中进行统计分析。

问卷由客观性问题和开放式问题组成,客观性问题主要包括采访调查地块所属的农户家庭人口状况、户主年龄、户主文化程度、家庭从事农业生产的人数、人均耕地面积、人均纯收入的状况,而开放式主要问题主要涉及调查农户对土地流转的意愿、愿意和不愿意流转的原因以及愿意进行流转的途径等。另外,还调查了研究区域基层干部土地流转的意愿,主要是包括对村集体组织在土地流转中扮演的角色理解和流转途径的选择。

(1) 初级行动团体——农户意愿

本书选择重庆市"宅基地换住房、承包地换社会保障"试点区,即九龙坡区白市驿镇花卉园区作为调查区域,2007 年 8 月以发放问卷的方式调查农户对土地流转的态度,认知度,接受度,参与积极性等进行了调查。为了使样本具有代表性,我们选择了花卉园区第一期的三个村作为研究对象:高峰寺村、高田坎村、清河村。本书对各村农户进行随机调查,共回收问卷480份,其中有效问卷420份,有效回收率为87.5%,在420个样本中,家庭人口数大多为3~4人,户主年龄介于40~50岁的占42.86%,户主文化程度主要分布在初中和高中阶段,家庭从事农业生产的人数大多数为2人以下,占61.9%,人均耕地面积主要集中在0.03~0.06hm²,人均纯收入主要集中在2500~3500元,占40.95%(表5-2)。

表5-2　调查样本特征

农户特征	类型	数量/户	比例/%
户主年龄	30岁以下	12	2.86
	30~40岁	132	31.43
	40~50岁	180	42.86
	50~60岁	56	13.33
	60岁以上	40	9.52
农户人口	2人及以下	72	17.14
	3~4人	264	62.86
	5人以上	84	20.00
户主文化程度	小学及以下	60	14.29
	初中	228	54.29
	高中及以上	132	31.43
农业劳动力	2人及以下	260	61.90
	3人及以上	160	38.10
人均耕地面积	小于0.03 hm²	136	32.38
	0.03~0.06 hm²	232	55.24
	大于0.06 hm²	52	12.38
人均纯收入	小于2500元	96	22.86
	2500~3500元	172	40.95
	大于3500元	152	36.19

　　本书调查土地流转主要针对转出土地,在 420 户样本农户中,愿意流转的有 372 户,占总数的 88.57%;不愿意流转的占 48 户,占总数的 11.43%;大多数农户都愿意转出土地,可能与调查区位于重庆市主城区,交通方便,农民非农收入较高,对土地的依赖性较弱有关(表 5-3)。

表 5-3　样本农户土地流转(转出)意愿情况

样本区	样本总数/户	愿意流转		不愿意流转	
		户数/户	比例/%	户数/户	比例/%
高峰寺村	168	148	88.10	20	11.90
高田坎村	140	124	88.57	16	11.43
清河村	112	100	89.29	12	10.71
总计	420	372	88.57	48	11.43

　　在愿意流转的 372 户农户中调查发现,愿意流转原因中,选择"缺乏劳动力"、"耕种土地效益太低"、"转出后可到城市打工获得较高收益"等选项较普遍,分别有 304 户、348 户和 260 户;在不愿意进行土地流转的 48 户农户中调查发现,不愿意转出土地的原因主要有以下几种:"除了务农,没有其他活可干"、"耕种土地并不需花太多劳动力,自己能耕种"、"流出收入比自己耕种收入低,不愿转出"、"担心转出后,没有稳定的收益来源"、"担心转出后,自己想种时难以收回"、"担心失去土地,没有保障"和"其他",其中,48 户农户都选择了"担心转出后,收益得不到保证"和"担心失去土地,没有保障"这两项,另外"除了务农,没有其他活可干"和"耕种土地并不需花太多劳动力,自己能耕种"也是选择较多的选项(表 5-4)。由此可见,无论是愿意流转还是不愿意流转的农户,利益是他们首先考虑并且为是否进行土地流转的最根本动因。

表 5-4　样本户的土地流转原因

类别	原因	频数	比例/%
不愿意流转	除了务农,没有其他活可干	32	15.09
48 户	耕种土地并不需花太多劳动力,自己能耕种	40	18.87
	流出收入比自己耕种收入低,不愿转出	8	3.77
	担心转出后,没有稳定的收益来源	48	22.64
	担心转出后,自己想种时难以收回	24	11.32
	担心失去土地,没有保障	48	22.64
	其他	12	5.66
愿意流转	缺乏劳动力	304	24.76
372 户	耕种土地效益太低	348	28.34
	离家远,耕种不便	60	4.89
	种地太辛苦	100	8.14
	转让所得比自己种收益高	136	11.07
	转出后可到城市打工获得较高收益	260	21.17
	其他	20	1.63

　　另对不愿意进行土地流转的 48 户农户进一步调查发现,如果流转后农户可以得到较高和稳定的收益,并且享受和城市居民一样的社会保障,48 户农户都表示愿意转出土地。

　　对样本农户调查结果显示,在多种备选的土地流转方式中,"宅基地换住房、承包地换社会保障"模式成为绝大多数农户的首选模式,比例达到 94.21%(表 5-5)。由此说明,如果农户们看到通过"宅基地换住房、承包地换社会保障"模式对土地进行集中流转,实行规模化经营,能够给他们带来较高的并且稳定的增值收益,还能使他们享受和城镇居民一样的社会保障,解决他们的后顾之忧,便很容易地自愿组成一个个初级行动团体,追逐更多的外部利润。

表 5-5　样本区农户对土地流转途径的选择

流转途径	第一序位(%)	第二序位(%)	第三序位(%)
转包、租赁、互换等传统流转模式	2.34	1.34	96.32
土地股份合作制	3.45	94.12	2.43
"宅基地换住房、承包地换社会保障"模式	94.21	4.54	1.25

(2) 次级行动团体——基层政府意愿

次级行动团体也是一个决策单位,用于帮助初级行动团体获取收入所进行的一些制度安排变迁(North,1981)。因此次级行动团体的参与一定程度上能够降低制度创新的成本。"宅基地换住房、承包地换社会保障"土地流转模式在重庆城乡统筹试验区的尝试,不仅与国家对重庆市的政策倾向有关,同时也离不开基层政府的积极参与和推动。它在实施初期就受到了白市驿镇政府以及花卉园区所辖几个村的村干部的积极参与,这也是"宅基地换住房、承包地换社会保障"流转模式得以顺利实施的重要原因。

本书采用"参与式快速农村评估(participatory rural appraisal,PRA)"的农村调查研究方法,对白市驿镇的高峰寺村、高田坎村、清河村的基层干部土地流转意愿状况进行实地调查。通过座谈、讨论、问卷等具体访谈方法,听取基层干部对农村土地流转观点、想法、意见、建议。调查发现,大多数基层干部认为现阶段农村土地利用的主要现象是撂荒、抛荒严重,也没有合理集约利用土地,既不利于耕地保护,也不利于实现土地利用平衡。为了解决抛荒、撂荒现象,核心解决方案是提高农民的收益,加大土地流转规模,实现农地规模化经营。大多数基层干部认为村集体组织在土地流转中扮演了非常重要的角色,并且在众多的土地流转途径中,不仅农户青睐"宅基地换住房、承包地换社会保障"方式,而且基层干部大多也选择这种方式(表5-6)。

表 5-6　样本区基层干部对土地流转途径的选择

村名	职务	是否支持土地流转	村集体组织在土地流转中的重要性	支持土地流转途径
1 村	村主任	支持	非常重要	"宅基地换住房、承包地换社会保障"
1 村	村支书	支持	非常重要	"宅基地换住房、承包地换社会保障"
2 村	村主任	支持	非常重要	土地股份合作制
2 村	村支书	支持	非常重要	"宅基地换住房、承包地换社会保障"
3 村	村主任	支持	一般重要	"宅基地换住房、承包地换社会保障"
3 村	村支书	支持	不太重要	"宅基地换住房、承包地换社会保障"

(3) 创新主体的预期收益大于成本

通过前面的分析已知土地增值收益分配的不平等是农地非农化制度创新的根本原因,主要是由于农户享受土地增值收益的部分太少造成农户对现行制度的不满,不愿进行土地流转。然而,即使有了外部利润的出现和行动团体的积极参与,制度变迁也未必会发生,因为只有当创新的预期收益大于为获取这些收益而支付的成本时,制度创新才可能发生。针对"宅基地换住房、承包地换社会保障"土地流转模式,必须要创新主体(主要是农户)的预期收益大于成本才是促使其生成的主要动因。以下就以重庆市九龙坡花卉园区为例,在"宅基地换住房、承包地换社会保障"土地流转模式中农户的预期收益成本进行分析。

宅基地换住房收益测算标准:花卉园住宅成本价为约 900 元/m²,售给农民为 580 元/m²,差价部分从城市建设用地的土地收益中支出。农民原有的旧房拆迁补偿为 270 元/m²。按照《重庆土地利用总体规划(1996~2020)》,每户农民宅基地住房面积平均为 200 m²(表 5-7)。

表 5-7 "宅基地换住房、承包地换社会保障"模式收益测算标准

变量			标准
1　土地转让费		宅基地拆迁补偿单价	270 元/m²
		宅基地住房面积	200 m²/户
2　承包权红利	社会保障	16~60 周岁　养老保险	8148 元/年
		16~60 周岁　医疗保险	2873 元/年
		16~60 周岁　失业保险	874 元/年
		16 周岁以下　养老和医疗保险	24 908 元
		60 周岁以上　医疗保险和其他补贴	239 13 元
	土地租金		3375 元/年
3　劳动力转移后获得的非农收益			800 元/(人·月)
4　城市生活成本	城市住房单价		580 元/m²
	城市住房面积		90 m²/户
	城市生活费用		3425 元/(人·a)
5　原农地经营收益			400 元/(亩·a)

重庆市九龙坡区花卉园区将 3 个村剩余的 3000 多亩耕地以每年每亩 1500 元的价格租下来。扣除 100 元村级工作经费,50 元为村民小组经费,农民每亩地每年可得 1350 元收益。花卉园区约有 1200 户村民,平均每户有可流转土地约 2.5 亩,因此,每年每户农民可得收益为 3375 元。此外,农民把承包地进行流转后,政府、社会将给予变市民后的农民养老和医疗等社会保障。假定农民变市民后享受的保障水平基本达到城镇职工平均保障水平的 60% 左右,对于 16 岁以上、男 60 岁女 55 岁以下的劳动力,参照《重庆统计年鉴 2008》,2007 年城镇居民职工平均工资 23 098 元,政府、社会为农民交纳的养老保险费(按照城镇职工平均工资最低计费基数 60%、缴费比例 28% 计算),即每个农民可获得的直接收益为 23 098×60%×28% = 3880(元)。政府为农民交纳的医疗保险费(按照城镇职工平均工资最低计费基数 60%、缴费比例 10% 计算),即每个农民直接收益为 23 098×60%×10% = 1386(元)。政府为农

民缴纳的失业保险(按照城镇职工平均工资最低计费基数60%、缴费比例3%计算),即每个农民直接收益为23 098×60%×3% = 416(元)。我们按照每户2.1个农民获得保险计算,每户农村劳动力获得养老保险直接收益8148元/年,每户农村劳动力获得医疗保险直接收益2873元/年,每户农村劳动力获得失业保险直接收益874元/年。对于男满60岁、女满55岁的超过劳动年龄的农民,政府一次性缴纳15年养老保险费和基本医疗保险费,每户农民家庭有0.368人此类人员,每户超过劳动年龄的农民可一次性获得养老保险直接收益17 620元和医疗保险直接收益6293元,合计23 913元。对于未满16岁的未适龄农民,纳入城镇非从业人员基本医疗保险范围,为其交纳5年医疗保险费,并按其家庭人均承包地收益的2倍给予一次性补偿,每户农民家庭有1.212人此类人员,每户未适龄农民可一次性获得医疗保险直接收益6908元和承包地收益补偿18 000元,合计24 908元。

通过置换后,参照《重庆统计年鉴2008》,农民原农地经营收益,九龙坡区农用地平均每亩每年收益400元。同时,农民到城市打工,生活费用支出增加,参照《重庆统计年鉴2008》(2007年城镇居民低收入户平均每人生活费用支出为7181元/年,而农村居民中高收入户平均每人生活费用为3756元/年),如果增加1人生活在城镇,我们估计每户的生活成本将增加3425元/年(表5-7)。

采用成本—收益模型,对比研究土地流转后农民作为土地使用权转出方所获得的增值收益。对于土地使用权转出户而言,其土地流转收益由三部分构成:土地转让费、承包权红利(主要指土地入股后的红利,土地流转所得租金,置换土地后所得社会保障等)和劳动力转移后获得的非农收益。设土地使用权转让费为M,承包权红利为X_0,劳动力转移后获得的非农年收益为X_1,利率为r,转出的土地使用权年限为n,则土地使用权转出方的总收益Y_1为

$$Y_1 = M + \sum_{i=1}^{n} \left[X_0(1+r)^i + X_1(1+r)^i \right] \tag{5-1}$$

转出方的成本主要来自两方面,一是由于寻找土地转入方,并与其进行谈

判等而产生的交易费用,二是转出户转出土地前经营土地的机会成本(包括原经营土地的收益、成为城市居民后的生活费用增加、购买城市住房费用等)。设转出户原来经营土地的机会成本为 X_2,交易费用为 C,则其转出总成本 Y_2 为

$$Y_2 = C + \sum_{i=1}^{n} X_2(1 + r)^i \tag{5-2}$$

通过土地使用权的流转,转出方的增值收益 ΔY 为

$$\Delta Y = Y_1 - Y_2 = M + \sum_{i=1}^{n} \left[X_0(1 + r)^i + X_1(1 + r)^i - X_2(1 + r)^i \right] - C \tag{5-3}$$

以农民家庭为单位,根据《2005 年全国 1% 人口抽样调查主要数据公报》公布的全国第五次人口普查统计数据:男满 60 岁、女满 55 岁的超过劳动年龄的农民,此类人员占比约 10%,即每户农民家庭有 0.368 人为此类人员;对于未满 16 岁的,此类人员占比约 33%,即每户农民家庭有 1.212 人为此类人员;对于 16 岁以上、男 60 岁女 55 岁以下的劳动力,此类人员占比约 57%,即每户农民家庭有 2.1 人为此类人员。假设通过土地流转后,每户农民家庭有 2.1 人可到城市打工。由于一轮土地承包期限为 30 年,而重庆第二轮承包期以 1997 年开始到 2007 年结束,因此我们主要采用 20 年作为测算期限,利率 r 取中国人民银行 2008 年 10 月一年定期存款利率 2.52%。

通过上述成本—收益模型测算,得出从 2007~2026 年通过采用"宅基地换住房、承包地换社会保障"模式进行流转农地,每户农民共可得到土地流转增值收益为 79.16 万元(表 5-8)。

可见"宅基地换住房、承包地换社会保障"模式既给广大农户带来了稳定且明显的增值收益,也给地方政府创造了各种效益,如规模经济效益、社会效益、政治效益等。这些有形和无形的效益远远大于创新的支出成本,所以,由农户构成的初级行动团体和由基层政府构成的次级行动团体都积极参与土地流转制度创新。

表 5-8　"宅基地换住房、承包地换社会保障"增值收益　　　（单位：元）

年份	年数	M	X_0			土地租金	X_1	X_2		1+r	年增值收益
			16~60周岁三险小计	16周岁以下养老和医疗保险	60周岁以上医疗保险和其他补贴			城市住房	生活费用		
2007	1	54 000	11 895	24 908	23 913	3 375	20 160	52 200	71 92.5	1.025	79 570
2008	2	—	12 502.1	—	—	3 547	21 189	—	7 559.57	1.051	29 678
2009	3	—	12 817.1	—	—	3 636	21 723	—	7 750.07	1.078	30 426
2010	4	—	13 140.1	—	—	3 728	22 270	—	7 945.37	1.105	31 193
2011	5	—	13 471.2	—	—	3 822	22 831	—	8 145.60	1.133	31 979
2012	6	—	13 810.7	—	—	3 918	23 407	—	8 350.87	1.161	32 785
2013	7	—	14 158.7	—	—	4 017	23 997	—	8 561.31	1.190	33 611
2014	8	—	14 515.5	—	—	4 118	24 601	—	8 777.05	1.220	34 458
2015	9	—	14 881.3	—	—	4 222	25 221	—	8 998.23	1.251	35 326
2016	10	—	15 256.3	—	—	4 328	25 857	—	9 224.99	1.283	36 216
2017	11	—	15 640.8	—	—	4 437	26 508	—	9 457.46	1.315	37 129
2018	12	—	16 035	—	—	4 549	27 177	—	9 695.79	1.348	38 065
2019	13	—	16 439	—	—	4 664	27 861	—	9 940.12	1.382	39 024
2020	14	—	16 853.3	—	—	4 781	28 563	—	10 190.61	1.417	40 007
2021	15	—	17 278	—	—	4 902	29 283	—	10 447.41	1.453	41 016
2022	16	—	17 713.4	—	—	5 025	30 021	—	10 710.69	1.489	42 049
2023	17	—	18 159.8	—	—	5 152	30 778	—	10 980.6	1.527	43 109
2024	18	—	18 617.4	—	—	5 282	31 553	—	11 257.31	1.565	44 195
2025	19	—	19 086.6	—	—	5 415	32 348	—	11 540.99	1.605	45 309
2026	20	—	19 567.5	—	—	5 551	33 164	—	11 831.83	1.645	46 451
总计						791 600					

5.1.4 "宅基地换住房、承包地换社会保障"模式的总体绩效

(1) 切实维护农民权益

土地资源是重要的生产生活要素。根据市场信号进行最优配置并参与生产经营,体现的是土地的生产功能,而农民的就业、生存、养老等基本保障问题则必须依靠建立完善的社会保障制度来解决。社会保障应该由社会来承担,农民的生产与社会保障应该是相互独立的,但在我国特殊的国情和制度背景下,土地不仅体现基本的生产功能,而且还充当着农民长期赖以生存的保障功能。在我国农村土地是一种综合性的保障载体,它包含最低生活保障功能、医疗保障功能、养老保障功能、失业保障功能等城市人口所具有的基本社会保障项目,因此农民失去土地就意味着失去一切。本书提出的"以土地承包经营权置换社会保障"土地流转模式从长远角度为农民考虑,使农民可以享有同城市人口相同的基本社会保障,切实保障失地农民的生活。并且,在确定和保护产权的基础上,尊重农民的选择,从而切实保护农民的土地财产权益。

(2) 有效地保护农地

由于耕地比较效益低以及耕地的生态服务价值和社会保障功能价值被弱化等因素,使耕地被占用的数量超过其原本被需要的数量。再加上研究区处于城市边缘地带,外出务工村民多,土地利用粗放、荒弃现象严重。2007 年 8 月,研究组对规划为花卉园区范围内的高峰寺村、高田坎村、清河村等三村流转前的农地荒弃现象进行实地调查,将荒弃地斑块实地调绘于 1∶1 万土地利用现状图上,进行矢量化建库,进而得出调查结果如下:三个村的荒弃地总计 143.34hm², 其中水田荒弃 37.58 hm², 旱地荒弃 105.76 hm², 占三个村农用地总面积的 19.81%, 可见流转前样本区土地利用粗放、浪费现象严重。

相比耕作方式简单、地块分散细碎难以实现机械化和现代化的传统农业经营模式,规模经营引导产业化生产,能够降低成本,增强抵御自然灾害能力,能引进新的生产技术,调整产业结构,提高农业劳动收益和农业土地收益,降低耕地非农化的危险,并且通过集中连片产业化经营,将经营范围内的土地进行统一整理,这其中包括抛荒地的重新利用、零星地类的归并以及和将荒地整理为适合农作物生长的农地,从而增加农地面积。研究区采用"宅基地换住房、承包地换社会保障"土地流转模式,首先愿意参与流转的农户提出申请,由花卉园区管委会统一采取出租、入股、联营等方式实施农业规模化、产业化经营。这样有效地解决了农地荒弃问题,以及土地零星分散同规模经营、整体规划之间的矛盾,实现了土地等生产要素的合理配置,满足了土地规模经营和农业产业化发展的需要。而引入合作的规模经营者有足够的资金和较充分的市场信息,愿意并能够进行土地平整、改良和基础设施的建设,使得耕地质量在总体上得到提升,从而有效地保护了农地。

(3) 盘活农村建设存量用地

未来经济发展的重要驱动因素就是城镇化,而城镇化的实质就是大量农村人口涌向城镇。在这一过程中由必然会带来农村居住用地的闲置和废弃,况且重庆市特殊的地形地貌特征决定了农村居民点布局分散,占地面积偏大的现实,也使重庆市城镇化过程中闲置或废弃较大面积的农村居住建设用地。研究区通过采用"宅基地换住房、承包地换社会保障"土地流转模式,按照"城市建设用地增加与农村建设用地减少相挂钩"的要求,拿出原农村宅基地的20%左右,集中兴建城市化住宅小区,可以腾出80%左右的农村宅基地指标置换为城市建设用地。按照《重庆土地利用总体规划(1996~2020)》,每户农民宅基地住房面积平均为200m²,花卉园区管委会经与区内3个村的农民协商,将农村宅基地的20%建设城市化住宅小区,安置1200多户村民,平均每户90 m²,其他80%的宅基地转为城市建设用地指标,并且可以减少水、路、电等公共基础设施重复建设对耕地的占用,大大盘活研究区农村存量建设用地,挖掘出的农村存量建设用地可为重庆经济的跨越式发展开辟新的用地保障契机。实行建设用地指标周转挂钩政策,一方面闲置或废弃的原有居住用地可以复耕,另一方面城市建设用地的增加也可通过原有居住用地的减少来支撑,这样可使建设用地总量得到控制,增量减少,这对于保护耕地,保持耕地总量动态平衡也具有重要意义。

(4) 改善农村自然生态环境

流转前研究区农村居民点居住环境差,各类畜禽养于户内,土地利用结构不合理,污染企业混杂村内,道路宽窄不一,曲折不畅,晴天尘土飞扬,雨天滞水难排,既加剧了土地资源的浪费,又制约了生活质量的提高。由于居民点规模小、分布散,基础设施建设投资效益比较低,通过农村宅基地置换,花卉园区进行了整体规划和分区开发,在用地结构上形成了合理的布局,节约了土地资源,提高了用地效率。一方面按照居民点的环境设计标准进行规划,改变了原来居民点用地分散,选址随意的局面,减少对居住区的污染,另一方面,由相关部门统一规划对农民集中居住区供电、供水、道路交通、污水处理、垃圾收集等基础设施配套的建设,从根本上改善农民生活条件,居住环境,既减少了污水对环境、地下水、土壤的污染,也减少了疾病的传播。同时,通过实施区域道路修建、植树造林、环境整治等绿色工程,改善了村容村貌,区域自然生态环境发生了明显改善,加快社会主义新农村建设步伐。

综合可见,一方面通过“宅基地换住房、承包地换社会保障”给农户带来了稳定且明显的增值收益,农民在实现土地资产的增值的同时,也能够获得同城市居民一样的社会保障,免除了他们脱离土地的后顾之忧;另一方面通过“宅基地换住房、承包地换社会保障”,有利于减少耕地的荒弃或粗放经营,同时改善生产环境,提高区域经济发展过程中的粮食安全系数;有利于重组与统筹城乡资源优势,实现资源的优势互补;有利于把农村留守劳动力解放出来,让他们在土地流转后,可以成为地方产业工人,参加到新组织的农村经济体中。另外,通过“宅基地换住房、承包地换社会保障”土地流转模式,节约了大量宅基地,盘活了农村存量建设用地,为区域经济社会发展提供更大的空间,有利于缓解重庆市经济发展对耕地的占用,有利用于实现土地利用平衡。

5.1.5　"宅基地换住房、承包地换社会保障"与"土地入股"

农村土地流转制度是解决土地资源利用瓶颈的一大创新,但它还存在很多缺陷,其流转规模、方式、途径等需要适应现实情况而不断加以改革完善。当前深化农村改革的关键是实行农村土地制度创新、为农民收入稳定增长提供最基础的制度保障。在现阶段众多的土地流转模式中,农村股份合作制,作为农村土地流转的一种创新制度,具有明显的制度绩效,得到了学术界的共识,其制度创新绩效主要表现在土地入股通过显化农地产权的资产特性,使得农户获得较高的收益,维护了农户的权益。本书从收益和风险的角度将"宅基地换住房、承包地换社会保障"土地流转模式与现阶段得到广泛肯定的土地入股流转模式进行比较研究,为探索更适合重庆市统筹城乡以及合理利用土地的土地流转模式提供参考。

5.1.5.1　收益对比分析

选取重庆市长寿区麒麟村"土地入股"作为比较研究的对象,重庆市长寿区麒麟村"土地入股"是由重庆恒河农业科技公司(以下简称恒河公司)和麒麟村 508 家农户组建成立重庆宗胜果品有限公司(以下简称宗胜公司)。恒河公司是从事柑橘生产、加工以及销售、研究的农业龙头企业,而宗胜公司则主要负责组织农民采用恒河公司提供的种植技术统一种植柑橘,然后再把产品全部销售给恒河公司。宗胜公司于 2006 年 3 月成立时注册资本为 362.03 万元,实收资本 278.42 万元,其中:农村土地承包经营权评估价值为 253.42 万元(承包经营期 20 年 7 个月,每亩每年 250 元),占实收资本的 91%;货币资金 25 万元,占实收资本的 9%。货币资金中由麒麟村 508 户农民出资 15 万元(承包期间每亩出资 300 元),恒河公司投入现金 10 万元,农民股东占股 96.6%,恒河公司占股 3.4%。公司利润按股权分红,农民既可外出务工,也在由公司提供相应的劳务,获取劳务性收入。

采用"龙头+公司+农户"的经营管理模式,由果品公司、龙头企业和广大农户形成紧密的经济利益共同体,最大限度地降低和分散自然风险、市场风险,降低生产和交易成本,保障农户通过股金分红和果园管理的工资酬劳稳定收入来源,不断增加收益。目前,入股村民收入分两个部分,一为土地承包权红利,即农民作为股东的年终分红:2007 年每亩土地分红为 300 元;二为通过土地流转后,农村劳动力从土地中释放出来,农民可到城市打工,按《重庆统计年鉴 2008》,长寿区每位农民工平均收入为 800 元/月。

农民入股后从成本方面看,一是由于寻找土地转入方,并与其进行谈判等而产生的交易费用,由于现阶段农民入股是由政府组织,政府负责与龙头企业谈判,因此,这部分成本由政府支付;二是农民转出土地的原经营土地的机会成本。参照《重庆统计年鉴 2008》,长寿区每亩土地种植粮食平均收益为 300元/a,农民到城市打工,城市生活费用支出增加,2007 年城镇居民低收入户平均每人生活费用支出为 7181 元/a,而农村居民中高收入户平均每人生活费用为 3756 元/a,如果增加 1 人生活在城镇,我们估计每户的生活成本将增加3425 元/a(表 5-9)。

表 5-9 "土地入股"模式收益测算标准

变量	标准
1 承包权红利	300 元/(亩·a)
2 劳动力转移后获得的非农收益	800 元/(人·月)(每户平均有 2.1 个劳动力)
3 交易费用	0
4 原农地经营收益	300 元/(亩·a)
5 城市生活成本	3425 元/(人·a)(每户平均有 2.1 个劳动力)

研究采用(二)中的成本—收益模型测算,得出从 2007～2026 年通过采用麒麟村"土地入股"模式,每户农民可得到的增值收益为 34.03 万元(表5-10)。

表 5-10　2007~2026 年"土地入股"模式增值收益　　　（单位:元）

年份	年数	M	$X_0+X_1+X_2$	$1+r$	年增值收益
2007	1	0	12 967.5	1.025	13 294
2008	2	—	—	1.051	13 629
2009	3	—	—	1.078	13 972
2010	4	—	—	1.105	14 324
2011	5	—	—	1.133	14 685
2012	6	—	—	1.161	15 055
2013	7	—	—	1.190	15 435
2014	8	—	—	1.220	15 824
2015	9	—	—	1.251	16 223
2016	10	—	—	1.283	16 631
2017	11	—	—	1.315	17 051
2018	12	—	—	1.348	17 480
2019	13	—	—	1.382	17 921
2020	14	—	—	1.417	18 372
2021	15	—	—	1.453	18 835
2022	16	—	—	1.489	19 310
2023	17	—	—	1.527	19 797
2024	18	—	—	1.565	20 296
2025	19	—	—	1.605	20 807
2026	20	—	—	1.645	21 331
总计			340 300		

　　通过成本—收益模型测算,得出从 2007~2026 年通过采用"宅基地换住房、承包地换社会保障"进行流转,每户农民共可得到土地流转增值收益为 79.16 万元,而采用"土地入股"模式每户农民可得到的增值收益为 34.03 万元。经过两种流转模式的增值收益比较,从目前来看"宅基地换住房、承包地换社会保障"更优于"土地入股"。但由于"土地入股",农民的收益是由股份制公司的经营效益确定,本书对两种模式进行测算时,取一年定期存款利率

2.52%计算,没有考虑公司的经营风险,所以很难精确确定两种土地流转模式的增值收益的大小。但这两种土地流转模式虽然都能使农民通过土地流转获得一定的增值收益,但都存在其潜在的风险。

5.1.5.2　风险对比分析

(1)"土地入股"模式风险分析

"股权+红利+工资"模式可以提升土地效益,农民能够分享土地红利。但是也可能出现两大风险。一方面,土地承包经营权可能出现"偿债风险"。对于"股田制"公司而言,自然风险可以通过农业保险、国家救助的办法解决;市场购销风险可以通过购销合同转移到龙头企业身上,但作为公司注册资本的土地承包经营权在企业贷款时必然要作为公司资产的一部分进行抵押,一旦由于公司经营不善出现其他资产不足以清偿时,就必须动用股权,其结果要么是农民土地承包经营权易主,农民失去土地,要么是债主的债权悬空,合法权益得不到保障。另一方面,隐名股东暗藏纠纷,产业风险需防范。由于《公司法》规定"有限责任公司由 50 个以下股东出资设立","设立股份有限公司,应当有 2 人以上 200 人以下为发起人"。而按照重庆市人均承包地面积计算,"股田制"公司最多只能经营 150~600 亩土地,不利于推进农业规模经营。为规避《公司法》对股东人数的限制,一些"股田制"公司往往采取选举入股代表登记为股东,或者通过股权代理集合入股农民的股权,进行公司登记,这就造成了一大批没有登记注册的"隐名股东",如长寿区石堰镇麒麟村的宗胜公司实际"土地入股"的农民有 508 户,但注册股东只有 26 人。这 26 位注册股东是村民们推选出的股东代表,由他们代理全体农户的股权。这些隐名股东和注册股东之间通常依靠血缘关系和民间信任建立起平等的股东关系,一旦出现经济或法律纠纷这种关系就很难维系,届时隐名股东的权益很难得到法律的保护。由于股权的特殊性,"股田公司"从某种意义上来说就只准成功、不许失败,所以一定要确保它有很强的抗风险能力。

(2)"宅基地换住房、承包地换社会保障"模式风险分析

"宅基地换住房、承包地换社会保障"是在统筹城乡综合发展背景下探索出来的一种较新颖的土地流转模式,其核心内容是"农民变市民",农民在转变为市民的过程中主要面临三方面的风险困境。第一,实际操作的风险。由于全国范围内的土地流转政策并不明晰,九龙坡区的土地流转操作也是在摸着石头过河;再加上政府和社会要为农民退还承包地和宅基地后所支付的社会保险数额较大,所以在实际操作过程中很难落实到位。第二,可持续发展方面的风险。随着农民身份的转变,失地农民另谋职业也是当然之事。由于其农民群体数量非常庞大,其就业的前景不容乐观,通过政府的扶持,农民转变为市民,虽然通过技能培训能够完现再就业,但大多数也只能从事较低层次的工作,对职业的可持续发展不利。第二。身份边缘化带来的风险。农民转变为市民后,他们对自己的角色感到模糊,对自己的身份也缺乏认同。对很多农民而言,他们曾被紧紧地绑定在土地上,延续着千百年来的生活传统,习惯了农田上的劳作。但是,转变为市民后,改变了农民跟土地的这种相依关系,改变了农民的职业角色,打破了农民和土地之间的绑定关系,把农民推向了风险很大的市场环境。因此,他们很难在新的城市角色中建立一种与之相配的市民角色体系。对自己的身份,他们陷入尴尬的"农民非农民,市民非市民"的境地,无从界定自己的职业角色,也无法认同自己的身份,最终陷入身份认同的困境之中。

综合分析两种土地流转模式后可见,在不考虑"股田制"公司经营风险的前提下,采用"宅基地换住房、承包地换社会保障"的增值收益大于"土地入股"模式。在风险方面,虽然两种土地流转模式都存在一定的风险,但是"土地入股"模式存在太多不可预测的风险,其中最主要的就是股份公司的经营风险,它是由市场机制决定的。而"宅基地换住房、承包地换社会保障"流转思路虽然也存在潜在的风险,但是却可以在一定程度上控制。这些风险的控制主要取决于政府,因此,政府必须合理引导,加强监管。

5.2　城乡建设用地增减挂钩

我国在人口众多、耕地紧张的严峻形势下,城镇建设用地供需矛盾突出,城镇空间扩张受限,蔓延式城市发展模式不符合我国社会经济可持续发展目标要求(冀振松等,2010)。为限制城市过快膨胀,《国务院关于深化改革严格土地管理的决定》[国发(2004)28号]明确提出,城镇建设用地增加与农村建设用地减少相挂钩的政策。国土资源部亦于2005年10月下发《关于规范城镇建设用地增加与农村建设用地减少相挂钩试点工作的意见》,同意在天津、浙江、江苏等省市进行挂钩试点。通过城乡建设用地增减挂钩,支持农村建设用地整理,城镇建设用地增加要与农村建设用地减少相挂钩,最终达到既盘活农村存量建设用地,缓解城市建设用地扩张对农用地的压力,又实现增加耕地数量、提升耕地质量的目的,其本质是"占补平衡"的创新(陈华荣,2006;冯建美等,2011)。其意义可以从两个方面来进行理解,一方面,有利于在严格保护耕地的基础上加快城镇化和现代化进程,通过建新拆旧,可以促进农村居住向城镇或中心村集中,基本农田向保护区集中,可以为城镇建设发展拓展空间,满足经济发展对土地资源的刚性需求,促进城乡建设用地的合理布局和协调发展;另一方面,有利于新农村建设步伐的加快(陈成龙和周宝同,2010,伍学林,2011)。上述两个方面都是全面建设小康社会的关键,因此,挂钩政策在我国现阶段具有重要的现实意义。

自国家推行城乡建设用地增减挂钩政策以来,由于区域与地方差异,各地政策的实施和发展不平衡。一方面,随着挂钩政策的开展,一些地方实现了土地集约利用和农民生活水平的改善;另一方面,由于新政策的实施缺乏完善的监督机制,意在保护耕地和农民利益的增减挂钩试点,而在一些地方出现了农民被迫集中居住与整理后土地长期闲置的情况(李娜和刘学录,2010;林长春等,2010)。为此,国家提出要严格控制城乡建设用地增减挂钩试点规模和范围,并叫停不规范的挂钩试点。本书选取重庆市江津区作为研究对象,分析建设用地增减挂钩对区域土地利用以及农民权益产生的影响。

5.2.1　研究区概况与研究思路

5.2.1.1　研究区概况

(1) 自然环境概况

江津区位于重庆市主城区的西南部,区位优越,交通便捷,是重庆市重点规划建设的六大区域性中心城市之一。江津区地处四川盆地东南边缘,云贵高原北坡大娄山余脉梯间过渡地带,105°49′E ~106°36′E,28°28′N ~29°28′N,东西宽80km,南北长100km。属川东深丘地带,地形南高北低,地貌以丘陵、低山为主,分平阶地、丘陵地和山地。主城区平均海拔209.7m,相对高差为1530.9m。属北半球亚热带季风气候,气候温和,四季分明,雨量充沛,光照充足,无霜期长,市区内年平均气温18.4℃。

全区总土地面积为 3218 km², 其中丘陵(平坝)占 78.20%,低山占 21.80%。从土地结构看,耕地面积为 221.0194 万亩,占土地面积的 46.82%,非耕地占 53.18%。江津区境内江河纵横交错,属长江水系的上游干流区。流域面积大于 30 km² 的河流 27 条,其中流域面积大于 200 km² 的有 7 条。长江横贯东西并绕城而过,呈"几"字形,在境内河段长 127km,其丰富的过境水资源,为江津区的工农业生产及沿江城镇建设的发展和人民生活提供了优越的水源条件。江津区资源丰富,是全国商品粮、柑橘、瘦肉型猪、速生丰产林和食品工业基地。全区有动植物 1800 多种,森林面积 118 万亩,森林覆盖率达 27.50% 以上。

本区距重庆市主城区 42km,涵盖于重庆市规划的"三环十射"公路网内,紧临渝黔、成渝高速公路,成渝、渝黔铁路交会江津区境内达 135km,是渝川黔重要的交通枢纽和物资集散地,距江北国际机场约一小时车程。水路方面,通航河流 275km,其中长江航道 127km,有 5 个国家级内河深水港口,是长江上游重要的航运枢纽。重庆市绕城高速公路、渝泸高速公路建成后,江津区到重庆市主城区的车程不到 30 分钟。目前正在规划两座长江大桥,近期启动其中一座大桥建设,将与重庆市绕城高速公路形成循环,进一步缩短江津区到重庆市的通行距离,远期轻轨 5 号线将跨江进入江津区城区,交通将更加便捷。

(2) 社会经济环境概况

江津区现辖 4 个街道办事处和 22 个建制镇。2008 年年末总人口 148.65万,比 2008 年年初总人口(145.48 万人)增加 3.17 万人,人口自然增长率为1.18‰。全区人口密度为 464 人/km²。其中,城镇人口 40.02 万人,农业人口108.63 万人。目前重庆市的发展规划将江津区定为区域中心城市、重庆市一小时经济圈发展核心增长极和重要的现代制造业基地、能源基地、物流基地,是一小时经济圈向川南、黔北地区辐射的重要节点,综合经济实力在重庆市40 个区市县中排名中上。良好的区位优势、畅通的交通网络,为江津区成为重庆市产业的重要组成部分、重庆市主城"退二进三"企业的重要承接地奠定坚实基础。

2003~2008 年是江津区经济发展迅速时期,地区生产总值以年均 15.7%的较高速度增长。2008 年,江津区全年实现地区生产总值 219.24 亿元,按常住人口计算,人均地区生产总值 17 263 元。其中,第一产业增加值 38.1 亿元;第二产业增加值 111.8 亿元;第三产业增加值 69.34 亿元。三次产业对经济增长的贡献率分别为 7.1%、72.9%、20.0%。第一、第二、第三产业增加值占地区生产总值的比重分别为 17.4%、51.0%、31.6%。可以看出,江津区生产结构能够合理推动地区生产总值持续增长。

固定资产投资是建造和购置固定资产的经济活动,即固定资产再生产。2008 年江津区全社会固定资产投资 145.2 亿元,比上年增长 35.3%。分城乡看,城镇投资 128.79 亿元,增长 33.4%;农村投资 16.41 亿元,增长 52.6%。分产业看,第一产业投资 8.49 亿元,增长 39.7%;第二产业投资 59.28 亿元,增长 5.6%,其中工业投资 59.03 亿元,增长 5.6%;第三产业投资 77.43 亿元,增长 71.7%。固定资产投资额呈逐年稳步增加的趋势,反映了江津区土地的利用率、产出率及集约利用水平逐步提高。

2008 年,江津区全年城镇居民人均可支配收入 13 428 元,比上年增长 14.5%。农民人均纯收入 5411 元,比上年增长 19.3%。城镇居民家庭恩格尔系数为 40.1%,比上年下降 0.39%。农村居民家庭恩格尔系数为 53.5%,比上年下降 0.76%,反映了人民生活水平正显著提升,生活条件显著改善。

(3) 土地资源利用现状

根据第二次全国土地调查数据,2008 年,江津区土地总面积 3218 km²。土地利用现状为:

农用地 276 126.02hm²,占土地总面积的 78.32%,其中耕地 118 794.75hm²、园地 23 491.64 hm²、林地 109 737.26 hm²、其他农用地 24 102.37 hm²,分别占农用地比例分别为 43.02%、8.51%、39.74%、8.73%。

建设用地 35 189.17 hm²,占土地总面积的 10.94%,其中城市 2911.62 hm²、建制镇 2177.27 hm²、农村居民点 23 579.25 hm²、采矿用地 496.56 hm²、交通用地 2627.36 hm²、水利设施用地 3 292.89 hm²、风景名胜及特殊用地 104.22 hm²,分别占建设用地比例分别为 8.27%、6.19%、67.01%、1.41%、7.47%、9.36%、0.30%。

未利用地 10 464.79hm²,占土地总面积的 3.25%。其中水域 9013.24 hm²、滩涂 481.09 hm²、未利用地 970.46 hm²,分别占未利用地比例分别为 86.13%、4.60%和 9.27%。

5.2.1.2 研究思路

随着我国社会经济的进一步发展,建设用地的需求量依然巨大,并且个别地方由于管理不严,土地资源浪费的现象仍然时有发生。2006 年,国土资源部正式对外发布了《关于坚持依法依规管理节约集约用地,支持社会主义新农村建设的通知》,提出"稳步推进城镇建设用地增加和农村建设用地减少相挂钩试点,集体非农建设用地使用权流转试点,不断总结试点经验,及时加以规范完善。坚持建新拆旧。积极推进废弃地和宅基地复垦整理。同时强调"新农村建设必须符合规划,不得以置换、挂钩等为名大拆大建,将腾退土地全部用于非农建设,建新拆旧能够复耕的土地必须复耕。城镇建设用地增加和农村建设用地减少挂钩试点,必须经国土资源部批准,有计划地稳步推行。未经批准进行试点擅自增加使用的建设用地,须追究责任,并扣减用地指标"。实现挂钩政策的关键就在于农村建设用地的整理。

城乡建设用地增减挂钩,有利于推进城乡统筹发展和新农村建设;有利于改善农村面貌和农民居住生活条件;有利于优化城乡用地结构和布局;有利于积累土地增值收益反哺农村的经验。因此,挂钩政策在我国现阶段具有重要的现实意义。本书拟在分析研究区农户参与城乡建设用地增减挂钩的意愿的基础上,对研究区城乡建设用地增减挂钩供需潜力以及挂钩后综合效益进行研究,并探讨城乡用地增减挂钩与新农村的关系,作为增减挂钩指标的创新实践的地票制度的重要作用及其对农民权益的影响。

本书采用的原始数据主要来源于《重庆市江津区土地利用总体规划》(2006~2020),江津区第二次土地调查成果数据成果,《江津区统计年鉴》(2003~2009),江津区2004~2008年统计局所公布全区总人口数,重庆市土地交易中心提供的相关统计数据和笔者的实际调查统计。

5.2.2　城乡建设用地增减挂钩的参与意愿分析

问卷由客观性问题和开放式问题组成,客观性问题主要有三方面。第一是调查户主的基本情况,包括被调查农户的性别、年龄、从事职业、是否是户主、家庭人口数、人均纯收入等;第二是农户家庭住房情况,包括农户住房建造年份、住房建造成本、住房建造面积以及住房层数等;第三是农户家庭承包地情况,包括家庭承包地面积、承包地的分布情况、承包地的经营情况等。

　　开放式问题主要涉及调查农户的搬迁意愿和安置意愿。搬迁意愿主要包括农户是否愿意搬迁以及搬迁时的主要顾虑等;安置意愿主要涉及安置地、安置房类型以及安置房面积等三方面意愿。本研究随机选择了研究区珞璜镇、李市镇、杜市镇、吴滩镇和柏林镇等5个镇的7个村作为调查对象,对各村农户进行随机调查,共回收问卷380份,其中有效问卷330份,有效回收率为86.84%。

5.2.2.1　农民个人和家庭基本情况

　　根据调查统计(表5-11),被调查农民以男性和户主为主,分别占72.12%、77.27%,这符合我们以户主作为主要调查对象的意图。男性是农村主要劳动力,因此在农户家庭中更具有决策权,其表达的意愿基本上可以代表整户家庭的意愿。

　　从年龄段来看,本次调查的主要对象集中在46~60岁的年龄段,占48.79%。这个年龄段的人是农户家庭主要劳动力和收入来源,因此他们的意见尤为重要。从家庭规模来看,家庭成员主要集中在2~4人的规模,占56.06%;4人以上的农户占40.30%。从家庭人均纯收入来看,小于2500元有74户,占22.42%;2500~3500元的有132户,占39.79%;大于3500元的有125户,占37.79%。

　　从被调查者的职业来看,农户外出打工还是占多数,有240户,为72.73%;纯务农的农户有31户,占9.39%;两者兼有的农户为59户,占17.88%,这主要是由于农业的比较收益较低,农户只能选择外出打工增加家庭收入。

表 5-11　被调查农户基本情况

变量	属性	样本数	比例/%
性别	女	90	27.88
	男	240	72.12
户主	是	255	77.27
	否	75	22.73
年龄	小于 25 岁	9	2.727
	26~35 岁	23	6.97
	36~45 岁	61	18.48
	46~60 岁	161	48.79
	大于 60 岁	76	23.03
家庭人口数	1 人	12	3.64
	2~4 人	185	56.06
	4 人以上	133	40.30
人均纯收入	大于 2500 元	74	22.42
	2500~3500 元	132	39.79
	大于 3500 元	125	37.79
从事职业	务农	31	9.39
	外出打工	240	72.73
	两者兼有	59	17.88

5.2.2.2　被调查者家庭住房和承包田情况

从研究区农户的住房建造情况来看,农户住房主要是 1991~2005 年这 15 年间建造的,有 224 户,占总户数的 67.88%,另外,2005 年以后建造住房的农户有 74 户,占总户数的 22.42%。

　　从住房的建造成本来看,研究区的农户住房建造成本在 15 万~20 万元之间比例最大,有 154 户,占总户数的 46.67%,其次是建造成本在 11 万~15 万元的有 67 户,占总户数的 20.30%。

　　从研究区农户的住房建造面积来看,建筑面积在 200~300m² 的比例最大,有 149 户,占总户数的 45.15%,其次是建筑面积在 100~200 m² 的有 115 户,占总户数的 34.85%。

　　研究区大多数农户的住房是砖混结构的二层房屋,有 173 户,占总户数的 52.42%,其次三层的房屋有 74 户,占总户数 22.42%,比例最小的是三层以上的房屋,有 26 户,占 7.89%(表 5-12)。

表 5-12　农户家庭住房情况

变量	属性	样本数	比例/%
农户住房建造年份	1990 年以前	32	9.7
	1991~2005 年	224	67.88
	2005 年以后	74	22.42
农户住房建造成本	小于 5 万元	14	4.24
	6~10 万元	38	11.52
	11~15 万元	67	20.30
	15~20 万元	154	46.67
	大于 20 万元	57	17.27
农户住房建造面积(建筑面积)	小于 100 m²	27	8.18
	100~200 m²	115	34.85
	200~300 m²	149	45.15
	大于 300 m²	39	11.82
农户住房层数情况	1 层	57	17.27
	2 层	173	52.42
	3 层	74	22.42
	3 层以上	26	7.89

从家庭承包田面积和分布来看(表5-13),研究区每户农户家庭的承包田大都在1~3亩之间,共有186户,占总户数的56.36%,且分布零散。较近和分布零散较远的居多,分别有126户和113户,占总户数的38.18%和34.24%,主要是由于研究区位于丘陵山区,其地形地貌决定农户承包地面积较小且分布零散。这种分布情况加大了农户的劳动出行成本和产品运输成本。

表 5-13　农户家庭承包地情况

变量	属性	样本数	比例/%
家庭承包地面积	小于1亩	47	14.24
	1~3亩	186	56.36
	3.1~5亩	38	11.52
	大于5亩	59	17.88
家庭承包地的分布情况	集中连片	91	27.58
	零星分布较近	126	38.18
	零星分布较远	113	34.24
家庭承包地的经营情况	全部自己耕种	103	31.21
	部分自己耕种、部分流转	124	37.58
	全部流转	77	23.33
	抛荒	26	7.88

从农户承包地经营方式来看,31.21%的农户选择自己耕种;37.58%的农户选择部分自己耕种,部分流转出去;23.33%的农户选择全部流转出去;7.88%的农户由于家庭没有农业劳动力或劳动力外出打工,不愿耕种,只能选择抛荒。进一步调查发现几乎所有的农户都表示如果有个人或公司愿意流转他们的土地且价格合理,他们都愿意流转土地。

5.2.2.3 农户参与增减挂钩的意愿分析

(1) 农户的建房意愿

从图 5-2 可以看出,研究区的农户在 5 年内有建房计划的占 38.67%,没有建房计划的占 35.76%,有 25.57% 的被调查者表示不确定的态度。从 10 年内的建房计划来看,表示会建房的农户增加到 49.88%,不会建房的农户减少到 28.33%,不确定的农户减少到 21.79%,表明大多数农户对未来还是怀有信心的,同时挣钱后首要就是建房的思想根深蒂固。

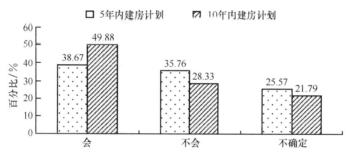

图 5-2 研究区农户的建房计划

(2) 农户的搬迁意愿

在被问及"如果根据政府规划,您需要搬迁至城镇或集镇,您是否愿意"时,有 35 户农户表示愿意,占总户数的 10.61%,有 49 户农户表示不愿意,占总户数的 14.85%,另外有 246 户表示要视情况而定,占总户数的 74.54%。

进一步针对不愿意搬迁和视情况而定搬迁的农户进行调查,发现这部分农户主要考虑的问题是政府给予拆迁补偿的多少,占 47.12%,其次是社会保障和建房资金的问题,分别占 25.76% 和 22.37%,有 4.75% 左右的被调查者表示一定要政府解决工作才愿意搬迁。因此可以看出只要拆迁补偿合理,解决农户的安置房和社会保障问题,多数农户还是愿意搬迁(表 5-14)。

表 5-14 农户的搬迁意愿

变量	属性	样本数	比例/%
是否愿意搬迁	愿意	35	10.61
	不愿意	49	14.85
	视情况而定	246	74.54
搬迁时的主要顾虑	拆迁补偿	139	47.12
	建房资金	66	22.37
	社会保障	76	25.76
	落实工作	13	4.75

(3) 农户的安置意愿

从农户的安置意愿来看(表5-15),农户希望搬迁到距离较近的村庄集聚点或中心村的居多,分别有108户和96户,占了总户数的32.73%和29.09%,另外有20.91%的农户希望安置到邻近的建制镇上,有17.27%的农户希望能够原村安置。

表 5-15 农户的安置意愿

变量	属性	样本数	比例/%
农户的安置地意愿	原村安置	57	17.27
	较近的村庄聚集点	108	32.73
	中心村安置	96	29.09
	邻近的建制镇	69	20.91
农户的安置房类型意愿	与现有农村房屋类似	117	35.45
	建制镇公寓房	155	46.97
	城市高层	58	17.58
农户的安置房面积意愿	小于 80 m²	26	7.88
	81~150 m²	134	40.61
	151~200 m²	76	23.03
	201~300 m²	59	17.87
	大于 300 m²	35	10.61

从农户对安置房类型的意愿来看,研究区的农户多数都选择了建制镇的公寓房,占总户数的 46.97%,其次选择和现有农村住房类似的安置房有 117 户农户,占总农户数的 35.45%,而选择城市高层的最少,只有 58 户,占总户数的 17.58%。

从农户对安置房面积的意愿来看,研究区的农户希望安置房面积在 81 ~ 150 m^2、151 ~ 200 m^2、201 ~ 300 m^2 的分别占 40.61%、23.03% 和 17.87%,可见农户还是倾向于选择相对较宽敞的居住环境。

通过对研究区农户参与城乡建设用地增减挂钩的意愿进行分析可知,一方面,研究区纯务农农户较少,大多数农户都在比较收益的驱使下选择了外出打工,造成农村劳动力缺乏。调查发现几乎所有的农户都表示如果有个人或公司愿意流转他们的土地且价格合理,他们都愿意流转土地。另一方面,针对研究区农户的搬迁意愿进行调查后发现,只要拆迁补偿合理,解决农户的安置房和社会保障问题,多数农户是愿意搬迁的。并且有 32.73% 和 29.09% 的农户都希望搬迁到距离较近的村庄集聚点或中心村。由此可见,进行城乡建设用地增减挂钩是符合农民实际需要的。通过增减挂钩试点项目的实施,可以有效提高农业综合生产能力,增加农民收入,繁荣农村经济,缩小城乡差距,实现农村集体建设用地的合理利用和国民经济的持续发展,促进农业产业化和规模化经营,改善农民生产、生活条件,进而提高农民的生活质量。

5.2.3　城乡建设用地增减挂钩的供需潜力预测

规划期内城镇户籍人口主要由三大部分构成,一是规划基期年城镇人口基数;二是规划期内城镇人口的自然增长,三是规划期内城镇人口的机械增长。研究区靠近重庆市主城 9 区,大量承接重庆市主城区产业转移,经济相对发达,将吸引大量人口迁往该区,造成规划期内城镇人口明显地不规律性机械增长,直接采用单因素预测无法取得较好效果。

从研究区户籍总人口上看,城镇人口的机械增加数占户籍总人口数的比例甚小。故从研究区户籍总人口的角度出发,首先预测该区户籍总人口在规划期内的变化情况,再结合研究区农村户籍人口变化情况,预测出规划期内城镇人口的变化情况,从而避免城镇户籍人口的机械增加导致预测误差加大等情况的出现。相应公式为

$$C = P - V \tag{5-4}$$

式中,C 为规划期内户籍城镇人口;P 为规划期内户籍总人口;V 为规划期内户籍农村人口。

基于城镇户籍人口的建设用地预测,通过人均城镇建设用地面积与城镇户籍人口的乘积来测算用地需求,相应公式为

$$S = P \times W \tag{5-5}$$

式中,S 为规划期内城镇建设用地面积;P 为规划期内城镇户籍人口;W 为人均城镇建设用地面积。

5.2.3.1　城镇户籍人口预测

(1) 户籍总人口预测

根据研究区 2004~2008 年统计局所公布全区总人口数,2004 年户籍人口总数为 1 450 945 人,到 2005 年增加至 1 460 057 人,2006 年增加 10 881 人达到 1 476 714 人,并在 2008 年达到 1 486 479 人。年均增长 9000~10 000 人,处于相对稳定增长趋势,本书在考虑研究区近 5 年户籍人口变化情况的基础上,考虑采用二次移动平均法,测算研究区户籍总人口变化情况。

根据现状趋势预测,2015 年,研究区户籍总人口比 2012 年增加 30 969 人,为 1 559 023 人;其中 10.73% 的户籍人口集中于经济较为发达的几江街道,同时中心城区户籍人口在户籍总人口中所占的比例提高到 23.34%。到 2020 年,研究区总户籍人口将达到 1 610 638 人,几江街道和中心城区的强大吸引力将继续发挥其集聚作用,全区人口持续向研究区东北部集中(表 5-16)。

表 5-16　研究区 2015~2020 年户籍总人口预测　　（单位:人）

名称	2015 年	2020 年
几江街道	167 246	184 196
德感街道	93 872	97 267
支坪街道	49 081	51 848
双福街道	53 725	57 760
珞璜镇	88 698	92 843
白沙镇	136 094	136 286
油溪镇	82 299	82 906
李市镇	96 452	100 897
先锋镇	66 542	67 842
慈云镇	32 001	33 566
杜市镇	35 806	35 483
石蟆镇	105 360	108 265
蔡家镇	67 702	69 732
吴滩镇	41 930	42 185
贾嗣镇	38 910	39 747
永兴镇	47 883	49 533
龙华镇	42 340	42 423
石门镇	47 234	47 742
柏林镇	63 388	64 503
朱杨镇	36 072	36 270
嘉平镇	26 784	27 552
中山镇	29 993	31 150
塘河镇	19 046	19 991
西湖镇	57 058	58 546
夏坝镇	18 800	17 913
广兴镇	14 707	14 192
合计	1 559 023	1 610 638

(2) 农村户籍人口预测

根据2004~2008年的统计数据,研究区2004~2008年农村户籍人口变化呈现小幅下降趋势,是由于部分外出务工农民转变户籍迁往他地和部分原住居民转变户籍成为城镇人口。

根据研究区2004~2008年农村户籍人口稳定下降的变化情况,采用平均趋势预测法,测算研究区到2020年农村户籍人口的变化情况,力求为城镇人口的预测提供一个合理、科学的依据(表5-17)。

表 5-17　研究区 2015~2020 年农村户籍人口预测　　（单位:人）

名称	2015 年	2020 年
几江街道	22 106	21 022
德感街道	44 372	42 197
支坪街道	31 122	29 597
双福街道	27 428	26 084
珞璜镇	55 189	52 484
白沙镇	92 937	88 382
油溪镇	61 485	58 471
李市镇	58 007	55 164
先锋镇	52 577	50 000
慈云镇	22 855	21 735
杜市镇	24 928	23 706
石蟆镇	77 590	73 787
蔡家镇	49 324	46 907
吴滩镇	32 258	30 677
贾嗣镇	26 994	25 671
永兴镇	37 126	35 307
龙华镇	33 962	32 297

续表

名称	2015 年	2020 年
石门镇	29 962	28 493
柏林镇	46 267	43 999
朱杨镇	23 377	22 232
嘉平镇	20 195	19 205
中山镇	21 890	20 817
塘河镇	14 478	13 768
西湖镇	43 321	41 198
夏坝镇	12 497	11 885
广兴镇	10 791	10 262
合计	973 038	925 347

预到 2015 年年末,研究区农村户籍人口将下降到 100.00 万以下,为 973 038 人,总人口减少 29 785 人。中心城区农村户籍人口将降到 125 028 人,占农村户籍总人口的 12.85%。到 2020 年,研究区农村户籍人口下降到约 90.00 万人,为 925 347 人,比 2008 年全区农业人口减少 162 633 人。几江街道到规划期末,农村户籍人口将在 2008 年的基础上减少 4027 人,中心城区减少 19 038 人。

研究区农村户籍人口由于城镇化率的提高、社会经济的发展以及人口的自由迁移出现持续下降,将为研究区农村建设用地复垦提供巨大潜力。

(3) 城镇户籍人口预测

在已经预测出研究区户籍总人口和农村户籍人口的基础上,城镇户籍人口的预测就显得较为容易。仅需从户籍总人口中扣除农村户籍人口便顺利得到规划期内城镇户籍人口(表 5-18)。

表 5-18　研究区 2015~2020 年城镇人口预测　　　（单位：人）

名称	2015 年	2020 年
几江街道	145 140	163 174
德感街道	49 500	55 070
支坪街道	17 959	22 251
双福街道	26 297	31 676
珞璜镇	33 509	40 359
白沙镇	43 157	47 904
油溪镇	20 814	24 435
李市镇	38 445	45 733
先锋镇	13 965	17 842
慈云镇	9146	11 831
杜市镇	10 878	11 777
石蟆镇	27 770	34 478
蔡家镇	18 378	22 825
吴滩镇	9672	11 508
贾嗣镇	11 916	14 076
永兴镇	10 757	14 226
龙华镇	8378	10 126
石门镇	17 272	19 249
柏林镇	17 121	20 504
朱杨镇	12 695	14 038
嘉平镇	6589	8347
中山镇	8103	10 333
塘河镇	4568	6223
西湖镇	13 737	17 348
夏坝镇	6303	6028
广兴镇	3916	3930
合计	585 985	685 291

研究区在国家惠农政策,重庆市城乡统筹发展的大背景下,城镇化率将得到大幅提高,大量农业人口转变为城镇人口,将给现有城镇发展带来巨大经济动力,同时也伴随建设用地规模的大幅提高。本次规划采用户籍人口作为统计口径,与《重庆市土地利用总体规划(2007~2020 年)》中采用口径不同,故所预测出的城镇人口存在差异。

5.2.3.2 基于城镇户籍人口的城镇建设用地预测

根据《城镇规划标准》(GB 50188—2007),本着节约和集约用地、因地制宜的原则,确定研究区城镇人均建设用地为 120.00m²。

根据预测,到 2015 年,研究区城镇建设用地面积将增加到 7031.82 km²,用以满足人民对城镇发展的需要。其中,几江街道城镇建设用地面积高达 1741.68 km²,占到城镇建设用地总量的 24.77%,远远高于其他街道和建制镇。到 2020 年,研究区城镇建设用地面积比 2015 年增长 16.95%,达到 8223.51 hm²。几江街道城镇建设用地面积所占比例下降至 23.81%,而支坪街道、双福街道、珞璜镇、油溪镇等城镇建设用地面积在全区城镇建设用地中的比重有 0.01~0.29% 的提升(表 5-19)。

表 5-19 研究区 2015~2020 年城镇建设用地预测 (单位:km²)

名称	2015 年	2020 年
几江街道	1 741.68	1 958.09
德感街道	594.00	660.84
支坪街道	215.51	267.01
双福街道	315.56	380.11
珞璜镇	402.11	484.31
白沙镇	517.88	574.85

续表

名称	2015 年	2020 年
油溪镇	249.77	293.22
李市镇	461.34	548.80
先锋镇	167.58	214.10
慈云镇	109.75	141.97
杜市镇	130.54	141.32
石蟆镇	333.24	413.74
蔡家镇	220.54	273.90
吴滩镇	116.06	138.10
贾嗣镇	142.99	168.91
永兴镇	129.08	170.71
龙华镇	100.54	121.51
石门镇	207.26	230.99
柏林镇	205.45	246.05
朱杨镇	152.34	168.46
嘉平镇	79.07	100.16
中山镇	97.24	124.00
塘河镇	54.82	74.68
西湖镇	164.84	208.18
夏坝镇	75.64	72.34
广兴镇	46.99	47.16
合计	7 031.82	8 223.51

研究区基于城镇户籍人口的城镇建设用地预测,充分考虑了由人口引起的城镇用地面积的增加。研究区 2008 年城镇建设用地量 5585.45 km^2,2020 年城镇建设用地面积将达到 8223.51 km^2,预计 2020 年研究区的城镇建设用地将在 2008 年的基础上增加 2638.06 km^2。

5.2.3.3 建设用地复垦潜力分析

(1) 农村居民点建设用地复垦理论潜力预测

本书根据《村镇人均建设用地指标》(GB 50188—93),研究区人均现用地大于 $150m^2$,且全区内部人均建设用地存在明显地域差异,而人均建设用地应控制在 $150.00m^2$ 内,结合节约集约用地、严格控制用地总规模和研究区经济发展存在区域间差异等实际情况,确定规划期内(2020 年)农村居民点人均建设用地面积按照 $150.00 m^2$ 控制。

研究区农村居民点现人均建设用地面积为 $217.46 m^2$,进行完全复垦时的潜力就等于人均建设用地面积达到 $217.46 m^2$/人。根据测算,研究区到 2015 年,农村居民点建设用地完全复垦潜力达到2499.56 km^2。其中,几江街道农村居民点建设用地完全复垦潜力为 64.00 km^2,位居全区末位。白沙镇农村居民点建设用地完全复垦潜力为 210.63 hm^2,位居全区农村居民点建设用地完全复垦潜力首位。到 2020 年,研究区农村居民点建设用地完全复垦潜力为 3536.60 km^2。其中,白沙镇农村居民点建设用地完全复垦潜力达到 309.68 km^2,占到全区复垦潜力的 8.76%;石蟆镇农村居民点建设用地完全复垦潜力为 270.37 km^2,占到全区完全复垦潜力的 7.64%(表 5-20)。

表 5-20 研究区 2015~2020 年农村居民点建设用地理论复垦潜力预测

(单位:km^2)

名称	2015 年	2020 年
几江街道	64.00	87.57
德感街道	71.20	118.49
支坪街道	109.58	142.74
双福街道	35.97	65.19
珞璜镇	52.78	111.60

名称	2015 年	2020 年
白沙镇	210.63	309.68
油溪镇	153.96	219.50
李市镇	175.27	237.10
先锋镇	145.92	201.96
慈云镇	73.50	97.86
杜市镇	114.47	141.04
石蟆镇	187.67	270.37
蔡家镇	149.79	202.35
吴滩镇	83.18	117.56
贾嗣镇	74.26	103.03
永兴镇	107.47	147.02
龙华镇	89.07	125.28
石门镇	76.92	108.86
柏林镇	131.00	180.32
朱杨镇	66.65	91.55
嘉平镇	57.56	79.09
中山镇	70.07	93.40
塘河镇	39.08	54.52
西湖镇	117.54	163.70
夏坝镇	27.60	40.90
广兴镇	14.42	25.92
合计	2499.56	3571.39

(2) 工矿企业废弃用地复垦潜力预测

工矿企业废弃用地复垦是节约集约用地的需要,同时也是改善生态环境,提高城市生活质量的必然选择。废弃工矿单位占地面积较大,不涉及土地承包经营权等问题,成本较低,效果明显。

通过实地调研,到 2020 年研究区工矿企业废弃用地复垦总面积达到 92.50 km²,其中几江街道工矿复垦面积为 2.21 km²;德感街道复垦面积为 0.74 km²;支坪街道复垦面积为 3.18 km²,都能够为急需用地的街道提供一定数量的土地供给(表 5-21)。

表 5-21　研究区工矿企业废弃用地复垦预测　　(单位:km²)

名称	面积	名称	面积
几江街道	2.21	贾嗣镇	0.00
德感街道	0.74	永兴镇	4.60
支坪街道	3.18	龙华镇	0.17
双福街道	0.00	石门镇	0.00
珞璜镇	1.40	柏林镇	32.99
白沙镇	1.47	朱杨镇	0.00
油溪镇	0.26	嘉平镇	0.00
李市镇	0.77	中山镇	0.00
先锋镇	31.55	塘河镇	0.00
慈云镇	0.00	西湖镇	0.39
杜市镇	1.36	夏坝镇	0.00
石蟆镇	3.78	广兴镇	4.60
蔡家镇	0.99	合计	92.50
吴滩镇	2.06		

根据以上预测可知,由于人口、经济、社会因素的改变使得研究区建设用地复垦潜力处于动态变化之中。到规划期末 2020 年,研究区农村居民点用地理论复垦潜力为 3571.39 km²,工矿企业废弃用地复垦总面积达到 92.50 km²,建设用地理论复垦潜力总潜力为 3663.89 km²。与预计 2008~2020 年增量的 2 638.06 km² 建设用地进行对比,到 2020 年建设用地的理论复垦潜力总潜力远大于建设用地增量,因此,在理论上研究区是可以通过自身平衡,保障全区的用地指标,通过复垦居民点和废弃工矿企业得到的建设用地指标作为经济社会发展需新增的建设用地指标的补充,可以保障全区

经济社会发展的需要。

5.2.4　城乡建设用地增减挂钩的实施效益分析

5.2.4.1　经济效益分析

通过城乡建设用地增减挂钩项目的实施,结合缩减农村建设用地面积,为研究区经济发展争取较大空间。通过对建设用地复垦,将原来闲置、废弃、低效利用的建设用地调整为集约高效的城镇工矿建设用地,这部分土地出让后,可以获得较大的土地纯收益,用于研究区土地开发和城镇建设。

通过城乡建设用地增减挂钩项目的实施,散乱布置的居民点被复垦,农田集中连片,能有效降低农业生产的成本,有利于农业规模化生产、集约化经营,促进农村经济的良好发展。同时,建设用地复垦主要涉及农村居民点,将推进农村居民点集中布置,便于农村公共设施建设,大大降低通电、通信、通气、通水等基础设施的建设成本和公共设施的管理成本,促进人口和产业集聚,从而有利于农业产业化和第三产业的发展。

5.2.4.2　社会效益分析

通过城乡建设用地增减挂钩项目的实施,可以有效提高农业综合生产能力,增加农民收入,繁荣农村经济,缩小城乡差距,实现集体建设用地的合理利用及国民经济的持续发展,促进农业产业化和规模化经营,改善农民生产、生活条件,进而提高农民的生活质量;通过土地的权属调整,将原零星分散的宅基地复垦为耕地并将其调整为集中成片,为集体土地租赁、流转创造了条件,可以吸引从事高科技农业产业的企业和业主租赁经营、办公司,发展高科技农业产业,促进了农村集体土地流转,推动了产业化和规模化经济,壮大了集体经济,增加了农民收入。

　　通过城乡建设用地增减挂钩项目的实施,有利于加速农村城镇化、现代化的进程。一方面,通过建设用地的复垦,将有效推进"工业项目向城镇边缘区集中,农民居住向城镇及中心村集中,基本农田向保护区集中";另一方面,复垦所得到的新增耕地面积,等量置换到城镇建设区,为城镇建设发展拓展空间,有利于提高土地集约利用水平。

　　通过城乡建设用地增减挂钩项目的实施,将有效整合农村居民点用地,改变过去布局分散、结构松散的局面,形成集聚效益和规模效益,提高土地利用的集约化程度,而且有利于控制城镇建设用地盲目扩张、乱占耕地,并有利于土地资源的保护和土地利用规划的实施;通过按规划合理撤并零散居民点,大力推进建设用地复垦,保持耕地总量平衡,有利于实现土地利用总体规划确定的目标。

　　通过城乡建设用地增减挂钩项目的实施,全区可大大增加城镇、工矿等建设用地指标,在改善建设用地结构和布局、保持耕地总量平衡的同时,基本上满足了全区经济、社会发展对土地的需要,有效缓解了建设用地供需矛盾,改善农民生产、生活条件。建新区建成后,项目区农村居民点布局和规模趋于合理,基础设施更加完善,农村居民的生产、生活条件得到改善,城乡差距进一步缩小,促进了社会主义新农村建设,减少违法用地行为。实施本规划,将有利于解决项目区内的纠纷,能有效控制乱占、乱建等无序扩张的用地行为,违法用地现象将明显减少。随着建新区建设及二、三产业发展,有利于扩大剩余劳动力的就业安置,促进了农村人口向城镇的过渡转移,扩大剩余劳动力就业,有利于增加农民收入,保持社会稳定。通过城乡建设用地增减挂钩项目的实施,还将积极加大研究区建设用地复垦示范区的带动作用。将引导研究区建设用地复垦走向科学、法制的轨道,为今后的复垦工作提供指导,极大缓解建设用地供给紧张的局面,为周边区县提供可行参考,起到示范带头作用。

5.2.4.3　生态效益分析

通过城乡建设用地增减挂钩项目的实施,将布局零散的居民点复垦成农地,进而与周边大片农地连成一片,便于统筹安排农业生产,改善农作物生长环境,促进生态系统的稳定和土地生产力的提高,为建立现代农业奠定良好的生态基础。

农田防护林将更成体系,村内道路两旁也将新建护路林。农田防护林、护路林的建设具有美化环境、保持水土、涵养水源的功能,能有效地提高农田抵御风害的能力,使项目区的生态环境和农田小气候得到一定程度地改善。建新区统一规划、集聚布局,便于集中治理环境污染,切实解决好农村住宅与畜禽圈舍混杂、水源污水、垃圾散放等问题,有利于改善农村环境卫生,创建"村容整洁"社会主义新农村。

拆旧区土地严格按照规划设计复垦,通过田、水、路、林综合治理,有利于水土保持,改良土壤,增强土地的抗旱、防涝能力,改善其生态环境。建新区与社会主义新农村建设结合,布局相对集中,有利于改善基础设施和村容村貌,通过村庄绿化建设,使生态环境得到优化。

综合可见,城乡建设用地增减挂钩项目的实施,既能够获得较好的经济和社会效益,还可以大大改善研究区的生态环境。另外,盘活了农村存量建设用地,为区域经济社会发展提供更大的空间,改善了农村生产生活环境,提高了农民收入,有利于缓解经济发展对耕地资源的占用,有利用于实现土地利用平衡。

5.3　综合国土整治

土地资源的稀缺性严重制约了人口、资源、环境三大问题的协调发展,土地开发整理作为协调人地关系,实现土地资源优化配置的重要手段,在有效缓解人地矛盾、解决土地利用问题等方面将发挥越来越大的作用(罗明和王军,2001;Zhang ,2000)。因此,从20世纪90年代开始,国内学者们针对我国特殊的国情,对土地开发整理(主要是农地整理)进行了多角度的研究,主要集中在土地开发整理的程序(叶艳妹等,2000;李展和彭补拙,2000)、规划与设计(王军等,1999;叶艳妹等,2001)、效益评价(萧承永,2001)以及资金来源(李东坡和陈定贵,2001)等方面。重庆作为国家在西部重点建设的城市,由于城市化和工业化进程不断加快等原因而引起的耕地减少、人地矛盾和土地利用等问题将更加突出。为了解决这些问题,近年来土地开发整理已经成为重庆市增加耕地的首要途径,是实现区域内土地利用平衡的重要源泉。这种主要依靠农用地整理来补充因建设占用而减少的耕地的占补平衡方式已经成为重庆市耕地保护、经济发展和生态建设的区域性土地利用政策取向。重庆直辖10年来的实践证明,土地开发整理在维持区域粮食安全,确保经济发展对土地的需求,实现人与自然的和谐共生等方面,为国家或区域土地资源的宏观配置提供了很好的示范样板。但随着重庆市开发整理的力度逐年加大,开发整理的难度,技术要求也不断增加,且生态损耗也伴随着整理的力度扩大而凸现。新形势下重庆经济发展对建设用地需求的劲头猛增,针对重庆市现行土地利用平衡中存在的问题,为了达到土地资源的合理利用目标,实现国土资源的均衡开发,传统的以主要增加耕地面积为目的的土地开发整理已经不再适用,需要探索土地利用平衡的新途径,核心是力拓后备资源,盘活存量资源。

重庆市为了实现区域土地利用平衡,除了对现行土地流转制度进行改革,按照"宅基地换住房、承包地换社会保障"的流转模式,鼓励农民自愿退出宅基地,流转承包地,实现挂钩目标;同时还探索适合新时期经济发展需求的土地整理新思路,即"综合国土整治"。"综合国土整治"不再是单纯为增加耕地面积的土地整理,而是按照全国土地利用总体规划对重庆耕地保有量的要求以及重庆市对辖区内各市(县)、乡(镇)耕地保有量的要求,严格控制耕地面积减少,并在此基础上力求提高耕地质量,提高土地高效集约利用效率,做好该区域相关产业用地的梯度转移,实现城乡统筹的均衡发展与资源互补,发展基础设施,改善产业结构,改善生态环境,最终实现区域农地质量的提升、产业结构的优势互补、土地集约节约利用以及生态环境友好,真正践行土地利用平衡的理念,同时也为经济跨越式发展的其他区域,在土地资源区域配置方面提供参考。本书选取重庆市综合国土整治的试点区域——璧山县大路镇作为研究对象,分析综合国土整治对区域土地利用产生的影响。

5.3.1　研究区概况与研究思路

5.3.1.1　研究区概况

(1) 自然条件和社会经济条件

本书区域选取璧山县大路镇,位于璧山县北部,东距重庆主城区 68km,南距璧山县城 20km,是璧北地区交通枢纽。它西接铜梁县,南接河边镇、璧城街道办事处,东临沙坪坝区青木关镇,北与七塘镇接壤,经八塘至澄江到北碚,道路可谓四通八达,纵横交错,是璧北地区交通上的一个重要结点。大路镇位于中部构造平行岭(低山)谷(丘陵)区,地貌受地质构造控制,东、西面为低山,中部为丘陵,大部分地区属嘉陵江水系流域,海拔 400m 左右,为二峡一谷地貌。大路镇属中亚热带湿润季风气候区,年平均日照时数在 1100~1300h,年平均气温在 17~18℃,气温年较差在 20℃;年平均降水量在 1100mm 左右,地表水属外流水系,共有大小水系 18 条,其中汇水面积大于 $10km^2$ 的只有璧北河,流经大沟村、三江村、高拱村、团坝村、三台村入七塘镇、八塘镇汇入嘉陵江,其余溪河均是短源,属季节性的流水,植被类型属亚热带常绿阔叶林区川东盆地偏湿性常绿阔叶林带,植物种类繁多,资源丰富。

大路镇下辖福里村、四维村、郭家村、大竹村、大沟村、新房村、三担村、团坝村、高拱村、龙泉村、三台村、大堂村、阳河村、三江村 13 个村和红石社区、接龙社区和六和社区 3 个社区,109 个合作社。全镇 2008 年底总户数 21 882

户,户籍人口 61 623 人。大路镇 2007 年实现工农业总产值 233 600 万元,工业总产值 225 000 万元。全镇有渝遂高速公路自西南向东北贯通全镇,总长 14.8km,国道 319 线经福里村西南角进沙坪坝区,两条县道自南往北贯穿大路镇,构成两纵两横的道路网架。

(2) 土地利用现状及特点

根据 2008 年实际调查数据,大路镇辖区面积 11 592.92hm^2:农用地 10 045.58 hm^2,占土地总面积 86.65%,其中,耕地 4663.78 hm^2,园地 810.68 hm^2,林地 3099.01 hm^2,其他农用地 1472.11 hm^2;建设用地 1268.63 hm^2,占土地总面积的 10.94%,其中,居民点面积及独立工矿用地 1076.41 hm^2,交通用地 121.10 hm^2,水利设施用地 71.12 hm^2。未利用地 278.71 hm^2,占土地总面积的 2.4%,其中未利用土地 190.67 hm^2,其他土地 88.04 hm^2。

大路镇土地利用呈现出以下特点,其特点是重庆市土地利用特点的缩影:

1) 土地供需矛盾尖锐。近年来由于城镇和工业园区的建设,以及人口的增长,造成各类非农建设用地迅速增加,耕地面积呈现急剧下降的趋势,致使本镇耕地总量和人均耕地占有量迅速减少,而可供开发的未利用地面积有限,农业后备资源严重不足,土地供需矛盾十分突出。

2) 土地利用较为粗放,土地产出效益较低。农业生产以传统耕作方式为主,经营粗放,田坎系数为 20.57%,中低产田土面积大。在土地利用中普遍缺乏集约化、规模化的意识,致使土地的单位面积产量不高,生产力低下。

3) 土地流转具有一定规模,经营效益较低。镇内农户家庭承包土地流转具有一定规模,总面积 9267 亩,流转后的土地具有较高经济效益。根据调查,80% 以上农民愿意将个人承包地流转,一是由于青壮年劳动力外出,多为老人或儿童在家留守,经营能力有限。二是由于一家一户的种植模式限制了规模经营,产业很难形成规模,耕作成本较高,农产品销售渠道窄,效益低下。

4) 城乡用地缺乏统筹互动,农村居民点用地规模偏大。城镇化过程中,在城镇人口增加、城镇建设用地规模扩大、农村人口减少的同时,农村建设用地并没有相应的减少,城镇建设用地与农村建设用地发展没有实现统筹互动,二者增减没有"挂钩"。2008 年,大路镇农村居民点用地 851.13 hm²,农村居民点人均用地 165m²,居民点布局形式为典型的住房加院坝形式,容积率低,分布较零散,居民点整理潜力巨大。

(3) 综合国土整治概况

大路镇作为综合国土整治的试点区域,其整治目标是充分认识镇域现状和发展形势,结合相关规划,统筹安排土地资源,科学合理地确定镇域各类用地规模及其布局,为发展高新材料基地、现代生态农庄、生态旅游度假区、开展新农村建设奠定用地基础,促进土地资源集约高效、可持续发展和利用,实现镇域经济社会快速健康发展。主要包括以下几方面:

1) 经济指标。至 2020 年,大路镇总人口 8.3 万人,城镇常住人口 6 万人,农村人口 2.5 万人,社会总产值 108.8 个亿,第一、第二、第三产业比重 4：71：25,本级财政收入 10 000 万元,城镇居民可支配收入 30 000 元,农民人均纯收入 15 000 元,区域经济发展差异系数为 50,城乡居民收入比为 2：1。

2) 开发利用。土地垦殖率达 55%,土地利用率达 99%,单位面积工农业产值 94 万元/hm²,单位建设用地产值 600 万元/hm²,单位农用地产值 4.6 万元/hm²;水资源有效利用率达 90%,农田灌溉保证率达 85%;农作物秸秆综合利用率达 95%;旅游资源开发率 80%;矿产资源综合利用率 80%。

3) 治理保护。土地资源:根据《重庆市璧山县大路镇土地利用总体规划(2006—2020 年)》的要求,大路镇到 2020 年耕地保护面积 4486.38 hm²,基本农田保护面积 3948.02 hm²,湿地保护率 90%,土地整理复垦实施率 95%,废弃居民点整理率 70%,坡耕地台地率 75%,裸露土地治理率 90%;生物资源:森林覆盖率 45%;水资源:水土流失治理率 80%,土壤侵蚀强度每年 500 吨/km²,生活污水集中处理率 95%,饮用水源水质达标率 100%;矿产资源:矿山生态环境综合治理率 85%;污染治理:规模化养殖污水达标排放率 75%,规模化养殖粪便综合利用率 95%,重点工业污染源达标排放 100%,生活垃圾无害化处理率 95%,农业面源污染治理率 92%,农用化肥使用强度 200kg/hm²,主要农产品农药残留合格率 95%,万元 GDP 综合能耗 0.6tce;灾害治理:地质灾害防治率 95%;环境保护:大气环境质量达标率 98%,声环境质量达标率 98%,清洁能源普及率 90%,水环境达标率为 100%。

4)建设布局。村镇建设:场镇风貌改造率 50%,居民集中居住率50%,人均居住面积 60 m²;基础设施。公共设施配套率 90%,路网密度 900m/km²,道路通畅度 90%,人均道路面积 1.21 m²/人,通讯覆盖率 100%,消防保障率 100%,人均公共绿地面积 10 m²,居民供电保证率 98%,居民自来水普及率 100%,公共服务中心覆盖率 90%;社会事业:人均受教育年限为 12 年,适龄儿童入学率 100%,文化娱乐场所 5 座,家用电脑拥有量 55 台/百户,网络普及率 90%,合作医疗参保率 90%,合作医疗财政人均补贴 100 元,法制普及率 90%,社会安全指数 95%,居民对社会满意度 98%,基本养老保险参保率 100%。

5.3.1.2　研究思路

根据土地利用平衡的内涵,本书主要从资源效应和环境效应两方面研究综合国土整治对区域土地利用产生的影响,以此判断综合国土整治是否实现区域土地利用平衡的较好途径。资源效应指是否形成高效、合理、集约的土地利用方式,提高耕地质量,降低耗能,提高土地利用率,优化土地利用结构等;环境效应是指是否形成环境友好型土地利用方式,遵循可持续发展理念,维持环境状况与经济发展良性互动的关系等。

分析综合国土整治实施后对研究区耕地资源的影响主要考虑耕地数量和耕地质量两方面。耕地数量变化主要参考《大路镇综合国土整治规划(2008—2020 年)》;耕地质量评价从自然质量、经济质量和生态质量三方面考虑。其中,自然质量评价指标是采用室内分析地形图、土壤图及土壤报告和实地调查相结合的方法获取,根据土壤图提供的信息初步判断各单元的表层土壤质地、有效土层厚度、土壤有机质含量、砾石含量和土壤侵蚀等,然后对实地调查中可获取的因素核实校正。海拔和坡度数据的获取是应用 Arcview 的 3D Analyst 模块生成数字高程模型(DEM),再将 DEM 模型分别转换成 grid 格式的高程、坡度专题地图,再通过 Summarize Zone 功能实现高程图、坡度图和单元底图的叠加。经济质量指标和生态质量指标采用相关统计数据结合实地踏勘和访问两种方式以村为单位对每个单元进行调查获取。

分析综合国土整治实施后对研究区土地资源集约利用情况的影响主要考虑耕地和城镇土地两方面。农地(耕地)资源集约利用评价,首先建立基于 PSR 框架的耕地集约利用评价体系,然后采用 AHP 对指标进行排序,最后借助因子分析模型对研究区的耕地集约利用度进行综合评价;城镇土地高效集约利用评价中采用层次分析法求取评价指标的权重,然后运用多因素综合评价法求取评价单元的土地高效集约利用综合指数。由于高效、集约表征了城市土地利用的两大目标,如要达到城市土地利用的高效性目标,就应使单位面积上的产出在投入最小的情况下达到最大。本书将着重从现阶段重庆市城镇发展的普遍实际出发来确定评价指标,高效化考虑从经济效益、社会效益和环境效益的角度选取评价指标;集约化考虑从土地利用的程度、土地利用结构和土地利用投入的角度选取评价指标。

分析综合国土整治实施后对研究区土地利用环境状况的影响。鉴于目前环境友好型土地利用还没有完善和比较成熟的指标体系,本书将根据环境友好型土地利用的内涵及意义,依据指标构建的原则,借鉴土地生态安全与相关环境状态模型,以土地利用生态环境效应为主导,注重人类对环境的响应及对生态环境友好的诉求,构建出环境友好型土地利用指标体系。此外,土地资源集约利用评价和土地利用环境友好评价中的原始数据主要来源于大路镇 2008 年土地利用变更详查数据、《大路镇 2008 年统计年鉴》、《大路镇综合国土整治规划(2008—2020 年)》以及笔者的实际调查统计,并且以璧山县规划局、经贸局、农业局等各个部门数据为补充。同时应该注意,综合国土整治是一种强制性和时效性均较强的人为干扰行为,除了其对土地利用产生的影响,农户参与的积极性、实施后的经济社会生态效应都是综合国土整治工程能否顺利推进的重要因素。

5.3.2　耕地资源变化分析

5.3.2.1　耕地质量变化分析

综合国土整治对耕地质量的影响不仅表现在它对耕地资源自然条件、生态环境状况的改变上,而且还表现在对耕地基础设施条件的改造上,进而对耕地资源的自然质量、生态质量与经济质量产生影响。因此,分析综合国土整治的耕地质量不同于分析一般意义上的耕地质量,它是一种综合质量,是对综合国土整治前耕地质量与整治措施作用下自然条件、生态环境状况及设施条件变化后耕地资源质量的综合评价。综合国土整治中针对耕地的整治包括的主要工程有土地平整工程、农田水利工程、田间道路工程和农田生态防护林工程。因而,土地整治实施后,各工程会对研究区耕地质量产生一定影响,在选取研究区整治前后耕地质量评价指标时应考虑这些影响因素(表 5-22)。

表 5-22　土地整治工程类型对耕地质量的影响

工程类型	土地整治工程难以改变的因素	土地整治工程可以局部改变的因素	土地整治工程可以大幅度改变的因素
土地平整工程	土壤质地、土壤酸碱度、土壤剖面结构、土壤障碍层次深度	地形坡度、土层厚度、土壤砾石含量、土壤有机质含量	灌溉保证率、排水条件、盐渍化程度
农田水利工程			
田间道路工程			
其他工程			

根据历年来对耕地自然质量评价的相关研究和规程,并对大路镇综合国土整治研究区进行了广泛的实地调查,在获得相关资料的基础上初步设计了35 项评价备选指标,再次征求相关专家意见,并综合考虑综合国土整治对耕地质量的影响、研究区具体的自然和社会经济条件,遵循主导性、差异性、定量与定性相结合及可操作性原则,从 35 项备选指标中筛选出 16 项评价指标,包

括 6 项耕地自然质量指标、7 项经济质量指标、3 项生态质量指标(表 5-23)构建了面向综合国土整治的耕地质量评价指标体系。

表 5-23　耕地质量评价指标量化分级

评价指标		评分标准					
		100	80	60	40	20	0
自然质量 A	土层厚度 A_1/cm	>80	80~60	40~60	20~40	10~20	<10
	土壤质地 A_2	壤土	砂壤土	壤黏土	黏土	砾质土	砾石土
	砾石含量 A_3/%	<3	3~5	5~8	8~10	10~15	>15
	土壤有机质含量 A_4/%	>1.2	1~1.2	0.8~1	0.6~0.8	0.2~0.6	<0.2
	土壤侵蚀 A_5	<500	500~2000	2000~4000	4000~6000	6000~8000	>8000
	地形坡度 A_6	≤2°	2°~6°	6°~10°	10°~12°	12°~15°	≥15°
经济质量 B	土地利用率 B_1/%	>90	90~70	70~50	50~30	10~30	<10
	田面平整度 B_2	0°~2°	2°~5°	5°~15°	15°~20°	20°~25°	>25°
	田块规整度 B_3	1.0~1.1	1.1~1.2	1.2~1.3	1.3~1.4	1.4~1.5	>1.5
	田块连片程度 B_4	高	较高	中等	稍差	差	很差
	田间路网密度 B_5	>0.35	0.35~0.30	0.30~0.25	0.25~0.20	0.20~0.15	<0.15
	灌溉保证率 B_6/%	>80	60~80	40~60	20~40	20~10	<10
	排涝设施完善率 B_7	完善	较完善	一般	少	较少	无
生态质量 C	农田防护林覆盖率 C_1/%	>80	60~80	40~60	20~40	20~10	<10
	沙化及水土流失率 C_2/%	<5	5~10	10~20	20~40	40~60	>60
	土地污染程度 C_3/%	<10	10~20	20~30	30~40	40~50	>50

田块规整度是指田块外形的规整程度,采用景观生态学中的斑块分维度来表达,描述的是田块镶嵌体的几何形状复杂性,可见田块规整度是对田块边缘复杂性的度量,理论范围为 1.0~2.0。1.0 表示形状最简单的正方形,2.0 表示等面积下周边最复杂的嵌块。计算公式(张正峰等,2004)为

$$PD = 2\ln\left(\frac{P}{4}\right)\ln(A) \tag{5-6}$$

式中, P 为田块的周长; PD 为 田块规整度; A 为田块的面积。

路网密度反映区域内田间道、生产路的状况,计算公式为

$$D = \frac{\sum d_i}{\max d} \times 100 \qquad (5\text{-}7)$$

式中, d 为区域内路网密度(道路面积和区域面积之比); D 为路网密度分值; $\max d$ 为区域内土地开发整理工程建设标准设置的最大路网密度。

依照上述指标量化分级情况对各评价因素分别判分和赋予权重,最后采用综合指数评价法计算各评价单元的属性值,并将其属性值根据赋分标准算出相应分值,具体公式如下:

$$C = \sum_{i=1}^{n} S_i \times W \qquad (5\text{-}8)$$

式中, S_i 为第 i 个指标的得分; C 为评价单元面向土地整理的耕地质量综合分值; n 为评价指标的个数; W_i 为第 i 个指标的权重。

利用式(5-8)计算研究区的耕地质量总得分以及自然质量、经济质量和生态质量分。得分越高,其耕地质量越高。本书根据研究区各村社整治前后耕地所占比例,进行综合质量评价。

确定面向综合国土整治的耕地质量评价指标权重,需要综合考虑评价指标和综合国土整治措施对耕地质量的影响。本书首先采用特尔斐法(Delphi)与层次分析法(AHP)相结合的方法确定评价指标权重。一级评价指标判断矩阵及各指标权重见(表 5-24)。然后分别构造二级评价指标的比较矩阵,求出各因子的权重,再乘以各因子所在准则层(一级评价指标)的权重,最后得出各评价指标的综合权重值(表 5-25)。

表 5-24　一级评价指标判断矩阵与权重

质量评价	A	B	C	权重
A	1	3/2	9/5	0.45
B	2/3	1	6/5	0.30
C	5/9	5/6	1	0.25

注: $\lambda_{\max}=3$;CI=0;RI=0.58;CR=0<0.10。

利用上述评价指标体系和方法,分别计算得出大路镇综合国土整治研究区耕地自然质量分(C_A)、耕地经济质量分(C_B)、耕地生态质量分(C_C)以及耕地质量总分(C_D),并进一步计算整理前后变化幅度(P_C)、变化值(ΔC)进行分析(表5-26)。计算公式为

$$\Delta C_j = C_{jp} - C_{jb} \tag{5-9}$$

$$P_{Cj} = \left(\frac{\Delta C_j}{C_{jb}}\right) \times 100\% \tag{5-10}$$

式中,C_{jp}、C_{jb}为整理前、后耕地质量综合分值,$j = A, B, C, D$。

表 5-25　评价指标体系及各指标权重

一级指标		二级指标		
名称	权重	名称	指标涵义及单位	权重
自然质量 A	0.45	土层厚度 A_1	评价单元内耕作层平均厚度/cm	0.12
		土壤质地 A_2	指耕作层土壤质地	0.12
		砾石含量 A_3	耕作层砾石等侵入体的容积含量/%	0.05
		土壤有机质含量 A_4	耕作层有机质含量/%	0.08
		土壤侵蚀 A_5	耕作层的土壤/[t/(km² · a)⁻¹]	0.05
		地形坡度 A_6	地面相对高差反映/(°)	0.03
经济质量 B	0.30	土地利用率 B_1	评价单元内已利用土地面积占总土地面积的百分比/%	0.03
		田面平整度 B_2	单个田块内部田面相对高差的坡度反映/(°)	0.05
		田块规整度 B_3	田块外观规整程度,描述田块镶嵌体的几何形状复杂性	0.04
		田块连片程度 B_4	反映田块集中连片、便于机械耕种的程度	0.03
		路网密度 B_5	耕地交通便利程度,密度越大,生产越方便	0.05
		灌溉保证率 B_6	反映评价单元内水源供应及沟、渠、池、涵配置情况/%	0.07
		排涝设施完善率 B_7	反映评价单元内防御洪涝灾害的设施和能力	0.03
生态质量 C	0.25	农田防护林覆盖率 C_1	指防护林对田间道路的覆盖程度/%	0.11
		沙化及水土流失率 C_2	土地流失及沙化面积/土地总面积×100/%	0.10
		土地污染程度 C_3	土地污染面积/土地总面积×100/%	0.04

表5-26 大路镇综合国土整治研究区耕地质量评价结果

名称	整治前（2008年）						整治后（2020年）						ΔC_A	ΔC_B	ΔC_C	ΔC_D	P_{CA}	P_{CB}	P_{CC}	P_{CD}
	比例/%	C_A	C_B	C_C	C_D	均值	比例/%	C_A	C_B	C_C	C_D	均值								
福里村	5.58	20.6	15.33	13.43	49.36	2.75	5.58	25.34	21.21	17.54	64.09	3.58	4.74	5.88	4.11	14.73	23.01	38.36	30.60	29.84
四维村	8.08	21.34	13.22	14.56	49.12	3.97	8.11	24.32	22.23	16.22	62.77	5.09	2.98	9.01	1.66	13.65	13.96	68.15	11.40	27.79
郭家村	7.94	19.32	15.33	12.13	46.78	3.71	7.92	23.22	24.35	16.33	63.9	5.06	3.9	9.02	4.2	17.12	20.19	58.84	34.62	36.60
大竹村	8.76	18.56	15.23	11.23	45.02	3.94	8.74	24.32	23.45	15.34	63.11	5.52	5.76	8.22	4.11	18.09	31.03	53.97	36.60	40.18
红石区	1.33	17.32	15.66	11.56	44.54	0.59	1.33	25.09	22.34	14.22	61.65	0.82	7.77	6.68	2.66	17.11	44.86	42.66	23.01	38.41
大沟村	6.39	18.45	16.44	10.45	45.34	2.90	6.37	24.98	22.33	15.34	62.65	3.95	6.53	5.89	4.89	17.31	35.39	35.83	46.79	38.18
新房村	6.72	19.34	16.35	12.56	48.25	3.24	6.71	24.78	22.59	16.33	63.7	4.27	5.44	6.24	3.77	15.45	28.13	38.17	30.02	32.02
三担子	2.99	17.33	15.34	13.02	45.69	1.37	2.98	24.65	23.43	16.55	64.63	1.93	7.32	8.09	3.53	18.94	42.24	52.74	27.11	41.45
团坝村	11.96	20.35	17.45	13.98	51.78	6.19	11.98	25.07	25.03	14.56	64.66	7.75	4.72	7.58	0.58	12.88	23.19	43.44	4.15	24.87
高拱村	6.44	22.34	18.56	13.07	53.97	3.48	6.43	25.45	23.89	15.65	64.99	4.18	3.11	5.33	2.58	11.02	13.92	28.72	19.74	20.42
接龙区	0.49	23.1	16.45	12.88	52.43	0.26	0.49	24.34	24.87	17.67	66.88	0.35	1.24	8.42	4.79	14.45	5.37	51.19	37.19	27.56
龙泉村	5.73	18.35	15.23	12.78	46.36	2.66	5.72	25.87	23.98	16.56	66.41	3.80	7.52	8.75	3.78	20.05	40.98	57.45	29.58	43.25
三合村	9.09	17.65	15.06	13.05	45.76	4.16	9.13	23.88	22.88	15.32	62.08	5.67	6.23	7.82	2.27	16.32	35.30	51.93	17.39	35.66
大堂村	5.9	18.44	14.97	13.09	46.5	2.74	5.89	23.55	23.45	15.23	62.23	3.67	5.11	8.48	2.14	15.73	27.71	56.65	16.35	33.83
阳河村	8	18.65	14.76	13.45	46.86	3.75	8.02	24.56	24.65	16.08	65.29	5.24	5.91	9.89	2.63	18.43	31.69	67.01	19.55	39.33
三江村	3.01	19.33	15.07	13.44	47.84	1.44	3.01	24.09	23.99	16.12	64.2	1.93	4.76	8.92	2.68	16.36	24.62	59.19	19.94	34.20
六合区	1.44	20.55	15.03	12.45	48.03	0.69	1.44	24.78	24.34	16.23	65.35	0.94	4.23	9.31	3.78	17.32	20.58	61.94	30.36	36.06
东风场	0.13	21.66	14.78	12.34	48.78	0.06	0.13	24.87	25.77	15.88	66.52	0.09	3.21	10.99	3.54	17.74	14.82	74.36	28.69	36.37
镇属地	0.02	17.69	4.88	12.44	45.01	0.01	0.02	25.18	23.44	14.75	63.37	0.01	7.49	8.56	2.31	18.36	42.34	57.53	18.57	40.79
合计	100	—	—	—	—	47.92	100	—	—	—	—	63.85	—	—	—	15.93	—	—	—	33.25

从评价结果可以看出,研究区耕地质量综合指数在综合国土整治实施前(2008 年)是 47.92,预计实施后(2020 年)可达到 63.85,综合耕地质量指数可提高 15.93,整治前后耕地质量总得分的提高幅度为 33.25%。由此可见,通过综合国土整治研究区的耕地综合质量可以得到明显的提高。此外,比较各单位耕地综合质量分值提高幅度最大的前三位分别是:龙泉村 43.25%、三担子村 41.45% 以及镇属地 40.79%。进一步对耕地自然质量、耕地经济质量和耕地生态质量三个分项指标值分析发现,研究区各村耕地资源经济质量提高的具体数值及提高幅度,都明显高于其各自的自然质量与生态质量的相应数值,说明当前综合国土整治在改善耕地经济质量方面的效果最明显,但在改善耕地自然质量与生态质量方面尚显不足。

5.3.2.2　耕地数量变化分析

综合国土整治不同于一般以增加耕地数量为目标的土地整理,在满足规划期内耕地保有量的同时,侧重提高耕地质量,实现土地的高效利用以及生态环境友好,以实现土地利用平衡。

通过分析研究区综合国土整治实施前后耕地数量变化情况可见综合国土整治实施后研究区耕地数量有所下降,从整治前的 4663.78 hm² 下降到整治后的 4486.38 hm²。根据《重庆市璧山县大路镇土地利用总体规划(2006—2020 年)》的要求:大路镇到 2020 年耕地保有量为 4486.38 hm²(表 5-27)。因此,综合国土整治实施后耕地数量的变化情况是符合土地利用总体规划的。

表 5-27　大路镇耕地数量变化

| 序号 | 单位名称 | 综合国土整治前耕地(2008 年) | | 综合国土整治后耕地(2020 年) | | 减少耕地 |
		面积/hm²	比例/%	面积/hm²	比例/%	面积/hm²
1	福里村	260.42	5.58	250.54	5.58	9.88
2	四维村	376.91	8.08	363.68	8.11	13.23
3	郭家村	370.09	7.94	355.29	7.92	14.80
4	大竹村	408.37	8.76	392.04	8.74	16.33

续表

序号	单位名称	综合国土整治前耕地(2008 年)		综合国土整治后耕地(2020 年)		减少耕地
		面积/hm²	比例/%	面积/hm²	比例/%	面积/hm²
5	红石社区	62.08	1.33	59.60	1.33	2.48
6	大沟村	297.92	6.39	286.00	6.37	11.92
7	新房村	313.47	6.72	300.93	6.71	12.54
8	三担子	139.49	2.99	133.91	2.98	5.58
9	团坝村	557.69	11.96	537.38	11.98	20.31
10	高拱村	300.29	6.44	288.28	6.43	12.01
11	接龙社区	22.98	0.49	22.06	0.49	0.92
12	龙泉村	267.33	5.73	256.64	5.72	10.69
13	二台村	424.01	9.09	409.78	9.13	14.23
14	人皇村	275.07	5.90	264.07	5.89	11.00
15	阳河村	373.11	8.00	360.03	8.02	13.08
16	三江村	140.24	3.01	134.83	3.01	5.41
17	六合社区	67.22	1.44	64.53	1.44	2.69
18	东风林场	5.99	0.13	5.75	0.13	0.24
19	镇属土地	1.1	0.02	1.06	0.02	0.04
	合计	4663.78	100	4486.38	100	177.40

5.3.3　土地资源集约利用比较

5.3.3.1　农地(耕地)资源集约利用比较

通过比较研究区综合国土整治前后的农地集约利用水平,主要是比较耕地的集约利用水平来表现。为全面测量耕地集约利用水平,必须科学设置评价指标,形成合理的评价指标体系。在选取评价指标时,不仅要考虑耕地资源集约经营的投入状况,还应该关注耕地开发利用程度与产出情况及当前利用方式是否持续;不仅要考虑耕地利用的经济效益,还要重视耕地利用的资源效益、生态效益及社会效益。基于上述原因,本书采用综合法、分析法、专家咨询与经验借鉴相结合的方法,从耕地利用的人地关系入手,构建基于 PSR 框架的耕地集约利用评价指标体系,然后采用 AHP 对评价指标排序,最后运用因子分析模型对研究区耕地集约利用水平进行综合评价。

PSR 模型的核心思想是通过"压力–状态–响应"框架(图 5-3)来反映土地质量变化因果关系,将指标纳入土地管理决策及政策制定的实践中。PSR 模型的基本思路是人类活动向自然资源和环境施加压力,改变了自然资源质量与环境质量;社会通过经济、环境、土地等政策、决策或管理措施对这些变化发生响应,减缓由于人类活动对环境造成的压力,维持人类健康(史丽君和张绍良,2006)。PSR 模型中的压力指标(pressure indicator)是人类活动给土地质量带来危害的指标;状态指标(state indicator)是土地资源的现状及其时间变化;响应指标(response indicator)是各级层次的政策制定者、管理者和决策者对土地压力、土地质量状态及其变化所做出的响应。

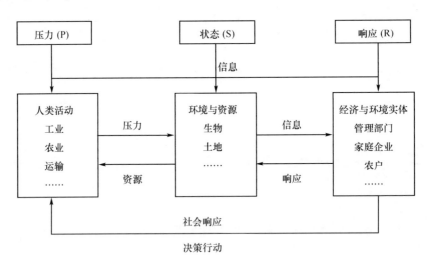

图 5-3 压力–状态–响应模型框架

本书在分析耕地集约利用过程中人地关系的基础上,结合研究区的实际情况,在 PSR 框架下,从影响性、针对性及可获得性等方面选取评价因子,形成包括目标层、准则层与指标层三个层次的评价指标体系(崔亚锋,2009)(表

5-28)。评价时需对原始数据进行标准化处理,以便统一各指标量纲与缩小指标间的数量级差异。本书所选取的指标均为正向指标,即原始数据值越高,指标得分越高,故采用如下标准化公式:

$$Y_{ij} = \frac{X_{ij} - X_{i,\min}}{X_{i,\max} - X_{i,\min}} \tag{5-11}$$

式中,Y_{ij} 为标准化后某一指标的值;X_{ij} 为处理前某一指标的值;$X_{i,\max}$ 为处理前同系列指标的最大值,$X_{i,\min}$ 为处理前同系列指标的最小值。

表 5-28　研究区耕地集约利用评价指标体系

目标层	准则层	指标层	指标说明	单位
耕地集约利用水平	压力指标 P	人均耕地 P_1	耕地总面积/总人口	hm²/人
		安全系数 P_2	人均粮食产量/400kg	—
		非农指数 P_3	非农人口总数/人口总数	%
	状态指标 S	复种指数 S_1	农作物播种总面积/耕地总面积	%
		灌溉指数 S_2	有效灌溉面积/耕地总面积	%
		稳产指数 S_3	(1-成灾面积/播种面积) × 100%	%
		地均产值 S_4	种植业总产值/耕地总面积	万元/hm²
		劳均产值 S_5	种植业总产值/种植业总人口	万元/人
	响应指标 R	平衡指数 R_1	年末耕地总量/年初耕地总量	hm²/人
		单位劳动力投入 R_2	种植业就业总人口/耕地总面积	人/hm²
		单位化肥投入 R_3	种植业化肥投入总量/耕地总面积	t/hm²
		单位动力投入 R_4	种植业机械动力总投入/耕地总面积	万 kw/hm²
		基础设施投入 R_5	耕地基础设施总投入/耕地总面积	万元/hm²
		单位地膜投入 R_6	地膜使用量/耕地总面积	kg/hm²

经过标准化处理,各项得分(包括目标层得分、准则层得分)均与指标值正相关,即:得分越高,指标值越大;得分越低,指标值越小(表 5-29)。采用层次分析法(AHP)确定耕地集约利用各评价指标权重(表 5-30)。

表 5-29　研究区耕地集约利用标准化指标值

指标层	2008 年	2010 年	2012 年	2014 年	2016 年	2018 年	2020 年
人均耕地	0.4221	0.4433	0.4631	0.4209	0.4023	0.3988	0.3891
安全系数	0.6687	0.6733	0.6722	0.6821	0.7344	0.7743	0.8534
非农指数	0.6488	0.6588	0.7177	0.7422	0.7811	0.8444	0.8921
复种指数	0.5345	0.5822	0.6412	0.6876	0.7232	0.7723	0.8642
灌溉指数	0.6011	0.6301	0.6435	0.7432	0.7933	0.8888	0.9423
稳产指数	0.6331	0.6854	0.7155	0.7423	0.7945	0.8254	0.8921
地均产值	0.5123	0.5462	0.6211	0.6987	0.7234	0.8365	0.9234
劳均产值	0.6011	0.6246	0.6456	0.6987	0.7234	0.7961	0.9133
平衡指数	0.7011	0.7133	0.7344	0.7542	0.8021	0.8645	0.8922
单位劳动力投入	0.8822	0.8324	0.8055	0.7733	0.7554	0.7332	0.7133
单位化肥投入	0.7988	0.7865	0.7734	0.7523	0.7366	0.7155	0.6896
单位动力投入	0.5896	0.6066	0.6155	0.6543	0.7187	0.7741	0.8623
基础设施投入	0.6122	0.6566	0.6974	0.7323	0.7833	0.8512	0.9457
单位地膜投入	0.7201	0.7311	0.7432	0.7764	0.7866	0.8022	0.8565

表 5-30　研究区耕地集约利用评价各指标权重

目标层	准则层	指标层	权重
耕地集约利用水平	压力指标 0.31	人均耕地	0.45
		安全系数	0.25
		非农指数	0.3
	状态指标 0.35	复种指数	0.16
		灌溉指数	0.15
		稳产指数	0.2
		地均产值	0.25
		劳均产值	0.24
	响应指标 0.34	平衡指数	0.12
		单位劳动力投入	0.23
		单位化肥投入	0.15
		单位动力投入	0.21
		基础设施投入	0.18
		单位地膜投入	0.11

利用标准化后的各评价指标分值及其相对应权重,建立耕地集约利用总体评价模型,计算研究区综合整治前后耕地集约利用总体水平,公式如下:

$$F_i = \sum_{j=1}^{n} X_{ij} \times W_{ij} \tag{5-12}$$

$$F_{目标} = \sum_{i=1}^{3} F_i \times W_i \tag{5-13}$$

式中,F_i 为各准则层分值;$F_{目标}$ 为耕地集约利用总体水平;X_{ij} 为指标层各指标的标准化值;W_{ij} 为指标层各指标的权重;W_i 为各准则层的权重。n 表示各准则层包含评估指标的个数(表 5-31)。

表 5-31 2008~2020 年研究区耕地集约利用水平

评价单元	年份	压力指标	状态指标	响应指标	集约利用水平
整治前	2008	0.5518	0.5746	0.7201	0.6169
整治中	2010	0.5655	0.6112	0.721	0.6344
	2012	0.5918	0.6524	0.7259	0.6586
	2014	0.5826	0.7123	0.7358	0.6801
	2016	0.599	0.7481	0.7589	0.7055
	2018	0.6264	0.8222	0.7837	0.7484
整治后	2020	0.6561	0.9081	0.8201	0.8001

整治前的耕地集约水平以 2008 年为基准,由于大路镇综合国土整治规划的规划期是到 2020 年,因此整治后的耕地集约利用水平以 2020 年的预测值为基准。通过对研究区综合国土整治前后的耕地集约利用的三大指标进行比较,整治后三大指标都有不同程度的提高,其中,状态指标提高的幅度最大,预计到 2020 年,在 2008 年的基础上提高 0.3335,其次是压力指标,整治后提高 0.1043,最后是响应指标,预计提高 0.1000。

进一步分析通过综合国土整治前后的单项指标可见,提高最多的指标为状态指标中的地均产值,其指数预计提高 0.1028,原因是整治后耕地质量提高并且根据当地产业特点发展特色农业,经济效应明显提高;其次为劳均产值指数,预计提高 0.0749,原因是综合国土整治后会根据当地农业特色重新规划农村产业,农业经济效益提高的同时劳均产值也会相应提高;非农指数预计提高 0.0730,原因是城镇化水平提高,农业人口减少所致;基础设施投入指数预计提高 0.0600,原因是整治后农田水利以及田间道路等基础设施得到完善;单位动力投入指数预计提高 0.0573,原因是整治后田块破碎度减小,小型种植业机械使用率提高;灌溉系数预计提高 0.0512,主要原因是通过综合国土整治,农田水利设施得到完善,耕地灌溉能力大大提高;安全系数和稳产指数也得到相应提高,预计分别提高 0.0462 和 0.0518,主要是因为整治后耕地质量得到明显改善,粮食产量得到较大提高。

通过综合国土整治,单位劳动力投入指数预计下降 0.0388,原因是整治后小型种植业机械使用率提高,劳动力投入相应减少;单位化肥投入指数预计下降 0.0164,主要是由于整治后随着耕地质量地提高以及更加注重生态环境,会减少化肥的投入量;人均耕地指数预计下降 0.0149,主要原因是综合国土整治不同于传统的土地整理,虽然整治后耕地区域的质量和数量得到提高,但是城镇区域进行产业和基础设施规划后,会占用部分耕地,因此总体上耕地面积会有所减少,因此人均耕地指数相应有所下降。

综合来看研究区通过综合国土整治预计耕地集约利用水平将呈逐年上升趋势。整治前即 2008 年耕地集约利用综合水平为 0.6169,预计整治后即 2020 年将达到 0.8001,预计提高 0.1832,年均集约利用水平进步显著。可得综合国土整治是提高耕地的集约利用水平,实现耕地集约利用的较好途径。

5.3.3.2　城镇土地高效集约化利用比较

城镇土地利用结构与布局不尽合理,土地利用效率低,这不仅是研究区独有的土地利用现状,而是整个重庆市在土地利用中面临的共有特征。城市土地的粗放式利用,使得本已短缺的土地资源遭到极大的人为破坏与浪费。因此,城镇土地利用方式由低效益、粗放式向高效集约化转变已刻不容缓。

所谓城镇土地利用高效集约化,包括土地利用结构的合理化、土地布局的紧凑化、土地利用功能的综合化、土地产出的高效化、土地利用的充分化以及土地开发的动态化与成片化(王业侨,2006)。在人地矛盾日益严重的今天,必须充分挖潜城市存量土地,并且还需注意其利用的合理性、效益性和可持续性。因此,要实现土地利用平衡,城镇土地必须进行高效集约化利用。

高效、集约表征了城市土地利用的两大目标,城市土地利用高效集约化评价指标的选取应根据城市土地利用高效集约化所追求的目标,在每个目标或每组目标下选取若干指标。如要达到城市土地利用的高效性目标,就应使单位面积上的产出在投入最小的情况下达到最大。本书着重从现阶段重庆市城镇发展的普遍实际出发来确定评价指标,高效化从经济效益、社会效益和环境效益的角度总共选取了 11 个评价指标;集约化分别从土地利用的程度、土地利用结构和土地利用投入的角度选取了 14 个评价指标(表 5-32)。

城镇土地利用的高效化主要体现在经济效益、社会效益和环境效益。经济效益主要反映整个城镇土地利用水平高低,如地均 GDP、单位城镇建设用地第二、第三产业增加值、单位城镇建设用地固定资产增加值和平均地价等;社会效益主要体现在城市土地的利用要最大限度地满足公众需要,这种需要在土地利用上表现为公共设施的舒适、方便、安全等,因此社会效益可以通过人口密度、人均居住面积、人均公共设施建筑面积等指标体现出来;生态环境效益体现了公众对人居环境质量的追求,可以通过绿化覆盖率、单位面积工业废水量、单位面积废气排放量和污水处理率等指标来反映。这些指标从不同方面反映了城镇土地利用对生态环境的影响程度。

城镇土地利用的集约化可以通过土地利用的结构、土地利用的程度和土地投入水平来反映。土地利用的结构直接反映一定时期内的土地利用状况,本书选用工业用地比重、商业用地比重、居住用地比重、绿地面积比重和广场用地比重等指标来反映;土地利用的程度反映土地利用的广度、深度和合理利用程度,选用土地利用率、人均城镇建设用地、平均建筑密度、平均容积率、房屋空置率、基础设施利用率等指标;土地利用投入主要指影响土地价值和成熟度的投入,选取地均固定资产投资额、就业密度和技术投入等指标来反映。

表 5-32　研究区城镇土地高效集约化利用评价指标体系

目标层	因素层	指标层
高效化	经济效益	地均 GDP X_1
		单位城镇建设用地第二、第三产业增加值 X_2
		单位城镇建设用地固定资产增加值 X_3
		平均地价 X_4
	社会效益	人口密度 X_5
		人均居住面积 X_6
		人均公共设施建筑面积 X_7
	环境效益	绿化覆盖率 X_8
		单位面积工业废水量 X_9
		单位面积废气排放量 X_{10}
		污水处理率 X_{11}
集约化	土地利用结构	工业用地比重 X_{12}
		商业用地比重 X_{13}
		居住用地比重 X_{14}
		绿地面积比重 X_{15}
		广场用地比重 X_{16}
	土地利用程度	土地利用率 X_{17}
		人均城镇建设用地 X_{18}
		平均建筑密度 X_{19}
		平均容积率 X_{20}
		房屋空置率 X_{21}
		基础设施利用率 X_{22}
	土地利用投入	地均固定资产投资额 X_{23}
		就业密度 X_{24}
		技术投入 X_{25}

在研究过程中,为了消除量纲的影响,需要对所选取指标进行标准化。利用式(6-4)进行指标值标准化处理,经过标准化处理后各项得分均与指标值呈正相关,即得分越高,指标值越大;得分越低,指标值越小(表5-33)。

表 5-33　研究区城镇土地高效集约化利用标准化指标值

评价指标	年份						
	2008	2010	2012	2014	2016	2018	2020
X_1	0.5123	0.5462	0.6211	0.6987	0.7234	0.8365	0.9234
X_2	0.5623	0.6212	0.6866	0.7523	0.8093	0.8324	0.8533
X_3	0.5822	0.6633	0.7245	0.7452	0.7764	0.8023	0.8411
X_4	0.5413	0.6054	0.6724	0.7133	0.7421	0.7923	0.8421
X_5	0.6233	0.6541	0.6876	0.7255	0.7533	0.8091	0.8544
X_6	0.5744	0.6322	0.6653	0.6899	0.7454	0.8033	0.8464
X_7	0.5876	0.6211	0.6744	0.7364	0.7898	0.8321	0.8644
X_8	0.6543	0.6743	0.6988	0.7210	0.7611	0.8021	0.8433
X_9	0.7422	0.7122	0.7065	0.6966	0.6875	0.6613	0.6512
X_{10}	0.7311	0.7344	0.7122	0.6875	0.6432	0.6311	0.6022
X_{11}	0.5578	0.6388	0.6899	0.7011	0.7211	0.7560	0.8312
X_{12}	0.7621	0.7613	0.7231	0.7033	0.6766	0.6561	0.6366
X_{13}	0.5987	0.6233	0.6653	0.6988	0.7445	0.7987	0.8342
X_{14}	0.5733	0.6322	0.7021	0.7542	0.7661	0.7765	0.8022
X_{15}	0.5311	0.5833	0.6341	0.6876	0.7122	0.7551	0.8064
X_{16}	0.5291	0.5643	0.6154	0.6677	0.7022	0.7422	0.7735
X_{17}	0.6012	0.6833	0.7444	0.7988	0.8212	0.8576	0.8923
X_{18}	0.5844	0.6386	0.7012	0.7533	0.8033	0.8211	0.8466
X_{19}	0.6212	0.6811	0.7211	0.7433	0.7544	0.7655	0.7967
X_{20}	0.5432	0.5859	0.6487	0.6911	0.7489	0.7823	0.8245
X_{21}	0.6811	0.6763	0.6655	0.6433	0.6311	0.6145	0.5987
X_{22}	0.5423	0.6011	0.6655	0.7199	0.7534	0.7956	0.8569
X_{23}	0.6188	0.6663	0.6922	0.7333	0.7543	0.8122	0.8311
X_{24}	0.5577	0.6088	0.6823	0.7533	0.7731	0.7922	0.8601
X_{25}	0.5781	0.5899	0.6458	0.6891	0.7439	0.7892	0.8311

本书利用层次分析法确定各指标权重,然后结合标准化后的各评价指标分值,计算研究区综合整治前后城镇土地集约利用总体水平(表5-34),综合评价指数公式为

$$P_i = \sum N_{ij} \times W_j \tag{5-14}$$

式中,P_i 为第 i 单元土地高效集约利用综合指数;N_{ij} 为标准化后的各指标值;W_j 为第 j 个评价指标的权重。

表5-34　研究区城镇土地高效集约利用评价综合指数

指标值		权重	年份						
			2008	2010	2012	2014	2016	2018	2020
经济效益	X_1	0.08	0.0410	0.0437	0.0497	0.0559	0.0579	0.0669	0.0739
	X_2	0.05	0.0281	0.0311	0.0343	0.0376	0.0405	0.0416	0.0427
	X_3	0.04	0.0233	0.0265	0.0290	0.0298	0.0311	0.0321	0.0336
	X_4	0.03	0.0162	0.0182	0.0202	0.0214	0.0223	0.0238	0.0253
	小计	0.20	0.1086	0.1195	0.1332	0.1447	0.1518	0.1644	0.1755
社会效益	X_5	0.07	0.0436	0.0458	0.0481	0.0508	0.0527	0.0566	0.0598
	X_6	0.03	0.0172	0.0190	0.0200	0.0207	0.0224	0.0241	0.0254
	X_7	0.02	0.0118	0.0124	0.0135	0.0147	0.0158	0.0166	0.0173
	小计	0.12	0.0726	0.0772	0.0816	0.0862	0.0909	0.0973	0.1025
环境效益	X_8	0.05	0.0327	0.0337	0.0349	0.0361	0.0381	0.0401	0.0422
	X_9	0.03	0.0223	0.0214	0.0212	0.0209	0.0206	0.0198	0.0195
	X_{10}	0.03	0.0219	0.0220	0.0214	0.0206	0.0193	0.0189	0.0181
	X_{11}	0.02	0.0112	0.0128	0.0138	0.0140	0.0144	0.0151	0.0166
	小计	0.13	0.0881	0.0899	0.0913	0.0916	0.0924	0.0939	0.0964

续表

指标值		权重	年份						
			2008	2010	2012	2014	2016	2018	2020
土地利用结构	X_{12}	0.04	0.0305	0.0305	0.0289	0.0281	0.0271	0.0262	0.0255
	X_{13}	0.06	0.0359	0.0374	0.0399	0.0419	0.0447	0.0479	0.0501
	X_{14}	0.06	0.0344	0.0379	0.0421	0.0453	0.0460	0.0466	0.0481
	X_{15}	0.03	0.0159	0.0175	0.0190	0.0206	0.0214	0.0227	0.0242
	X_{16}	0.01	0.0053	0.0056	0.0062	0.0067	0.0070	0.0074	0.0077
	小计	0.20	0.1220	0.1289	0.1361	0.1426	0.1462	0.1508	0.1556
土地利用程度	X_{17}	0.06	0.0361	0.0410	0.0447	0.0479	0.0493	0.0515	0.0535
	X_{18}	0.03	0.0175	0.0192	0.0210	0.0226	0.0241	0.0246	0.0254
	X_{19}	0.05	0.0311	0.0341	0.0361	0.0372	0.0377	0.0383	0.0398
	X_{20}	0.04	0.0217	0.0234	0.0259	0.0276	0.0300	0.0313	0.0330
	X_{21}	0.03	0.0204	0.0203	0.0200	0.0193	0.0189	0.0184	0.0180
	X_{22}	0.04	0.0217	0.0240	0.0266	0.0288	0.0301	0.0318	0.0343
	小计	0.25	0.1485	0.1620	0.1743	0.1834	0.1901	0.1959	0.2040
土地投入	X_{23}	0.06	0.0371	0.0400	0.0415	0.0440	0.0453	0.0487	0.0499
	X_{24}	0.02	0.0112	0.0122	0.0136	0.0151	0.0155	0.0158	0.0172
	X_{25}	0.02	0.0116	0.0118	0.0129	0.0138	0.0149	0.0158	0.0166
	小计	0.10	0.0599	0.0640	0.0680	0.0729	0.0757	0.0803	0.0837
综合值			0.5997	0.6414	0.6846	0.7214	0.7467	0.7829	0.8176

注:CI=0.07,RI=0.90,CR=0.08<0.1,表明评价指标 C 对于总目标层 A 的层次总排序通过一致性检验,具有满意的一致性。

评价等级系统是对评价结果的科学表达,它不仅关系到评价方法的选择,还关系到评价结果的实际应用价值。本书在定性分析的基础上,参考其他试点城市的经验以及研究区城市规划和城市土地集约利用的实际状况,确定具体的指标分值分级标准,将城镇土地集约利用状态分为高、较高、中等、较低和低五种阶段(肖梦,1993)(表5-35)。

表5-35　城镇土地高效集约利用水平评价等级层次

等级	高	较高	中等	较低	低
评估值	≥0.8	0.6~0.8	0.4~0.6	0.2~0.4	≤0.2

充分挖潜存量土地是解决人地矛盾,实现土地利用平衡的重要途径。在此背景下,本书分析综合国土整治前后研究区城镇土地高效集约利用情况,主要从高效化和集约化两方面进行考虑,高效化构建了经济效益、社会效益和环境效益三方面等11项指标评价,通过评价综合国土整治前后研究区城镇土地的经济效益、社会效益和环境效益,发现三大效益均呈现出逐年上升的趋势。

整治前经济效益指数为0.1086,预计整治完成后可达到0.1755;整治前社会效益指数为0.0726,预计整治完成后可达到0.1025;整治前环境效益指数为0.0881,预计整治完成后可达到0.0964。其中提高幅度最大为经济效益,整治前后预计将提高0.0669,主要原因是通过综合国土整治后,因地制宜,改善了相关产业结构,实现该区域生产力的巨大释放。从影响因素上来看,通过综合国土整治后,研究区城镇土地高效利用水平得到提高的指标为X_1(地均GDP)、X_2(单位城镇建设用地第一、第二、第三产业增加值)、X_3(单位城镇建设用地固定资产增加值)、X_4(平均地价)、X_5(人口密度)、X_6(人均居住面积)、X_7(人均公共设施建筑面积)、X_8(绿化覆盖率)、X_{11}(污水处理率),同时X_9(单位面积工业废水量)和X_{10}(单位面积废气排放量)得到相应降低,这与城镇土地高效利用的结果相符。

想要实现土地利用平衡,仅仅提高土地利用效率,践行城镇土地高效利用是远远不够的。在人地矛盾日益激烈的现代社会,还必须集约化利用城镇土地。本书针对研究区集约化评价从土地利用结构、土地利用程度和土地利用投入三个角度选取了14个评价指标。通过分析可见,预计研究区三大集约化指标在整个综合国土整治期间均呈逐年上升趋势。其中土地利用结构指数预计将从2008年整治前的0.1220上升到2020年整治完成后的

0.1556;土地利用程度指数整治前为0.1485,预计整治完成后将达到0.2040;土地利用投入指数整治前为0.0599,预计整治完成后将达到0.0837,土地利用程度指数整治前后提高幅度最大,预计将提高0.0555,由此可见,通过综合国土整治,城镇存量土地得到充分利用,挖潜存量建设用地效果较好。从影响因素上来看,通过综合国土整治后,研究区城镇土地集约利用水平得到提高的指标有:X_{13}(商业用地比重)、X_{14}(居住用地比重)、X_{15}(绿地面积比重)、X_{16}(广场用地比重)、X_{17}(土地利用率)、X_{18}(人均城镇建设用地)、X_{19}(平均建筑密度)、X_{20}(平均容积率)、X_{22}(基础设施利用率)、X_{23}(地均固定资产投资额)、X_{24}(就业密度)、X_{25}(技术投入)等经济指标;而整治后城镇土地高效集约利用指数有所下降的指标主要为:X_{9}(单位面积工业废水量)、X_{10}(单位面积废气排放量)、X_{12}(工业用地比重)和X_{21}(房屋空置率),可见这与城镇土地集约利用结果相符。

综分析可见,从整治前后指标的变化绝对数量上来看,提高最多的是地均GDP指数,预计提高0.0329,表明整治后城镇土地利用的效益得到较大提高;其次是土地利用率,预计提高0.0174,表明整治后,城镇建设中城市用地结构不合理的现象得到一定程度改善,产业结构调整后,土地利用率提高;第三是人口密度,预计提高0.0162,主要是由于城镇化率不断提高,农村剩余劳动力不断涌入城镇。综合评价结果表明,研究区综合国土整治前城镇土地高效集约利用综合指数为0.5997,整治后土地高效集约利用综合指数达到0.8176,预计提高0.2179。根据城镇土地高效集约利用水平评价等级,研究区城镇土地利用高效集约状况将从整治前的中等水平,预计整治后达到高水平,这表明通过综合国土整治研究区城镇土地高效集约利用程度有明显改善,并有向更好的方向发展趋势。

5.3.4　土地利用环境友好评析

土地利用是生态环境变化的主要驱动力之一,环境变化是土地利用沿时空方向的累积性结果(杨庆媛,2000),任何土地变化和土地利用都与一定的自然环境后果相联系(李晓兵,1999;郭旭东等,1999)。所有环境问题的实质都是人与自然关系的不协调,土地利用是人与自然相互作用的重要界面。土地利用环境友好的实现会对建设环境友好型社会发展战略地全面实施奠定坚实基础。环境友好型土地利用,是指因地制宜,节约与集约利用土地及可持续利用土地,以环境−经济−社会协调发展为目标,采取对生态环境有利,在区域环境容量限度内保证环境状况与经济发展有良性互动的关系,尽可能不产生环境污染和生态破坏,或在发生环境污染或生态破坏时,能在人类对环境的积极补偿干预中迅速恢复并改善。既保证当前社会经济发展中合理的土地需求,又保证对社会经济发展所需土地的可持续供给,有效保护土地资源和改善生态环境。本书在比较综合国土整治前后土地集约利用水平的基础上,进一步评价研究区的土地利用环境友好状况,以便全面比较综合国土整治对土地利用的影响。

目前对于环境友好型土地利用还没有完善和比较成熟的指标体系,通过对研究区土地利用的环境状况、土地利用环境效应及自然−人−社会复合系统的综合分析,并在征求了环保,农业,生态等方面专家的意见基础上,确定了环境友好型土地利用评价的目标层,综合反映研究区土地利用的环境友好程度与状况。根据环境友好型土地利用的意义、内涵及指标构建的原则,借鉴土地生态安全与相关环境状态模型,以土地利用生态环境效应为主导,注重人类对环境的响应与对生态环境友好的诉求,构建环境友好型土地利用评价指标体系。

环境友好型土地利用准则层根据综合指标要求将目标分解为三个评价子系统。土地利用环境友好指数指标体系依据全国土地分类(过渡期间适用)三大类,即农用地、建设用地、未利用地来构建,分三级建立指标体系。三个准则层分别是农用地利用环境友好指数(AP)、建设用地利用环境友好指数(IP)、未利用地利用环境友好指数(UP)(表5-36)。

表 5-36 研究区环境友好型土地利用评价指标体系

目标层	准则层	指标层	单位
土	农用地利用环境友好指数（AP）	单位播种面积化肥用量 E_1	t/m^2
		单位农作物播种面积农药用量 E_2	t/hm^2
		单位耕地化肥使用量 E_3	t/hm^2
		人均耕地面积 E_4	亩/人
		人均生态用地面积 E_5	$m^2/人$
		农业用地水土流失治理率 E_6	%
		有效灌溉面积比例 E_7	%
		农田防护林面积比例 E_8	%
	建设用地利用环境友好指数（IP）	城镇化水平 E_9	%
		城市建筑容积率 E_{10}	%
		城镇土地利用系数 E_{11}	%
		单位建设用地 GDP 产值 E_{12}	万元/hm^2
		万元 GDP 能耗 E_{13}	$kW \cdot h$
		生活污水处理率 E_{14}	%
		建成区绿化覆盖率 E_{15}	%
		生活垃圾无害化处理率 E_{16}	%
		工业废水排放达标率 E_{17}	%
		工业 SO_2 去除率 E_{18}	%
		工业烟尘去除率 E_{19}	%
		二三产业比率 E_{20}	%
		单位 GDP 环境治理投资 E_{21}	%
		建成区噪音达标比率 E_{22}	%
	未利用地利用环境友好指数（UP）	未利用地转化生态用地比率 E_{23}	%
		未利用地开发转化农用地比率 E_{24}	%

　　农用地利用环境友好指数(AP)用于反映本地区土地利用环境的自然禀赋状况。该层指标体系应包括以下几个指标:单位播种面积化肥用量(E_1)、单位农作物播种面积农药用量(E_2)、单位耕地化肥使用量(E_3)、人均耕地面积(E_4)、人均生态用地面积(E_5)、农业用地水土流失治理率(E_6)、有效灌溉面积比例(E_7)、农田防护林面积比例(E_8);建设用地利用环境友好指数(IP)考虑的指标包括:城镇化水平(E_9)、城市建筑容积率(E_{10})、城镇土地利用系数(E_{11})、单位建设用地 GDP 产值(E_{12})、万元 GDP 能耗(E_{13})、生活污水处理率(E_{14})、建成区绿化覆盖率(E_{15})、生活垃圾无害化处理率(E_{16})、工业废水排放达标率(E_{17})、工业 SO_2 去除率(E_{18})、工业烟尘去除率(E_{19})、二三产业比率(E_{20})、单位 GDP 环境治理投资(E_{21})、建成区噪音达标比率(E_{22});未利用地利用评价暂且只设置两个指标,即未利用地转化为生态用地的比率(E_{23})和未利用地开发转化农用地比率(E_{24})。

　　在研究过程中,为了消除量纲的影响,需要对所选取指标进行标准化。利用式(6-4)进行指标值标准化处理,经过标准化处理后各项得分均与指标值正相关,即得分越高,指标值越大;得分越低,指标值越小(表 5-37)。

表 5-37　研究区环境友好型土地利用标准化指标值

指标值	年份						
	2008	2010	2012	2014	2016	2018	2020
E_1	0.7988	0.7865	0.7734	0.7523	0.7366	0.7155	0.6896
E_2	0.7223	0.7134	0.7079	0.6953	0.6811	0.6788	0.6655
E_3	0.7131	0.6843	0.6711	0.6666	0.6552	0.6452	0.6393
E_4	0.4221	0.4433	0.4631	0.4209	0.4023	0.3988	0.3891
E_5	0.4422	0.4721	0.5243	0.5833	0.6522	0.7121	0.7730
E_6	0.4833	0.5521	0.6111	0.6622	0.7021	0.7234	0.7568
E_7	0.5511	0.6101	0.6435	0.7432	0.7933	0.8888	0.9223
E_8	0.4633	0.5121	0.5977	0.6621	0.7033	0.7656	0.8041
E_9	0.4812	0.5633	0.6344	0.6788	0.7012	0.7376	0.7523
E_{10}	0.4532	0.5359	0.5987	0.6611	0.7189	0.7923	0.8345
E_{11}	0.4512	0.5133	0.5844	0.6788	0.7712	0.8576	0.8723

续表

指标值	年份						
	2008	2010	2012	2014	2016	2018	2020
E_{12}	0.5044	0.5512	0.6022	0.6433	0.6767	0.7513	0.8267
E_{13}	0.6076	0.5932	0.5832	0.5733	0.5587	0.5354	0.5132
E_{14}	0.4887	0.5522	0.6034	0.6543	0.7099	0.7634	0.8287
E_{15}	0.5111	0.5733	0.6241	0.6876	0.7122	0.7551	0.8064
E_{16}	0.4622	0.5043	0.5644	0.6288	0.6834	0.7432	0.8235
E_{17}	0.4845	0.5725	0.6387	0.6856	0.7684	0.8355	0.8851
E_{18}	0.4324	0.5067	0.5687	0.6135	0.6685	0.7097	0.7431
E_{19}	0.4523	0.5342	0.5875	0.6235	0.6875	0.7356	0.7834
E_{20}	0.5134	0.5830	0.6383	0.7055	0.7864	0.8317	0.8577
E_{21}	0.4522	0.5012	0.5934	0.6686	0.7135	0.7577	0.8021
E_{22}	0.4421	0.5018	0.5834	0.6562	0.7187	0.7945	0.8367
E_{23}	0.4343	0.5092	0.6134	0.6897	0.7366	0.7986	0.8457
E_{24}	0.4031	0.5113	0.6013	0.6957	0.7834	0.8243	0.8977

　　在建立指标体系、确定各指标的权重后,先利用标准化后的指标值,计算出指标的权重值,用指数和方法计算出准则层各评价指标的评价值,然后再依据计算出的准则层的权重值,算出因子层的各评价指标的综合值。综合值 P 的计算公式如下:

$$P = \sum W_i \times P_i \qquad (5\text{-}15)$$

式中, W_i 为指标 i 的权重; P_i 为指标 i 的标准化值。计算研究区环境友好型土地利用评价的综合值见表 5-38。

　　为了更直观地评价研究区土地资源环境友好利用水平,根据事物不断发展论和发展阶段论,借鉴罗斯托的经济发展阶段理论思想,参考土地资源可持续研究和土地环境影响评价的成果,同时参照不同学者对环境友好型土地利用评价的划分标准,本书将研究区土地利用的环境友好水平划分为低、较低、中等、较高、高 5 个等级(侯湖平,2003;周勇和田有国,2003)(表 5-39)。该划分方法充分体现了土地利用的环境友好水平从低水平向高水平发展时阻力越来越大的客观规律,有助于土地资源环境友好利用的分段实施和重点突破。

表 5-38　研究区友好型土地利用综合评价值

指标值		权重	年份						
			2008	2010	2012	2014	2016	2018	2020
AP	E_1	0.03	0.0240	0.0236	0.0232	0.0226	0.0221	0.0215	0.0207
	E_2	0.03	0.0217	0.0214	0.0212	0.0209	0.0204	0.0204	0.0200
	E_3	0.04	0.0285	0.0274	0.0268	0.0267	0.0262	0.0258	0.0256
	E_4	0.05	0.0211	0.0222	0.0232	0.0210	0.0201	0.0199	0.0195
	E_5	0.05	0.0221	0.0236	0.0262	0.0292	0.0326	0.0356	0.0387
	E_6	0.06	0.0290	0.0331	0.0367	0.0397	0.0421	0.0434	0.0454
	E_7	0.04	0.0220	0.0244	0.0257	0.0297	0.0317	0.0356	0.0369
	E_8	0.05	0.0232	0.0256	0.0299	0.0331	0.0352	0.0383	0.0402
	小计	0.35	0.1916	0.2013	0.2129	0.2229	0.2304	0.2405	0.2470
IP	E_9	0.03	0.0144	0.0169	0.0190	0.0204	0.0210	0.0221	0.0226
	E_{10}	0.03	0.0136	0.0161	0.0180	0.0198	0.0216	0.0238	0.0250
	E_{11}	0.05	0.0226	0.0257	0.0292	0.0339	0.0386	0.0429	0.0436
	E_{12}	0.04	0.0202	0.0220	0.0241	0.0257	0.0271	0.0301	0.0331
	E_{13}	0.03	0.0182	0.0178	0.0175	0.0172	0.0168	0.0161	0.0154
	E_{14}	0.04	0.0195	0.0221	0.0241	0.0262	0.0284	0.0305	0.0331
	E_{15}	0.06	0.0307	0.0344	0.0374	0.0413	0.0427	0.0453	0.0484
	E_{16}	0.03	0.0139	0.0151	0.0169	0.0189	0.0205	0.0223	0.0247
	E_{17}	0.05	0.0242	0.0286	0.0319	0.0343	0.0384	0.0418	0.0443
	E_{18}	0.04	0.0173	0.0203	0.0227	0.0245	0.0267	0.0284	0.0297
	E_{19}	0.04	0.0181	0.0214	0.0235	0.0249	0.0275	0.0294	0.0313
	E_{20}	0.05	0.0257	0.0292	0.0319	0.0353	0.0393	0.0416	0.0429
	E_{21}	0.03	0.0136	0.0150	0.0178	0.0201	0.0214	0.0227	0.0241
	E_{22}	0.03	0.0133	0.0151	0.0175	0.0197	0.0216	0.0238	0.0251
	小计	0.55	0.2653	0.2997	0.3315	0.3622	0.3916	0.4208	0.4433
UP	E_{23}	0.06	0.0261	0.0306	0.0368	0.0414	0.0442	0.0479	0.0507
	E_{24}	0.04	0.0161	0.0205	0.0241	0.0278	0.0313	0.0330	0.0359
	小计	0.10	0.0422	0.0511	0.0609	0.0692	0.0755	0.0809	0.0866
综合值			0.4989	0.5519	0.6055	0.6542	0.6976	0.7421	0.7768

注:CI=0.08,RI=0.70,CR=0.07<0.1,表明评价指标通过一致性检验,具有满意的一致性。

表 5-39 研究区土地利用环境友好评价的等级标准

土地利用的环境友好水平	低	较低	中等	较高	高
综合评价值	≤0.3	0.3~0.5	0.5~0.7	0.7~0.9	≥0.9

5.3.4.1 农用地利用环境友好评价结果分析

本书选取了 8 项指标评价研究区农用地利用的环境友好状况。其中单位播种面积化肥用量(E_1)、单位农作物播种面积农药用量(E_2)、单位耕地化肥使用量(E_3)和人均耕地面积(E_4)4 项指标随着综合国土整治的进行,从整治前(2008 年)到整治全部完成(2020 年)呈现出逐年递减趋势。单位播种面积化肥用量指数预计下降 0.0033,单位农作物播种面积农药用量指数预计下降 0.0017,单位耕地化肥使用量指数预计下降 0.0029,主要原因是随着综合国土整治后,土层厚度增加,耕地质量得到提高,农民生态保护意识逐渐增强,化肥和农药的使用量逐渐降低;人均耕地指数预计到 2020 年下降 0.0016,一方面由于人口持续增加,另一方面综合整治后耕地区域的质量和数量得到提高,但是城镇区域进行产业和基础设施规划时,会占用部分耕地,因此总体上耕地面积有所减少,人均耕地指数相应有所下降。人均生态用地面积(E_5)、农业用地水土流失治理率(E_6)、有效灌溉面积比例(E_7)和农田防护林面积比例(E_8)4 项指标呈现出逐年递增趋势,其中人均生态用地面积指数预计上升 0.0166,农业用地水土流失治理率指数预计上升 0.0164,有效灌溉面积比例指数预计上升 0.0149,农田防护林面积比例指数预计上升 0.0170。这些指数的上升都是由于综合国土整治后农田水利工程、农村道路工程,农田防护林建设等得到完善的结果。

5.3.4.2 建设用地利用环境友好评价结果分析

评价研究区建设用地利用的环境友好状况,本书选取了 14 项指标:城镇化水平(E_9)、城市建筑容积率(E_{10})、城镇土地利用系数(E_{11})、单位建设用地

GDP 产值(E_{12})、万元 GDP 能耗(E_{13})、生活污水处理率(E_{14})、建成区绿化覆盖率(E_{15})、生活垃圾无害化处理率(E_{16})、工业废水排放达标率(E_{17})、工业 SO$_2$ 去除率(E_{18})、工业烟尘去除率(E_{19})、二三产业比率(E_{20})、单位 GDP 环境治理投资(E_{21})、建成区噪音达标比率(E_{22})。其中,只有万元 GDP 能耗指数表现出下降趋势,预计下降 0.0028,主要是由于产业结构调整后,利用效率大大提高;其他的 13 项指标都呈现逐年上升趋势,其中增幅最大的前三项指标分别是城镇土地利用系数预计提高 0.0210,工业废水排放达标率指数预计提高 0.0201,建成区绿化覆盖率指数预计提高 0.0177。这与综合国土整治后土地高效集约利用水平提高是密不可分的。

5.3.4.3　未利用地利用环境友好评价结果分析

评价研究区未利用地的环境友好状况,本书仅选取了 2 项指标,即未利用地转化为生态用地比率(E_{23})和未利用地开发转化为农用地比率(E_{24})。这两项指标均呈现出上升趋势,其中未利用地转化为生态用地的比率指数预计从 0.0261 提高到 0.0507,提高幅度达 0.0246;未利用地开发转化为农用地比率指数预计从 0.0161 提高到 0.0359,提高幅度为 0.0198。未利用地的环境友好指标上升趋势表明通过综合国土整治后,研究区的未利用地环境状况较好。

5.3.4.4　土地利用环境友好综合评价结果分析

总体来看,通过综合国土整治农用地、建设用地和未利用地三大地类的环境利用友好评价指数都将得到提高。其中,农用地利用环境友好综合指数,从 2008 年的 0.1916 预计到 2020 年上升到 0.2470,提高幅度预计为 0.0554;建设用地利用环境友好综合指数,从 2008 年的 0.2653 预计到 2020 年上升到 0.4433,提高幅度预计为 0.1780;未利用地利用环境友好综合指数从 2008 年的 0.0422 预计到 2020 年上升到 0.0866,提高幅度预计为 0.0444。研究区土地利用环境友好综合评价指数从 2008 年的 0.4989 预计到 2020 年达到

0.7768,提高幅度预计为 0.2779,根据土地利用环境友好评价的等级标准(表 6-18),整治前(2008 年)研究区土地利用环境友好处于较低的状态,整治全部完成后(2020 年)研究区土地利用环境友好将处于较高的状态,因此,综合国土整治是提高研究区土地利用环境友好状况的重要途径。

综上所述,通过国土综合整治可以满足规划期内区域耕地保有量的目标,提高耕地质量,有效地保护农地(特别是耕地),实现土地利用结构和布局的优化配置,提高土地利用效率,做好该区域相关产业用地的梯度转移,实现城乡统筹的均衡发展与资源互补,发展基础设施,改善产业结构,改善生态环境,真正践行土地利用平衡的理念。

5.4　结论

土地利用平衡的实现脱离不了自然、经济和体制系统的耦合。实现重庆市区域土地利用平衡的核心是进行土地利用平衡途径的探索。本书提出三种重庆市土地利用平衡的途径,即"宅基地换住房、承包地换社会保障"土地流转模式、城乡建设用地增减挂钩和综合国土整治,是兼容外延扩展和内涵挖潜三种途径的土地利用方式,能够有效补充因建设占用而减少的耕地,提高土地生产能力,保障粮食安全和生态安全。

1) 农村建设用地特别是居民点整理将成为未来土地利用平衡增加建设用地的重要源泉,但是要盘活农村建设用地,现行的土地流转制度急需改革。因此,本书将"宅基地换住房、承包地换社会保障"土地流转模式作为重庆市实现土地利用平衡的途径之一。通过采取"宅基地换住房、承包地换社会保障"的土地流转模式,可以实行规模化经营,既可以给农户带来稳定且明显的增值收益,也能够给地方政府创造各种效益,这些有形和无形的效益远远大于与制度创新的支出成本。所以,由农户构成的初级行动团体和由基层政府构成的次级行动团体都积极参与土地流转制度创新。

2) 通过"宅基地换住房、承包地换社会保障"土地流转模式,可以获得较好的总体绩效,切实维护了农民的土地财产权益、有效地保护了农地、盘活了农村存量建设用地以及改善了区域自然生态环境。通过这样的流转思路,促进集约节约经营,实现资源的优势互补,缓解重庆市经济发展对耕地的占用,为区域经济社会发展提供更大的空间。

3)"宅基地换住房、承包地换社会保障"土地流转模式并没有打破现有农村土地产权关系,是在城乡统筹背景下土地利用方式和管理上的新尝试。比较"宅基地换住房、承包地换社会保障"土地流转模式与现阶段得到广泛认可的土地入股流转模式,在不考虑"股田制"公司经营风险的前提下,采用"宅基地换住房、承包地换社会保障"模式的增值收益大于"土地入股"模式。虽然两种模式都存在一定的风险,"土地入股"模式的风险主要是企业的经营风险,较难防范,而"宅基地换住房、承包地换社会保障"的风险可以通过政府加强监管进行合理规避。综合可见,通过"宅基地换住房、承包地换社会保障"模式,盘活农村存量建设用地,为突破土地资源制约区域经济社会发展提供了较好思路,符合现阶段重庆市土地利用平衡发展方向,是实现区域土地利用平衡的较好途径。但它也面临着严格的约束条件:地方政府需要具备雄厚的财政实力,土地预期收益较为乐观,农民拥有稳定的非农就业机会,三者缺一不可。因此,必须建立起政府主导下的全方位社会服务机制,如加强社区组织建设,强化农民土地管理职能;加强要素市场建设,建立完善土地市场服务中介机构;建立健全社会保障制度和信贷制度;创新完善农村金融制度;为土地市场的发育创造良好的经济和社会环境。

4)通过对研究区农户参与城乡建设用地增减挂钩的意愿进行分析可知,几乎所有的农户都表示如果有个人或公司愿意流转他们的土地且价格合理,他们都愿意流转土地。同时,只要拆迁补偿合理,解决农户的安置房和社会保障问题,多数农户愿意搬迁。由此可见,通过增减挂钩试点项目的实施,可以有效提高农业综合生产能力,增加农民收入,繁荣农村经济,缩小城乡差距,实现农村集体建设用地的合理利用和国民经济的持续发展,促进农业产业化和规模化经营,改善农民生产、生活条件,进而提高农民的生活质量。

5)研究区到 2020 年建设用地的理论复垦潜力总潜力远大于建设用地增

量,因此,在理论上研究区是可以通过自身平衡,保障全区的用地指标的。通过复垦居民点和废弃工矿企业得到的建设用地指标作为经济社会发展需新增的建设用地指标的补充,保障全区经济社会发展的需要。

6) 城乡建设用地增减挂钩项目的实施,既能够获得较好的经济和社会效益,还可以大大改善研究区的生态环境。另外,通过城乡建设用地增减挂钩项目,盘活了农村存量建设用地,为区域经济社会发展提供更大的空间,改善了农村生产生活环境,提高了农民收入,有利于缓解经济发展对耕地资源的占用,有利用于实现土地利用平衡。

7) 研究区耕地数量满足规划期内耕地保护的目标。耕地质量综合指数在综合国土整治实施前(2008 年)是 47.92,预计实施后(2020 年)可达到63.85,综合耕地质量指数可提高 15.93,整治前后耕地质量总得分的提高幅度为 33.25%。由此可见,通过综合国土整治研究区的耕地综合质量得到比较明显的提高。同时,实施综合国土整治是一种强制性和时效性均较强的人为干扰行为,通过农地整理和各项农田水利设施建设,降低田块破碎度并且增加人均耕地面积,有利于提高农户农业收入和增加农户保护耕地的意愿。

8) 研究区整治前(2008 年)耕地集约利用综合水平为 0.6169,预计整治后(2020 年)达到 0.8001,预计提高 0.1832,集约利用水平进步显著,可见综合国土整治是提高耕地的集约利用水平,实现耕地集约利用的较好途径。综合国土整治前(2008 年),研究区城镇土地高效集约利用综合指数为 0.5997,整治后(2020 年),土地高效集约利用综合指数达到 0.8176,预计提高0.2179。根据城镇土地高效集约利用水平评价等级,研究区城镇土地利用高效集约状况从整治前的中等水平,整治后预计达到高水平,表明研究区城镇土地高效集约利用水平通过综合国土整治有明显改善,并有向更好的方向发展趋势。

9) 通过综合国土整治,研究区土地利用环境友好综合评价指数从 2008年的 0.4989 预计到 2020 年达到 0.7768,提高幅度预计为 0.2779。整治前(2008 年)研究区土地利用环境友好处于较低的状态,整治全部完成后(2020

年)研究区土地利用环境友好将处于较高的状态。可见,通过综合国土整治,在耕地质量提高、土地集约节约利用和环境友好水平增加的同时,还可以获得较好的经济社会效益以及生态服务价值总量将增加。因此,综合国土整治可以提高研究区耕地质量,土地集约利用程度以及土地利用环境友好状况,符合土地利用平衡的理念。

第6章 土地利用平衡保障机制

在资源过度消耗、环境不断恶化的当今社会,保护环境和土地资源已经成为全国以及全世界人民共同关心的重大问题。通过探索重庆市土地利用平衡的途径,不仅可以保护农地,提高耕地质量,而且也可以增加土地高效集约利用效率,改善生态环境,为区域经济社会发展,突破土地资源的制约提供较好思路。作为实现重庆市土地利用平衡的途径,无论是"宅基地换住房、承包地换社会保障",还是综合国土整治,已经日益受到政府的重视,但目前大多采用宣传、强化管理等导向性措施保障土地利用平衡途径的顺利实施,不够具体且没有形成完善的机制(赵越和母小曼,2010;陈秋云,2009)。同时,土地利用平衡途径也面临着严格的限制条件,如资金瓶颈、制度障碍等。因此,必须建立起政府主导下的资源要素交易平台,科学运用土地相关政策,保护资源和保障发展并重,特别要在保障发展上下功夫,以确保经济跨越式发展目标的实现。

土地利用平衡对土地利用起优化、协调与管理作用,它不能仅停留在途径的探讨或制定上,更为重要的是确保其实施,这对于真正发挥区域土地利用平衡的作用至关重要。重庆市现阶段在实现土地利用平衡的实践过程中发现:加强土地利用平衡的实施管理,协调好土地利用活动中的利益关系,解决人口增长、经济建设与土地资源日益突出的矛盾,就必须完善土地利用平衡实施的保障措施体系。因此,构建土地利用平衡保障机制就成为实现平衡目标、发挥平衡作用的决定环节。为保障平衡目标的实现,必须因地制宜,采取综合措施,通过意识观念的提高、各项高新技术的应用和管理制度措施的完善等,合理开发、利用、保护土地资源,使其能够在数量、质量、结构和空间布局等各方面实现对区域发展的用地支撑。具体来讲,即要保障充分挖掘现有土地资源的潜力,努力提高土地资源的集约节约利用水平;加强区域经济结构和产业结构调整,压缩粗放用地产业规模、大力发展节地省地的第三产业,降低土地资源浪费量;大力开展节约型城市和节约型社会建设,积极推广节地方式的普遍应用;切实加强用地管理,按市场经济规律,用价格杠杆达到节地的目的;建立健全土地保护和土地利用的法律法规体系,并严格实施,使土地资源的开发利用和保护真正纳入法治轨道。

因此,本章拟从利益激励、社会保障、技术支撑和监督管理四方面入手,综合运用立法、组织管理、行政许可、社会监督和参与、经济制约等手段和措施,以法律保障和制度保障作为平衡运行保障基础,以技术作为支撑,以经济和行政管理作为必要手段,建立一个多途径、多目标、多层次,科学合理的重庆市土地利用平衡保障机制。

6.1　利益激励

6.1.1　明晰农村土地产权

现阶段,农村土地增值收益分配不合理是制约重庆市土地利用实现平衡的关键因素,实现其合理分配,最重要的制度保障是土地产权制度,其中,农村土地产权制度改革一直是理论界的热点问题。主要的改革思路是以下四种:土地国有化、土地私有化、土地集体所有以及土地多重所有。本书依照土地公有制是宪法性规范,也是中国社会主义经济制度的基础,坚持土地公有制是城乡统筹试验区农村土地产权制度的改革方向。因此,为了更好地实现土地的平等、自由交易,农村土地产权必须明晰化。

(1) 明确集体所有者

目前,我国农村土地所有权主体是村民小组,村民小组既是集体土地所有权的人格化代表,又是土地行政管理部门的准行政主体,它具有双重身份,从而导致了土地缺乏产权主体的状态。尽管宪法看似明确规定了农村土地集体所有,但具体哪个主体模糊不清。本着尊重历史形成的即成事实,应将农村土地所有者规定为一定范围内(社、村、乡镇)的集体成员共同所有,成员对集体所有的土地享有使用、收益的权利但不享有分割权请求分割。同时建立农户退出集体的机制,鼓励年轻农户向非农产业转移。因为随着城市化进程地加快和社会保障体系的完善,农户对土地依赖性降低,有一定职业技能的农户希望从事非农产业,以期获得比农业更高的收益,他们有退出集体的愿望和条件。

现阶段,集体对农村土地的占用、使用、收益三项权能均能够完全行使,但处分权一直模糊不清。因此,改革的方向应该是在符合法律的条件下,赋予集体所有者处分权。只要符合相关规划,农村土地不必征为国有土地也可以上市交易。同时,国家征收土地必须严格限定在公共利益之内,对大量的经营性用地应采取用地者和所有者协商的方式在市场经济的框架内解决。即使征收土地是符合公共利益的,也应体现其市场价值,而非象征性地给予补偿,国家可以以税收的方式收回外部性带来的收益以及国家投入而导致的增值部分。

(2) 建立农户退出机制

家庭联产承包责任制曾大大提高农民的积极性,解决了温饱问题,但无法使农户致富。非农收益的高额利益驱使大量的农户外出务工,一部分农户已经在城市站稳了脚跟,但是尚未成为城市人,农村的土地无法退包,造成土地大量撂荒,既不利于稀缺的土地资源优化配置,也限制了各类资金对土地的投入,成为一种制度性的障碍。因此,应在遵循农户自愿的原则下,承认农户的退包和退出契约的权利,对拥有一定职业技能,能够在城市获得稳定收入并有意转为城市户口的农户,可以退出承包地和宅基地,并得到相应的补偿;对不愿放弃农村户口但长期在外打工的农户可以允许有期限的退出承包地。集体所有者引导退包土地适度规模经营,并建立预防和保障机制。创新完善流转体制机制,推行土地互换,使之集中连片,规模化经营,并根据当地的自然禀赋和经济发展状况,探索适合的土地流转模式。从重庆市农地产权制度改革实践上看,无论是江津区李市镇牌坊村和长寿区石堰镇麒麟村土地入股,还是江北区鱼嘴镇双溪村和九龙坡区"宅基地换住房、承包地换社会保障"等土地产权制度改革新思路,都是在坚持农地集体的基础上,完善农地承包经营权、使用权的各项权能、显化土地资产,提高农地产权的流动性。因此,农地产权制度改革亦应坚持集体所有基础上,明确集体所有权代理人,承包经营权物权化。

6.1.2　完善土地税收体制

改革和完善税收体制,主要是协调各级政府、各部门和社会机构之间的利益。当前土地收益分配中一个突出问题就是政府集中过多,农民和集体获得太少,不利于土地合理流转,却刺激了政府的寻租动机。针对土地利用过程中出现的收益分配不合理问题,必须加快土地税收制度改革,建立与国际接轨的土地税收体系。

改革和完善税收体制的主要思路是改变目前"高流转、低保有"的税赋结构。降低流转环节中营业税和土地增值税的税率,提高保有环节中土地财产税和土地增值税以及土地闲置税的税率,引导土地合理流转,活跃土地市场,从而提高集约使用程度和土地收益。因此,在土地取得税种上,土地取得税和土地增值税税率都应该上调,并提高耕地占用税的税率,防止土地粗放利用和闲置。土地保有税主要集中于土地增值税和土地财产税,对于土地使用者来讲,如果土地保有成本过低,就难以形成集约使用土地的经营压力,不利于土地集约利用和向新兴产业集中。我国目前应参照国外一般不动产保有税较高,流转环节课税低,以此促进其向优势产业流转的模式,在提高城市土地使用税的前提下,对商业用地和工业用地课以较高的税率,提高不动产占有和使用成本以促进其流动。另外,开征城市土地保有税和土地增值税,合并城市房地产税与房产税。从减少土地闲置出发,应该对一定时期尚未使用的闲置土地所有者征税,即开征土地闲置税,这样可以加快占而不用土地的流转,从而提高土地利用效率,优化土地税收结构。

同时,规范土地出让金的使用,把土地出让金全部纳入财政专户管理,明确规定其用途,专款专用,并且缩短土地出让年限,逐步推广年地租制。另外,税收征收管理制度是税收执法部门和纳税人必须共同遵守的有关税收征管的法律规范,在明确税务部门职责的基础上,大力推行征、管、查三权分离的征管办法,积极利用计算机等先进的征管手段,提高效率,逐步实现"以纳税申报和优化服务为基础,以网络为依托,集中征收,重点稽查"的征管模式。

6.1.3 创新农地金融制度

农地金融制度的介入催生了农地解放,使农地真正成为农民的财产。实践证明,现行的农村金融体系根本不能满足新形势下农业经济发展的资金需求。为了更好地显化农地资产价值,更合理地流转农村建设用地,重庆市设立了全国首家农村土地交易所,其核心是建立"地票"交易制度。"地票"交易制度是农地金融制度的一大创新,是探索建立统一的城乡建设用地市场,实现农村建设用地减少与城市建设用地增加挂钩,促进农地合理流转,并实现区域土地利用平衡的重要手段。

"地票"是指将闲置的农村宅基地及其附属设施用地、农村公共设施用地、乡镇企业用地和农村公益事业用地等农村建设用地进行复垦,变成符合农作物栽种要求的耕地,经由土管部门严格验收后腾出的建设用地指标,由市级土管部门发给等量面积建设用地指标凭证[1]。"地票"交易运行有以下四个环节:第一步由农民自愿提出申请,集体经济组织同意后将闲置的农村宅基地及其附属设施用地、农村公共设施用地、乡镇企业用地及农村公益事业用地等集体建设用地,进行专业复垦,复垦由区县土地整理机构进行,"地票"交易是指

---

①重庆开启农村土地"地票"交易[EB/OL],http://www.agri.gov.cn/gndt/t20090423_1260643.htm,2009年11月3日下载。

标交易,不与具体地块挂钩。第二步是经过土管部门严格验收后,复垦后得到的建设用地指标,由市级土地行政部门向土地使用权人发给相应面积的"地票"。第三步是通过重庆市农村土地交易所,开展"地票"交易。所有具有独立民事能力的自然人和法人,均可公开竞价购买"地票"。为了与现行国有土地管理制度衔接,"地票"交易总量实行计划调控。根据年度用地计划、复垦土地规模和经营性用地的需求情况,合理确定每年的"地票"交易量,原则上不能超过当年国家下达给重庆新增建设用地计划的 10%。第四步是"地票"的使用。"地票"在城镇范围内使用时,可纳入新增建设用地计划,增加等量城镇建设用地,并冲抵新增城镇建设用地土地有偿使用费和耕地开垦费,但必须符合土地利用总体规划和城乡总体规划,办理征收转用手续,完成对农民补偿安置等①。征为国有土地后,通过"招、拍、挂"法定程序,取得城市土地使用权。"地票"交易制度实施的绩效主要体现在以下三个方面。

(1) 有效保护耕地,确保耕地占补平衡

近年耕地总量减少与建设用地需求量增加的矛盾在重庆日益突出,仅依靠国家每年下达的用地指标并不能完全解决用地问题。通过"挂钩",以农村建设用地整理出的节余指标进行城镇建设,则可以缓解当前城镇建设用地指标紧张的局面。与"先占后补"的增减挂钩模式相比,"地票"交易制度保障了"先造地后用地",先把农村建设用地转化成耕地后,才能在城镇新增建设用地②。它对耕地保护的力度更大,效果更好。重庆农村土地交易所 2009 年度拟实施的农村建设用地整理复垦项目,增加农用地 2094.25 亩,将增加耕地 1983.08 亩,减少建设用地 2051.17 亩。通过农村建设用地的整理复垦,增加的农用地和耕地远远大于减少的建设用地,可以较大程度满足城市经济发展各方面对土地的需求,并且有效保护耕地,为实现区域土地利用平衡创造了基础条件。

---

①《重庆农村土地交易所管理暂行办法》(渝府发〔2008〕127)。

②重庆:地票交易敲响第一槌〔EB/OL〕,http://www.gmw.cn/content/2008-12/08/content_866902.htm,2009 年 11 月 7 日下载。

（2）盘活农村闲置建设用地，完善城乡现代市场体系

"地票"交易将大大盘活农村闲置建设用地，土地作为最主要的生产要素，一旦流动起来，必然带动农村要素市场的发展，有力推动农村资本、技术、产权等其他要素市场的建设，且可以使固化的土地资源转化为可流动的资本，实现土地资源优化配置，完善城乡市场体系。截至 2009 年 8 月 21 日，重庆农村土地交易所共进行了五次"地票"交易，共出让"地票"34 宗，成交面积为 5800 亩，成交均价 8.61 万元/亩，成交金额 5 亿元，最低成交单价 8.02 万元/亩，最高成交单价 9.50 万元/亩[①]。用"地票"交易的方式能够实现大范围远距离的城乡资源配置，带动城乡间土地要素流转，不仅盘活农村闲置的建设用地资源，提升农村特别是偏远地区的土地价值；而且促进农民增收和改善农村生产生活条件，有利于实现发达地区支持落后地区发展、城市反哺农村的目的。

（3）促进农村土地金融制度改革创新，保障农民利益

"地票"交易制度不改变土地权属，不改变现行土地制度，同时兼顾国家、集体及农民的利益[②]。其中依法保障农民对土地的占有、收益、使用等权利，是"地票"交易制度设计的重点。首先在申请宅基地复垦环节，凡农户申请宅基地复垦，必须有其他稳定居所，且有稳定工作或稳定生活来源，避免宅基地复垦交易后出现农民生活困难、流离失所的情况，同时规定复垦整理新增的耕地继续由原宅基地农民承包经营，自己不愿经营的，可再次进行流转，获得相应收入；其次在价格确定环节，采取价格保护措施，市政府制定全市统一的"地票"交易基准价格，供交易双方参考。如交易价格低于基准价格，土地所有者有优先回购权；最后在收益分配环节，"地票"交易所得收益，除缴纳少量税费外，绝大部分归农户所有。耕地、林地的承包经营权交易所得收益，全部归农户所有。农村集体经济组织获得的土地收益，主要用于农民社会保障和

---

① 数据来源于重庆农村土地交易所。
② 《重庆农村土地交易所管理暂行办法》（渝府发［2008］127）。

新农村建设等①。以江津区农村土地交易所进行的两宗"地票"交易来看，1100 亩共拍得 8980 万元，亩均约 8 万元。农民可享受到增值收益。一方面，农户从"地票"交易中获得的首要利益是按现有的征地拆迁补偿标准获得的补偿；另一方面"地票"定价参照复垦费与给农民补偿的成本，同时考虑可能产生的综合费，制定不低于成本价的起拍价，在此基础上由于市场化机制及指标的稀缺性而带来的溢价，将通过一定比例返还，反哺到农村。

目前重庆的"地票"交易制度主要涉及的范围是闲置的农村宅基地及其附属设施用地、农村公共设施和乡镇企业用地、农村公益事业用地等集体建设用地，将来可逐步扩大交易范围，将农用地也逐步纳入"地票"交易的范围，并且应继续探索适合农村土地交易的各种金融工具，如大额、长期贷款产品、质押、抵押贷款产品、债券、股票、期货等金融产品，真正体现农地资产价值和实现农地资源的自由流转，建立完善的农村土地金融体系。

6.2　社会保障

6.2.1　建立土地管理公众参与制度

公众参与就是在公众需求多样化，社会分层，利益集团介入的情况下采取的一种协调对策（邵任薇，2003），其强调管理过程中的公众参与、决策和管理。公众参与运行成本低、运行效率高，在公共管理各个领域的运用取得了明显的成效。随着市场经济的发展，政府逐渐转变职能，成为提供公共产品的服务性机构，如果政府出台的政策不符合公众的意愿，该项政策不仅得不到公众的认可，甚至可能会遭到强烈的反对（王江，2003）。

公众参与应当具有教育、沟通、获得支持、监督、帮助决策、提供具有代表

---

①重庆开启农村土地"地票"交易［EB/OL］，http://www.agri.gov.cn/gndt/t20090423_1260643.htm，2009年 11 月 3 日下载。

性资料和意见等功能。但现行土地管理中的公众参与机制因为成本高、流于形式、参与不足、信息不足、缺乏监督等原因,未能充分发挥其应有的作用。由于土地管理中公众参与制度的不完善,导致土地资源浪费,违法占地现象突出,因此,防止土地被轻易攫取的最佳办法就是将公众参与制度化地引入土地保护工作中,强化社会监督。可见公众参与是解决土地保护问题,遏止地方政府征用土地冲动的根本途径。为了更好地节约集约利用土地,实现土地利用平衡,重庆市必须修改现行土地管理中的公众参与方式,把公众在事后被动地接受政策改变为主动参与土地管理各项工作,增加公众直接参与管理与政府进行沟通的机会。

(1) 改善公众参与不足

对公众加大土地管理知识的宣传力度,不断提升公众土地管理知识水平以及民主参与的素养。在公众民主素养和文化水平暂时较低时,应加强发挥土地管理工作人员的工作能力,充分了解民意,多与基层民众沟通,协助公众间接参与土地管理,表达公众的真正需求。另外,还需考虑与个人、社区、领导、组织和具有代表性的非政府组织等进行咨询式交流,以达到公众与政府之间的共赢。

(2) 健全听证制度

公众参与行政管理是衡量现代社会民主化水平程度的一项重要指标。它的具体形式有很多,其中,公共决策中的听证制度是现代民主社会普遍推行的用于保障各方利益主体平等参与公共决策过程的重要途径,最终实现管理民主化、公正化、公开化、科学化乃至法制化的一种重要制度设计。因此要不断完善土地管理听证制度,如在征收土地过程,各种土地规划编制、修改过程,土地开发项目的审批等让公众参与土地管理的整个过程。

(3) 建立土地管理公众参与平台

目前公众参与土地管理,沟通能力明显不足,尚未形成团体,不能通过团体完成对土地管理各项工作的建议,因此应建立一个公众平台,如土地管理公众协会。协会的成员应该包括:土地管理方面的专家(包含相关领域)和政府代表公众选出的代表(包含各产业的代表、社区的居民等)。协会应根据各地方的真正需求而产生,做到因地制宜。

6.2.2　健全失地农民社会保障体系

目前,导致土地流转不顺畅的主要原因是农村土地流转后,失地农民不能享受在教育医疗等方面和城镇居民一样的社会保障,因此他们不愿放弃土地。政府应该为失地农民制定和实施全面有效的社会保障政策和措施,虽然重庆市在为失地农民构建社会保障方面进行了许多探索,如:"宅基地换住房、承包地换社会保障"流转模式,但还没有形成完善的失地农民社会保障体系,因此,为了保障土地平衡利用,将来改革的方向应从生存、养老、医疗、工伤和就业等方方面面解决失地农民的后顾之忧,这样不仅有利于农民长远的利益,推进社会的和谐稳定,而且有利于更好更合理地流转农地,盘活土地资源。

(1) 善失地农民的养老和医疗保险制度

重庆市应逐步实现失地农民与城镇职工养老保险制度的并轨。首先,从重庆市政府获得的土地出让金中提取部分用于建立专门针对失地农民的社会保障风险准备金;其次,借鉴城镇职工基本养老保险制度实行城乡统筹结合的模式,政府承担部分资金,村集体缴纳部分资金,用作失地农民养老保险基金,建立养老保险统筹账户,并以村集体负担的部分资金与个人从安置补助费中开支的资金建立个人账户。同时,借鉴城镇职工养老保险制度的经验,采取个人缴费的方法来补充个人养老账户,缴费水平可较低但应有下限,并鼓励多缴。失地农民获得的养老保障金与其缴费多少直接挂钩,但不应该低于当地最低生活保障水平;再次,失地农民社会保障基金的运作必须要有一套严格的监管体系。因此,必须建立健全相关的管理制度,如审计监督制度、财务核算制度、绩效评价制度、审计监督制度等。

重庆市应在现有农村合作医疗工作的基础上,进一步深化医疗机制改革和体制改革,进一步健全农村卫生保健体系,因地制宜确定农村医疗保障方式,建立多层次的农村医疗保障制度,如医疗保险、合作医疗、医疗补贴和大统筹等形式。其中,对于失地农民来说,现在最迫切的任务是尽快建立大病保险制度。首先,明确农村合作医疗组织不是营利性组织,农村合作医疗组织并非政府的派出部门或者附属机构,它是以保障和满足农民的利益为目标;其次,建立以失地农民个人出资为主,村集体扶持为辅,各级政府大力支持的筹资机制,多渠道多角度筹集资金,逐步提高政府补助水平,适当增加农民缴费,提高医疗保障能力;再次,制定科学严密而又便于操作的管理制度;最后,建立完善合作医疗的民主监督机制。农村合作医疗资金筹集、管理和使用等相关情况,要定期向社会公布,接受群众监督。

(2) 建立失地农民最低生活保障制度

最低生活保障制度是现代社会保障制度的重要环节,是公民的生存权得到保障的重要体现。第一,合理界定享受最低生活保障待遇的对象,是那些生活水平一时或永久地低于当地最低生活水平的人群,不得因为失地农民曾获得高额的土地征用补偿费而将其排除在外,特别应重点保障因灾、因病及残疾致贫的家庭,因缺少劳动力、低收入造成生活困难的家庭,无劳动能力、无生活来源及无法定抚养人的老年人、残疾人、未成年人等。第二,根据重庆市的经济发展水平和农民基本的物质需求,确定最低生活保障标准,这个标准既要能保障农村贫困人口的最低生活,又要防止保障标准过高而形成养懒汉的倾向。第三,明确最低生活保障资金的来源,主要来源于政府财政支出,辅以社会捐赠、发行彩票等形式,同时,要逐步建立农村社会福利制度。

(3) 健全失地农民的就业培训保障制度

在采取切实措施加强农村基础教育的基础上,加大失地农民就业培训的力度。解决失地农民的就业问题,除了就业安置和失业保险外,根本在于帮助他们建立全新的就业观念,鼓励其积极参加就业培训,提高劳动技能。政府部门应建立完善的就业培训体系,根据不同的年龄阶段与文化层次,有针对性地安排不同的培训内容,尽可能多地解决失地农民的就业问题。重庆市各区县政府可以和企业联合,探索"学校+公司+农户"的形式,使之成为新增劳动力的主要培训方式。可尝试定单培训方式,使企业和农民都满意。培训单位应该做好劳动力市场需求预测,区分培训对象,采用不同的培训形式和内容。根据农民自身的文化程度、技术水平与接受能力,采取自主学习,初始文化水平较高的农民可以既学理论,又学操作,初始文化水平较差的则突出操作性学习。职业技能培训以定点、定向培训为主,也可根据企业用工需求和结合失地农民实际,加强对劳动者行为规范、职业道德、劳动法律法规、礼仪礼节、务工须知、就业指导、社会保险政策等知识、技能的培训。

6.2.3　构建长效农业保险保障体制

农业产业化是重庆市提高土地利用率以及发展农村经济的必然选择,同时农业产业化也带来了新的风险,它使经营者规模扩大,经营风险增加,风险范围扩大。如果经营者的风险抵御能力较差,一旦发生大的灾害,将危及到经营者的重大利益和农业生产的继续,最终严重阻碍农业产业化的顺利发展以及可能造成土地资源的闲置和浪费。特别是重庆市地处长江中上游,农业基础比较薄弱,自然灾害频发,农业生产始终处于高风险的状态。因此,急需建立长效的农业保险保障体制,把农业保险纳入农村社会保障体系中,保护农业,保障农民。只有农业风险得到保障,农民的收入进而农民的基本生活就能得到保障,基本医疗保险、养老保险等社会保障项目也能进入良性发展。伴随着社会主义市场经济体制的逐步确立,农民迫切需要农业保险,切实避免和减少农业风险给农户利益带来的损失,将是重庆市农业产业化顺利发展的必要保障。

(1) 建立政策性保险为主的保险体系

由于农业生产的稳定与否是关系到国计民生的重大问题,再加上我国的现实情况,因此理应对农业生产实施以政策性保险为主,商业性保险为辅的保险体系。政策性保险业务必须由专门的保险机构来管理,因此有必要成立政策性农业保险公司,其主要目的首先是要把有限的财力集中到关系国计民生的农产品生产的保护上,其次是保护经营组织、农业生产经营大户和专业户,以达到重点保护,稳定农业生产,保护已有的产业化组织稳定、健康、持续发展。政策性农业保险公司应该由国家财政和地方财政共同扶持组建,中央财政和地方财政共同负担所有费用的60%以上,具体比例根据现实情况而定,体现政策的扶持性。而另一部分采用有偿性保险办法(李平福和韩建民,1997)。具体可分为两个层次:第一层次是一般性有偿保险,即每个农户都可自愿参保。保险公司根据每个农户受灾损失比例支付的平均赔付率不超过30%为限,保证一般农户的基本生活和恢复简单生产。第二层次是追加有偿保险。这是针对有一定经营规模的农户为了获得更高的保障水平,而购买的追加保险。政策性农业保险要作为一个独立的经营险种,单独立账,单独核算,并且结余留存,以备大灾之年用,政策性农业保险公司在管理和运作方式上,都应与商业保险相同。

在以政策性保险为主的农业保险体系中,还应该考虑商业性保险,商业保险公司按照商业性原则来严格选择和设计险种,对经济价值高、但损失强度大的标的作为商业保险承保对象,同时对一些经济价值较低的险种辅以政策性补贴,补贴由地方政府提供。补贴应由固定的和实际情况决定,补贴与农民所交保费之和以及预期赔付额与管理费之和相平衡。

(2) 建立互助性农业保险创新模式

由于农业保险的风险程度和特殊性,保险人和农户之间存在明显的信息不对称现象,如果农户通过虚报损失数额或虚假赔案的方式获取利益,保险人进行专业性判断时会有很大难度(杨立雄,2003)。因此,道德风险是导致农业保险赔付状况不佳的重要原因。政府应当在建立政策型农业保险公司的基础上对其组织架构进行创新,可以在农村组织成立农业保险相互会社,再由这个相互会社作为主体参股政策性农业保险公司,双方进行由承保到营销、理赔的全方位合作,组建农商合作的股份有限公司。在创新的农商合作股份公司模式中,由相互会社承担主要的损失评估工作可降低理赔环节的查勘定损费用,由相互会社推动营销活动可降低保险公司营销中支付的代理手续费,由相互会社统一办理承保手续可降低承保环节的风险评估费用,特别是利用了相互会社的组织模式特点,实行严格的相互管理,能够客观规避评估风险,并能公正理赔,从而有助于提高农业保险的实施质量,避免保险中的道德风险。农商合作股份公司创新模式大大降低农业保险的经营费用和赔付状况,可以使同一保险计划的保费数额大幅下降,促进农业保险市场的均衡水平改善。

另外,农商合作的保险公司作为政策性农业保险体系中的重要主体,通过加强防灾防损的保险能力和对农户的防灾减灾教育,才能真正发挥出农业保险风险管理专家的应有作用,使农户在参加农业保险中获得额外附加利益,有利于改变农户单纯地从获得赔付的角度衡量农业保险意义的思路,真正发挥农业保险市场中的顺向选择机制。

(3) 建立多层次的农业再保险机制

农业生产的特性决定了农业保险体系面临比较严重的巨灾风险,并且巨灾出现的概率明显高于企业财产保险与机动车辆保险等主要财产保险险种,而农业再保险体系的不完善使得巨灾风险无法有效分散,这对农业保险体系的可持续发展构成了巨大隐患(吕春生等,2008)。因此,构建多层次农业保险体系具有重要意义。首先,中央政府应该确定全国统一的再保险公司作为政策性农业再保险的经营主体,在此基础上,建立由中央到省、市的多层次再保险体系,把农业自然灾害救助工作的重心由救济转移到完善农业保险体系上来,在农业部的协调下,由重庆市各级政府与农保公司签订再保险合同,承担超出国家政策性农业再保险公司合同赔偿限额之上,造成无法得到合理补偿的农户生产成本。同时,政策性农业保险公司也必须在年度经营核算中提取巨灾风险准备金,用于应对自然灾害较多的年份中巨灾风险的赔付。另外,由于我国中央政府以及重庆市地方财力有限,不可能广泛深入的参与农业风险管理,因此,无论从农业保险自身财力有限的情况看,还是从农业风险管理系统组成看,建立农业保险与其他农业风险管理形式相结合的运行机制,对于优化农业保险风险管理系统,促进农业保险的发展都是非常必要的。综合来看,重庆市通过建立长效的农业保险保障体制,可以降低农业经营风险,促进规模化经营以及提高农民的生产积极性,有利于保护耕地和促进土地的集约节约利用,是实现土地利用平衡的重要保障。

6.3 技术支撑

6.3.1 建立土地利用动态监测体系

经济发展大潮中,土地资源的管理必须使用现代化的信息手段,通过系统网络中的法律法规、土地利用现状、土地利用规划、建设用地项目、土地价格、地籍调查等基础信息,动态监测土地利用状况,调整土地利用策略,引导土地利用向集约节约化和优化配置方向发展。当前,建立土地利用动态监测体系,要在全面完成土地利用规划、规划修编、地籍调查和土地定级估价等基础工作的基础上,加紧制订土地利用动态监测信息系统网络的建设标准和总体规划,逐步实现土地管理的现代化,更好地为区域经济可持续发展服务。目前重庆市仅仅开展了主城区土地定级估价和地籍调查等方面的基础工作,其他方面还没有展开,导致管理部门和规划部门对重庆市的土地资源和土地利用的基本情况掌握不够详细,不能为合理利用土地资源提供可靠的依据。为了合理利用土地资源,重庆市应从以下方面建立和完善土地利用动态监测体系。

(1) 扩展土地利用动态监测的内容

为了保证管理部门和规划部门更好地了解区域土地利用状况,土地利用动态监测的内容应进行扩展,主要包括:①土地利用状况监测。通过监测土地利用状况来反映土地利用结构和空间配置的变化,管理部门和规划部门就可以对将来土地利用的方向进行控制和引导,土地利用状况监测的重点是耕地和基本农田的变化和建设用地扩展;②土地环境条件的监测。重点是观察环境条件变化、环境污染等对土地利用生产的影响,主要包括对基本农田和耕地环境污染的监测、农田防护林防护效应的监测评价、自然保护区生态环境监测和土地植被变化监测等;③土地生产能力监测。主要是保证基本农田和耕地的质量,建立基本农田和耕地地力与施肥效益长期定位监测点,并为农业生产者提供施肥指导;④土地政策措施执行情况监测。土地利用监测是获取土地信息、反馈土地政策和检验土地管理措施执行情况的主要渠道,包括规划目标实现情况的监测、建设用地批后使用情况监测,土地违法行为监测等。

(2) 完善土地利用动态监测的管理制度

土地利用动态监测的管理制度是实施土地利用总体规划最直接的手段,其主要内容包括:①建立地籍变更制度。根据监测结果进行日常地籍变更,建立完备的重庆市土地利用状况地块档案,对每年土地利用的变化情况,及时统计汇总并报告上级部门;②建立日常基本农田和耕地保护定期检查制度,以保证土地利用总体规划制定的基本目标能够得到及时贯彻落实;③建立以基本农田和耕地质量、数量监测为依据,重庆市耕地地力补偿制度,以期达到长期保护基本农田和耕地的目的;④建立土地利用动态监测结果的定期公布制度,为社会公众提供信息查询服务,并接受社会监督;⑤建立违规处罚制度,对土地利用动态监测中发现的不符合土地利用总体规划的土地利用违规行为,给予相应的处罚。

(3) 完善监测技术方法和加强从业人员队伍建设

在传统的土地利用监测方法的基础上,综合运用航天、3S 技术和全野外数字采集等新技术、新方法,建立覆盖全市的土地利用动态监测系统,跟踪调查、全面监测土地资源的变动情况,充分发挥它们在获取土地信息、存贮、更新、分析、交流与应用等方面的巨大优势。同时,土地利用动态监测体系的建设需要一批专业技术人员,因此,必须加强专业技术队伍的建设,定期地聘请专业技术人员进行讲座、培训,并请相关专家再给予指导,逐步培养起业务熟练的技术队伍,保证监测系统的正常运行。

6.3.2 建立土地利用规划管理系统

土地利用规划是对一定区域内未来土地利用在时空上的超前计划和安排,是政府对区域内土地利用的战略决策。重庆市可用土地资源极为稀缺,再加上生态环境相对脆弱,这就需要做好土地适宜性评价,建立重庆市土地利用规划管理系统,以发挥规划对土地资源配置的宏观调控作用,促进区域经济社会的持续发展。建立重庆市土地利用总体规划管理系统的目标是:在规划期间内,实现对土地利用总体规划实施的技术支持及科学管理,为土地管理部门编制年度用地计划与用地管理提供依据;为重庆市国民经济发展近期和中期规划的完成和年度计划的编制提供科学辅助决策手段;为切实保护基本农田数量和质量、实现耕地总量动态平衡提供技术保障。同时,还要对落实土地用途管制措施、土地整理工作、土地质量和适宜性的动态评价等方面起到重要作用。

(1) 构建规划信息管理系统

基础数据库应包括土地利用总体规划图、土地利用现状图和专项规划图等图件及各种标记、行政界线、地类界线、土地权属、使用单位等有关属性信息。系统应以各镇级规划管理为基础,在上一年土地利用现状图的基础上,实现绘制、记录变化相关的属性信息,变更图件和相关信息并送交到县级主管部门,县级主管部门在这个基础上,补充县城规划用地变更状况,更新县、镇图件和数据等信息后,将相关数据和图件送交市级主管部门。市级主管部门负责审核、更新重庆市及所辖县、镇的图件、数据和相关信息资料,形成新一年的土地利用现状图,实现土地利用的图件和数据同步更新动态管理,并且形成当年的各类用地面积平衡表和土地利用现状分类统计表等各种规划统计报表,最终建立起市、县、乡(镇)统一的土地规划信息管理系统。

(2) 构建规划预警系统

预警体系是一套能对规划目标进行实时监测的科学体系,是当今国际社会公共管理改革发展的重要方向之一(杨廉,2006)。建立重庆市土地利用规划预警系统首先从时空尺度上对市域内土地利用的变化趋势做出预测,然后与土地利用总体规划、城市总体规划、土地利用年度计划涉及的土地利用空间布局进行比较分析,寻找差异,最后,根据情况向政府土地行政主管部门和规划实施管理部门提供四种级别警情:1 级是指符合规划要求或与规划无偏差的土地利用行为;2 级是指虽然未违反规划,但与土地利用年度计划不符或有一定偏差的土地利用行为;3 级是指轻度违反规划的土地利用行为;4 级是指严重违反规划的土地利用行为。预警系统的运行中,应充分了解当前重庆市土地利用的特点,即跨越式经济发展下,耕地保护与建设占用、生态环境之间的矛盾。当前受利益驱使,土地利用过程中有注重局部利益而忽视整体效益的倾向,导致规划方案与实际实施之间产生偏差,及时发现这些偏差并提出警情,就可以为合理调整规划方案和管理措施做准备。

(3) 构建规划决策系统

规划决策系统是针对预警子系统提出的警情,在 3S 技术的支持下,进一步明确预警系统提供不同类型警情的原因及其空间位置,启用相应的规划实施保障措施。对于 1 级的警源,启动激励机制给予优惠的政策和良好的信誉;对于 2 级警源,通过土地管理部门进行协调,或对土地利用年度计划进行调整或修改;而对于 3 级和 4 级警源,及时立案查处土地违法案件,坚决制止违反土地利用规划的土地利用行为,对违法者进行必要的经济制裁和法律制裁,定期通过媒体公开土地违法违规案件情况,进一步加大土地违法违规的风险和成本。另外,还要做好土地管理相关各部门的协同配合工作,明确各方面职责,以确保土地利用规划的实施,促进区域经济社会的持续发展。

6.3.3　建立土地价格评估信息系统

公正、客观的评估土地价格,是促进土地利用制度改革,合理利用土地资源、规范土地交易市场的重要环节。现阶段主要是基于城镇土地基准地价的基础上建立土地价格评估信息系统,城市地价评估信息系统的目的是根据城市土地估价样点资料及地理特征,采用适当的估价模型,进行地价测算,并建立一个集成化的工作平台,作为数据的查询、分析、管理工具,提供给相关管理部门使用。为了更好地利用土地资源,实现平衡利用,重庆市应该建立基于GIS的城镇土地估价信息系统,该系统所涉及的数据应该有以下几类:城镇土地空间信息,包括宗地图、地籍图、土地级别图等;空间属性信息,即与空间信息相联系的属性数据,包括宗地信息、土地基准地价、土地级别等;非空间属性数据,是一些与空间信息不直接相联系的数据,如土地估价中用到的各种税率建筑费、利率、专业费等。上述数据资料可从土地管理部门、专业主管部门通过调查获取,它们是城镇土地估价信息系统的基础。

城镇土地估价所涉及的数据量大,且变化快,科学合理管理这些数据,保持数据的现势性,是系统正常运行的前提,数据管理应具有初始化、输入、更新、检查、删除、变换、量测、维护等功能,并能为其他模块提供基本图形、图像支持工具和接口;可进行图形数据输入、编辑、地图整饰、构造拓扑关系、图幅接边。同时还应具有图象处理功能,即可进行图形的几何纠正、边界提取、滤波、图像分类等;系统还应可以进行空间数据的分析:简单的空间查询,空间叠加等;系统的输入、输出系统要能实现常用GIS数据格式间的转换,支持文本、数字、栅格、矢量、图形数据等多种形式数据输入与输出(余心杰和何勇,2006)。建立城市土地价格评估信息系统对提高土地定级估价工作的工作效率,规范其工作程序和成果,对推动重庆市土地市场的法制化、规范化、科学化管理具有重要作用。

6.4　监督管理

6.4.1　健全地方政府行为监管

由于农业用地的产出低于非农建设用地的产出,非农建设用地的价格远远高于农业用地的价格,农地非农化能产生巨额的土地增值收益,因此地方政府在巨额的土地增值收益的驱动下,非农化的积极性较高。为了从根本上纠正地方政府的短期化、寻租等行为,减少土地资源的浪费,促进土地资源合理集约利用,政府应建立科学合理的激励约束机制。

(1) 加强政府机构改革和职能转换

当前地方政府在土地利用中的种种不规范行为,其根源既与中央和地方目标不一致有关,又与地方政府集多种职能于一身,能利用其职权直接进行土地分配,过多地替代了市场,土地市场中行政分配手段依然强势有关。因此,中央政府应将地方政府的土地所有者代表、经营权、管理权等各种职能分解,城市土地所有者代表仍然由各地人民政府来行使,农村土地所有权代表仍然由各集体行使;城市土地经营权直接赋予当地城市成立的土地储备中心;土地管理职能集中在当地土地管理部门,但接受中央政府的土地管理部门以及地方人民代表大会的监督。

(2) 改革中央政府对地方政府官员的考核指标

为了纠正和克服地方政府在土地利用上的短期化、浪费行为,必须在对地方官员的政绩考核时加强对地区经济的可持续发展、环境和生态保护等指标的考察,而不能够仅仅注重经济发展速度、经济总量等指标的考核。

(3) 加强对地方政府行为的监督

第一,对地方政府各部门的职责要以法律法规的形式确定下来;第二,对地方政府具体的管理、经营土地行为的监督要以法律法规为准绳;第三,在上级政府监督的同时,还要实行公众参与的监督机制,充分调动公众的积极性,建立和扩大公众参与渠道和方式,依靠信息网络技术扩大公众参与的渠道,实现信息互动。公共参与的着眼点应放在防止土地粗放利用、促进土地集约利用。公众如发现土地利用过程中有违法行为,可以直接在相关土地督察部门的网站上举报。另外,大众新闻媒体也应发挥相应的监督作用,及时对土地粗放利用及土地利用违法行为进行曝光,通过施加舆论压力来实现对政府行为及土地利用的监督。

6.4.2　健全土地市场交易监管

随着土地供需矛盾日益突出,地产市场日益活跃,城市建设用地非法交易也日益严重和泛滥,存在大量经营违法交易。土地隐性市场的非法交易,导致地租标准混乱,地价不稳,地价管理失控,诱发土地投机行为,加剧了社会的分配不公,浪费了大量优质土地,影响了社会主义市场体制的健全和完善,不利于土地资源的集约节约利用和耕地保护(李秀英,1999)。为了制止土地隐形市场中的非法交易,引导土地市场沿着健康的道路发展,重庆市土地管理部门对土地市场应进行以下几方面的监管。

(1) 土地使用权出让的监管

监督检查被出让的土地所有权是否明确,凡是集体所有的土地,没有办理征用手续的,不得进行土地使用权的出让。同时建立多部门联合监管的体系,土地管理部门与物价部门联合对土地价格出让进行监督,防止低价出让影响国家利益或者哄抬地价阻碍土地市场正常交易;土地管理部门与规划部门联合进行监督,凡是违背相关规划的,要坚决纠正;土管部门与工商部门监督检查受让单位是否具有合法的土地经营权,是否经工商部门注册的合法单位,如不符相关规定和资格,应监督改正。

(2) 土地使用权转让的监管

土地使用权转让是土地使用者正当的经营活动,土地管理部门不应参与土地经营活动。但土地管理部门必须对转让土地使用权实行监督检查,以保证和维护土地使用权交易双方的合法权益,防止国有资产流失:①监督检查土地使用权的转让资格;②监督检查土地使用权的转让价格;③土地使用权交易双方必须到土地管理部门办理变更登记手续;④监督检查土地使用的转让合同。

(3) 监管受让人执行土地出让合同情况

对受让人是否按《土地使用权出让合同书》的要求进行利用、开发、经营土地进行监管。如未按合同规定的期限和条件开发、利用土地的,土地管理部门应当予以相应处罚。监督检查获得土地使用权的受让人,是否在规定时间内到土管部门办理土地登记手续,领取土地使用权证等。检查土地使用权受让人是否按规定交纳土地使用权出让金,凡是未按规定交纳或延迟交纳的,责令其交纳,并处以相应罚款。土地使用权出让期届满未获准续期又不办理手续的,土地管理部门按规定无偿收回土地使用权及地面建筑等。

(4) 监管土地经营单位

监督它们是否经过政府主管部门批准,并经工商部门登记注册的合法单位,未经注册和批准的单位,不得经营土地。

6.4.3 健全土地执法全面监管

近年来,重庆市采取有效措施,加大土地执法力度,取得了明显成效。仅

2008 年一年重庆市先后共立案调查土地违法违规案件 1929 件,退还复耕土地 4164.35 亩,查处 1 个部级典型案件、4 个省级重点案件和 103 个市挂牌督办案件,撤销 12 个违规设立园区,纠错整改 1 个违规扩区的园区①。为有效防范和遏制各类土地违规违法行为,急需健全土地执法监管长效机制。

(1) 完善土地违法行为发现机制

首先,重庆市各区县土管部门要有针对性地确定巡查频率和巡查重点并落实责任人,及时发现违法行为。其次,健全乡(镇)级和村级执法监察信息员和协管员制度,完善社会监督机制。再次,建立土地利用监测系统和预警系统,结合土地审批、供应、使用及监管业务系统和数据库,形成统一的信息监管平台,实现业务机构和执法监察机构的信息共享。最后,建立多渠道违法信息统一登记与查询分析制度。各级土地主管部门都要设立举报电话及举报信箱,并向社会公布,同时要整合各类举报信息,进一步拓宽违法行为的发现渠道。要确定专门机构和工作人员统一负责违法信息的登记与查询分析工作,通过群众信访举报、新闻媒体披露、网络查询等多种渠道,及时发现土地违法违规行为。

(2) 完善土地违法行为报告机制

各级土地管理部门要在发现土地违法行为的第一时间采取有效措施及时予以制止,对因受到阻力和干扰等原因而难以制止的土地违法行为以及带有苗头性、倾向性的土地违法违规问题,必须在发现之日起 3 个工作日内向本级政府和上级国土管理部门报告。对本区域的土地违法态势、土地违法数据要定期进行统计分析并及时向本级政府和上级国土管理部门报告。

①数据来源于:重庆市国土资源和房屋管理 2008 年公报。

(3) 完善土地违法行为查处工作机制

首先,对不按照要求及时查处交办案件的,要通过批评教育、并在一定范围内采用书面通报和在新闻媒体上披露公开挂牌等方式进行督办。其次,定期将典型违法案件曝光,各区县国土管理部门至少每半年向社会曝光一批典型土地违法案件。最后,发生两次以上违法行为或者行为性质恶劣、后果严重的个人或者单位通过统一征信平台向当地金融机构通报,并向社会公示。

6.5　结论

为了保障重庆土地利用平衡途径以及平衡框架的顺利运行和实施,研究从利益激励、社会保障、技术支撑和监督管理等四大方面进行分析,构建一个全面、系统、完整的重庆市土地利用平衡保障综合机制。

1) 建立和完善利益激励机制需要明晰农村土地产权,改变目前"高流转、低保有"的税赋结构,建立政府主导下的资源要素交易平台;建立和完善社会保障机制主要体现在土地管理公众参与制度的建立、失地农民社会保障体系的健全以及长效农业保险保障体制的构建等;建立和完善技术支撑机制主要体现在全面完成土地利用规划、规划修编、地籍调查和土地定级估价等工作的基础上,建立重庆市土地利用动态监测体系、重庆市土地利用规划管理系统以及基于 GIS 的城镇土地估价信息系统等;建立和完善监督管理机制,包括健全地方政府行为监管、土地市场交易监管和土地执法全面监管等。通过四大机制的建立和完善,最终保障土地利用平衡的顺利实现。

2) 在建立和完善重庆市土地利用平衡保障机制过程中,政府应加大资金的投入,鼓励民营主体和非政府组织进入土地流转和土地整治,并协调参与主体间的利益均衡,改善土地流转和土地整治的运行环境。同时,非政府组织要促进多集团对话、最大限度动用社会参与资源的优势,使重庆土地利用平衡框架能在多方参与、多元化投资和多门监管下健康运行。政府和非政府组织间通过合作进行重庆土地资源的利用,不仅维护了各参与主体的利益,提高其参与的积极性,更重要的是促进了区域土地利用平衡。

参 考 文 献

阿尔弗雷德·韦伯.1997.工业区位论.李刚剑等译.上海:商务印书馆.

艾建国.2003.耕地总量动态平衡政策效果分析及对策.改革,12(6):45-49.

毕宝德.1990.土地经济学.北京:中国人民大学出版社.

蔡孝篇.1998.城市经济学.天津:南开大学出版社.

蔡玉梅.2003.美国国土规划及对中国的启示.国土资源,11:49-51.

蔡玉梅,郑伟元.2003.土地利用规划环境影响评价.地理科学进展,22(6):567-575.

蔡运龙.2001.中国农村转型与耕地保护机制.地理科学,21(1):126-128.

曹建海.2002.中国城市土地高效利用.北京:经济管理出版社.

陈百明,张凤荣.2001.中国土地可持续利用指标体系的理论与方法.自然资源学报,18(3):197-203.

陈成龙,周宝同.2010.淮南市农村居民点整理潜力分析.中国农学通报,26(24):313-317.

陈德荫.1991.土地科学几个问题浅见.中国土地科学,5(4):32-34.

陈华荣.2006.城郊(农村)被征用土地的级差地租及其分配问题研究.湖北社会科学,22(5):55-61.

陈江龙,陈会广,徐洁.2002.国外土地征用的理论与启示.国土经济,12(4):43-45.

陈秋云.2009.统筹城乡背景下农村集体所有土地法律制度的不足与创新.农村经济,15(7):30-33.

陈颐.2000.论"以土地换保障".学海,11(3):95-99.

陈逸,黄贤金,陈志刚,等.2008.城市化进程中的开发区土地集约利用研究——以苏州高新区为例.中国土地科学,22(6):11-16.

陈志刚,黄贤金.2001.经济发达地区土地资源可持续利用评价研究——以江苏省江阴市为例.资源科学,23(3):33-38.

陈志刚,王青.2005.城市化与耕地资源的协调性研究.生态经济,13(11):25-35.

崔亚锋.2009.河南省耕地集约利用评价研究.河北农业大学硕士论文.

崔莹.2006.城市化与城市土地集约利用问题研究.广东土地科学,13(1):58-59.

邓红蒂.2003.我国土地资源安全面临的挑战与对策.北京:中国大地出版社.

邓华灿,陈松林.2007.基于灰色序列GM(1,1)模型的建设用地预测.沈阳大学学报,19(2):100-102.

邓世文.1999.珠江三角洲城镇建设用地增长分析.经济地理,13(4):81-85.

董德利,徐邓耀.2000.浅析城市土地整理.国土与自然资源研究,14(2):8-10.

董德显.1990.土地利用规划.北京:中国展望出版社.

董晓娟,张延伟.2005.内涵挖潜盘活存量.河南国土资源,12(2):11.

杜文星,黄贤金.2005.区域农户农地流转意愿差异及其驱动力研究——以上海市、南京市、泰州市、扬州市农户调查为例.资源科学,127(6):90-94.

段炼.1997.人地系统的结构、功能解析.地理研究,15(增刊):38-46.

段文技.2001.国外土地征用制度的比较及借鉴.世界农业,271(11):18-19.

段祖亮,张小雷,雷军.2009.新疆建设用地变化及驱动力研究.水土保持学报,12(2):193-201.

冯建美,陈龙乾,宋昕.2011.城乡建设用地增减挂钩政策分析.安徽农学通报,17(14):12-13.

傅伯杰,陈利顶,马诚.1997.土地可持续利用评价的指标体系与方法.自然资源学报,12(2):112-118.

高培勇,崔军.2001.公共部门经济学.北京:中国人民大学出版社.

高向军,鞠正山.2005.中国土地整理与生态环境保护.资源·产业,11(4):1-3.

谷树忠.1999.农业自然资源可持续利用.北京:中国农业出版.

郭成利,董晓峰.2009.城市建设用地规模预测与分析——以兰州市为例.河北农业科学,13(1):57-59,64.

郭贯成.2001.耕地面积变化与经济发展水平的相关分析——以江苏十三个市为例.长江流域资源与环境,10(5):440-446.

郭旭东,陈利顶,傅伯杰.1999.土地利用土地覆被变化对区域生态环境的影响.环境科学进展,7(6):66-75.

国土资源部土地整理中心.2005.土地整理工程设计.北京:中国人事出版社.

郝晋珉.2003.农业—农村可持续发展研究与实践.北京:中国农业大学出版社.

郝晋珉,段瑞娟.1999.土地用途管制下的动态土地利用总体规划.中国土地,10(9):110-113.

何芳.1997.前联邦德国土地整理介绍与分析.中国土地,10(2):41-44.

何芳.2002.国内外城市土地集约利用研究综述与分析.国土经济,13(3):35-37.

何永棋.1991.我国土地科学发展的历史回顾和展望——中国土地问题研究.北京:中国经济出版社.

侯湖平.2003.县域沐地资源可持续利用评价研究——以山西省大谷县为例.太原:山西农业大学硕士学位论文.

胡明,马继东. 2007. 安塞县土地利用变化及与经济发展的关系. 水土保持研究,14(4):33-36.

黄文秀. 1998. 农业自然资源. 北京:科学出版社.

黄小虎. 2004. 发挥土地宏观调控作用需要研究的问题. 开放导报,11(4):58-63.

纪昌品,汤江龙,陈荣清. 2005. 耕地保护政策的内涵及其公平与效率分析. 国土资源科技管理, 28(3):28-32.

冀振松,徐海贞,张彬. 2010. 探讨级差地租理论在统筹城乡建设用地中的指导意义. 知识经济, 11(4):33-39.

贾克敬,曲俊奇,郑伟元. 2003. 土地利用规划环境影响评价若干问题探讨. 中国土地科学, 17(3):15-20.

贾绍凤,张军岩. 2003. 日本城市化中的耕地变动与经验. 中国人口·资源与环境,13(1): 31-34.

姜长云. 2002. 农村土地与农民的社会保障. 经济社会体制比较,11(1):49-55.

蒋慧峰. 2007. 一种最优组合赋权算法. 湖北工业大学学报,22(5):78-80.

蒋省三,刘守英. 2003. 农村集体建设用地进入市场势在必行. 决策咨询,23(10):18-19.

蒋一军,罗明. 2001. 城镇化进程中的土地整理. 农业工程学报,17(4):24-29.

黎夏,叶嘉安. 1999. 基于遥感和 GIS 的辅助规划模型——以珠江三角洲可持续土地开发为例. 遥感学报,3(3):215-219.

李超,张凤荣,宋乃平. 2003. 土地利用结构优化的若干问题研究. 地理与地理信息科学, 19(2):52-55.

李丹,刘友兆,李治国. 2004. 耕地质量动态变化实证研究——以江苏省金坛市为例. 中国国土资源经济,17(6):22-25.

李东坡,陈定贵. 2001. 土地开发整理项目管理及其经营模式. 中国土地科学,15(1):43-48.

李累. 2002. 论我国宪法财产征用制度的缺陷. 中山大学学报(社科版),11(2):118-120.

李娜,刘学录. 2010. 欠发达地区农村居民点整理潜力研究——以甘肃省为例. 甘肃农业大学学报,45(3):110-116.

李平福,韩建民. 1997. 农业保险——农业产业化的必要保障. 农业现代化研究,18(6): 360-362.

李宪文,林培. 2001. 国内外耕地利用与保护的理论基础及其进展. 地理科学进展,20(4): 305-312.

李晓兵. 1999. 国际土地利用土地覆盖变化的环境影响研究. 地球科学进展,14(4):395-400.

李新举,方玉东,田素锋. 2007. 黄河三角洲垦利县可持续土地利用障碍因素分析. 农业工程学报,23(7):71-75.

李秀霞.2001.城镇土地整理的潜力与途径研究.松辽学刊,11(3):24-27.

李秀英.1999.依法加强土地市场的监督管理.农业经济,11(10):8-19.

李玉峰.2002.中国城市土地财产制度的经济学研究.北京:中国计划出版社.

李郁芳.2004.转轨时期政府规制过程的制度缺陷及其治理.管理世界,12(1):137-138.

李展,彭补拙.2000.江苏省吴江市土地整理理论与实践研究.资源科学,22(3):71-73.

李振伏.2005.挖掘滩涂资源潜力,保障经济建设用地.浙江国土资源,14(3):24-26.

李志超,周世烨.2000.市地重划的模式与借鉴.中国土地,7(3):23-24.

厉伟,李银,但承龙.2005.城市化进程中土地持续利用评价的实证研究——以南京市为例.资源科学,27(2):65-70.

梁留科.2006.土地生态利用理论研究与案例分析.北京:科学出版社.

林长春,李新旺,许啤,等.2010.农村居民点整理潜力测算研究——以河北省卢龙县为例.河北农业大学学报,33(2):46-51.

林培.1990.土地资源学.北京:中国农业大学出版社.

林培.1994.试论土地科学形成、现状、体系及其发展.中国土地科学,8(4):16-19.

刘定惠,谭术魁.2003.城市土地集约化利用的对策思考.湖北大学学报(自然科学版),11(4):356-360.

刘诗苑,陈松林.2008.泉州市县域建设用地变化驱动机制差异研究.山西师范大学学报(自然科学版),11(9):99-102.

刘书楷.1996.土地经济学.北京:中国农业出版社.

刘永清,张光宇.1997.论土地利用系统工程原理、方法和体系.系统工程,15(2):8-12.

刘维新.1997.论耕地保护与城市发展和建设-兼谈实施土地管理严格政策的背景.北京规划建设,10(5):1-4.

刘维新.2005.耕地保护与土地开发研究.北京:中国大地出版社.

刘卫东,彭俊.2006.征地补偿费用标准的合理确定.中国土地科学,13(2):7-11.

刘彦随,鲁奇.1998.苏南现代化进程中的土地问题及对策.地理科学进展,17(2):8-12.

刘彦随.1999.区域土地利用优化配置.北京:学苑出版社.

刘耀林.2003.土地信息系统.北京:中国农业出版社.

龙花楼,孟吉军.2004.中国开发区土地资源优化配里研究.长春:吉林人民出版社.

卢远,华璀,邓兴礼,等.2004.丘陵地区土地可持续利用的景观生态评价.山地学报,22(5):533-538.

吕春生,王道龙,李茂松.2008.我国农业保险需求不足的原因分析.农业经济问题,11(12):
　97-100.

吕军,虞春萍.2009.湖北省农村工业化进程中环境经济政策绩效评价.中国地质大学学报:社
　会科学版,9(1):40-44.

吕益民,王进才.1992.论我国土地产权制度的改革.经济研究,11(12):60-65.

罗格平,张百平.2006.干旱区可持续土地利用模式分析——以天山北坡为例.地理学报,
　61(11):1160-1170.

罗里辉,吴次芳.2004.建设用地需求预测方法研究.中国土地科学,16(4):14-17.

罗明,王军.2001.中国土地整理的区域差异及对策.地理科学进展,20(2):97-103.

罗明,张惠远.2002.土地整理及其生态环境影响综述.资源科学,24(2):60-63.

罗明,龙花楼.2003.土地整理理论初探.地理与地理信息科学,19(6):60-64.

罗新茂,何宏伟,柯新利.2009.基于层次分析法的城市土地集约利用评价——以湖北省钟祥市
　为例.安徽农业科学,37(36):18114-18116,18132.

马克伟.1991.土地大词典.长春:长春出版社.

马歇尔.1981.经济学原理.陈良璧译.上海:商务印书馆.

毛泓,王秀兰.2000.数字地形模型在土地整理中的应用.华中农业大学学报,14(1):55-56.

毛蒋兴.2005.20世纪90年代以来我国城市土地集约利用研究述评.地理与地理信息科学,
　24(3):48-53.

蒙吉军,李正国,吴秀芹.2003.1995-2000年河西走廊土地利用变化研究.自然资源学报,
　18(6):645-651.

倪杰.2006.我国城市化进程中土地集约利用问题及对策.经济纵横,13(11):40-42.

牛海鹏,张安录,李明秋.2009.耕地利用效益体系与耕地保护的经济补偿机制重构.农业现代
　化研究,30(2):165-167.

欧名豪.2000.土地利用总量规划控制中的城乡建设用地规模问题.华中农业大学学报(社会
　科学版),14(1):16-18.

钱忠好,马凯.2007.我国城乡非农建设用地市场:垄断、分割与整合.管理世界,23(6):38-44.

邱磊,廖和平.2010.成渝经济区的城市土地集约利用评价及时空特征分析.西南师范大学学报
　(自然科学版),13(1):208-213.

曲福田,冯淑怡.1998.中国农地保护及其制度研究.南京农业大学学报(社会科学版),21(3):
　110-115.

任净,车贵堂.2008.规范土地征用过程中利益博弈的对策分析.经济研究导刊,33(17):

153-154.

邵任薇 . 2003. 中国城市管理中的公众参与 . 现代城市研究,11(2):22-25.

邵晓梅 . 2006. 土地集约利用的研究进展及展望 . 地理科学进展,13(3):85-95.

慎勇扬 . 2006. Monte Carlo 模拟在建设用地需求预测中的应用 . 计算机应用与软件,21(11):30-31,81.

史丽君,张绍良 . 2006. 基于 PSR 框架的徐州市城市土地集约利用评价研究 . 国土与自然资源研究,12(1):4-5.

史培军,陈晋 . 2000 . 深圳市土地利用变化机制分析 . 地理学报,5(2):151-159.

史晓云 . 2004. 城市化加速期城市用地规模扩展研究——以南京市为例 . 南京:南京农业大学,硕士学位论文 .

司成兰,周寅康 . 2008. 南京市建设用地变化及其驱动力分析 . 地方经济社会发展研究,11(3):139-144.

孙海兵,张安录 . 2003. 农地城市流转优化决策分析 . 国土资源科技管理,23(6):37-39.

孙海兵,张安录 . 2006. 农地外部效益保护研究 . 中国土地科学,20(3):9-13.

孙钰,孙敏义 . 2009. 城市化与我国城市土地集约利用问题研究 . 辽宁师范大学学报(社会科学版),32(5):37-40.

谈明洪,李秀彬 . 2003. 我国城市用地扩张的驱动力分析 . 经济地理,10(5):635-639.

谭峻 . 2001. 台湾地区市地重划与城市土地开发之研究 . 城市规划汇刊,15(5):58-60.

谭荣,曲福田 . 2006. 中国农地非农化与农地资源保护:从两难到双赢 . 管理世界,11(12):50-66.

汤江龙,刘友兆,李娟 . 2004. 城市化进程中城乡结合部土地利用规划问题的探讨 . 华东理工学院学报:社会科学版,23(4):26-27.

唐俊华,陈启右 . 2000. 中国土地资源可持续利用理论与实践 . 北京:中国农业科技出版社 .

陶志红 . 2000. 城市土地集约利用几个基本问题的探讨 . 中国土地科学,14(5):1-5.

涂建军,廖和平,刘力 . 2005. 城镇建设用地双因素预测模型的改进 . 西南师范大学学报(自然科学版),30(2):354-357.

王海鸿,常艳妮,杜茎深 . 2008. 建设用地扩张驱动力分析——以甘肃省为例 . 干旱区资源与环境,(3):75-80.

王江 . 2003. 城市建设和管理的公众参与问题探讨 . 城市,11(3):10-13.

王军,傅伯杰,陈利顶 . 1999. 景观生态规划的原理和方法 . 资源科学,21(2):71-76.

王权典 . 2006. 农村集体建设用地使用权流转法律问题研析——结合广东相关立法及实践的述

评．华南农业大学学报(社会科学版),1(5):131-139.

王胜明,姚红,杨明伦.2007.中华人民共和国物权法解读．北京:中国法制出版社．

王松需.1992.自然资源利用与生态经济系统．北京:中国环境科学出版社．

王万茂.2000.土地利用规划学．北京:中国大地出版社．

王万茂,余庆年,赵登辉.2001.耕地总量动态平衡的实施途径构想．中国人口·资源与环境, 11(3):62-67.

王卫国.1997.中国土地权利研究．北京:中国政法大学出版社．

王秀兰,包玉海.1999.土地利用动态变化研究方法探讨．地理科学进展,18(1):81-87.

王业侨.2006a.海南省经济社会发展与土地利用相关分析．地域研究与开发,25(3):81-84,124.

王业侨.2006b.耕地节约集约用地评价指标体系研究．中国土地科学,20(3):24-30.

王瑛,陈银蓉.2008.土地利用规划中建设用地需求量预测方法研究．安徽农业科学,36(5):2119-2120.

王永侠.2008.基于粮食安全战略下的重庆市的耕地保有量研究．重庆:西南大学硕士学位论文．

王增彬,迟恒智.2007.基于BP神经网络的济南市建设用地规模预测．水土保持研究,14(5):222-224.

韦素琼.2003.福建省土地利用动态变化及趋势预．福建师范大学学报(自然科学版),15(4):85-91.

魏景明.2002.美国的土地管理和利用．中国土地,13(11):43-44.

吴殿廷.1999.区域分析与规划．北京:北京师范大学出版社．

吴福东.2007.潍坊市潍城区多措并举盘活存量土地资产．山东国土资源,23(1):22-25.

吴良林,罗建平,李漫,等.2010.基于景观格局原理的土地规模化整理潜力评价方法．农业工程学报,19(2):300-306.

吴阳香.2006.耕地保护与政策之思考．国土资源科技管理,11(2):5-8.

伍学林.2011.成都市城乡建设用地增减挂钩试点的经验与启示．软科学,25(5):99-101.

武吉华.1999.自然资源评价基础．北京:北京师范大学出版社．

夏涛.2007.城市土地整理运作模式实证研究．国土资源导刊,13(3):18-20.

夏显力,李世平,赵敏娟.2005.城市土地整理研究．地域研究与开发,22(1):66-68.

萧承永.2001.台湾地区的农地重划及其社会经济效益．农业工程学报,17(5):172-176.

萧承勇,郑英.2001.再谈台湾地区的市地重划．中外房地产导报,14(5):34-35.

肖梦.1993.城市微观宏观经济学．北京:人民出版社．

谢经荣.1997.整理是促进经济增长的重要手段.中国土地,14(3):21-34.

谢俊奇.1998.可持续土地利用的社会、资源环境和经济影响评价的初步研究.中国土地科学,12(3):1-5.

谢正峰.2002.浅议土地的集约利用和可持续利用.国土与自然资源研究,13(4):31-32.

谢智荣.1996.台湾市地重划实例与优缺点.中国土地科学,11(5):22-23.

邢玉忠.1998.土地整理出效益.中国土地,14(1):33-34.

薛建春,白中科.2010.城市化进程中土地可持续利用评价指标体系研究——以包头市为例.干旱区资源与环境,24(1):10-14.

严金明,钟金发,池国仁.1998.土地整理.北京:经济管理出版社.

杨磊,张永福,王伯超.2008.乌鲁木齐市土地集约利用潜力评价研究.水土保持研究,15(3):35-38.

杨立雄.2003.我国农村社会保障制度创新研究.中国软科学,10(1):55-58.

杨廉.2006."3S"技术在土地利用总体规划修编中的应用.国土资源导刊,12(1):61-63.

杨庆媛.2000.土地利用与生态环境演化浅析.地域研究与开发,19(6):7-11.

杨庆媛,冯应斌.2010.土地整理项目空间分异及其与经济发展的耦合关系.农业工程学报,3(2):323-331.

杨庆媛,涂建军,廖和平.2000.国外土地整理:性质,研究领域及借鉴.国外合作与借鉴,17(5):49-52.

杨瑞龙.1998.我国制度变迁方式转换的三阶段论——兼论地方政府的制度创新行为.经济研究,11(1):3-10.

杨朔,李世平.2009.关中地区城市化过程中土地利用问题研究.中国土地科学,11(7):79-80.

杨阳,张红旗.2009.近20年来伊犁新垦区土地利用/覆被变化分析.资源科学,31(12):2029-2034.

姚慧.2007.城市存量土地挖潜与集约利用规划研究.济南:山东师范大学硕士学位论文.

叶艳妹,吴次芳,黄鸿鸿.2001.农地整理工程对农田生态的影响及其生态环境保育型模式设计.农业工程学报,17(5):167-171.

叶艳妹,吴次芳,吴宇哲.2000.土地整理的涵义、技术及运行模式探讨.农业工程学报(增刊),16(16):36-39.

于苏俊.2006.基于遗传算法的可持续土地利用动态规划.长江流域资源与环境,15(2):180-184.

余庆年.1999.江苏城镇化中的用地政策选择.中国土地,10(6):22-33.

余心杰,何勇.2006.基于 Web GIS 的土地评估系统研究与开发.中国农机化,11(3):78-80.

俞孔坚,袁弘.2009.北京市浅山区土地可持续利用的困境与出路.中国土地科学,23(11):
　　3-20.

俞明轩.1998.证券化是土地整理筹资的有效途径.中国土地,15(1):22-23.

员小林.2004.解决城镇化建设中耕地保护与保证建设用地矛盾的对策.甘肃农业,11(10):
　　34-56.

袁健,曾令交.2004.建设用地需求预测与供地政策研究——以四川省宜宾中心城区为例.中国
　　土地,13(1):71-73.

袁磊,雷国平,张小虎,等.2010.基于循环经济理念的黑龙江土地可持续利用差异评价.地理与
　　地理信息学,26(2):76-80.

约翰·冯·杜能.1986.孤立国同农业和国民经济的关系.吴衡康译.上海:商务印书馆.

岳安志,张超.2009.基于高分辨率遥感影像的土地整理区农用井识别.农业工程学报,
　　13(11):189-193.

翟建松.2002.集体土地市场化流转问题研究.重庆:西南农业大学博士学位论文.

翟文侠,黄贤金.2003.我国耕地保护政策运行效果分析.中国土地科学,17(2):8-13.

詹姆斯·麦吉尔·布坎南.1986.自由、市场和国家.平新乔,莫扶民译.北京:北京经济学院出
　　版社.

战金艳,江南,李仁东,等.2003.无锡市城市化进程中土地利用变化及其环境效应.长江流域资
　　源与环境,12(6):515-521.

张琛,王占岐,李明月.2007.贫困信息地区建设用地需求量预测方法研究——以湖北省襄阳区
　　为例.安徽农业科学,35(35):11536-11537.

张凤荣,等.2000.中国土地资源及其可持续利用.北京:中国农业大学出版社.

张富刚,郝晋珉,姜广辉,等.2005.中国城市土地利用集约度时空变异分析.中国土地科学,
　　19(1):23-29.

张红宇.2002.中国农地调整与使用权流转:几点评论.管理世界,12(5):76-87.

张军连,李宪文.2003.国外城市土地整理模式研究.中国土地科学,12(2):46-51.

张军岩,于格,于潇萌.2009.1980年至2000年胶州湾地区土地利用变化及其对区域可持续发展
　　的影响.资源科学,31(9):1607-1611.

张丽琴,王占岐,渠丽萍.2003.土地整理潜力分析方法.资源开发与市场,19(4):200-201.

张培学,姚慧,郑新奇.2006.基于信息熵的济南市城乡用地结构及分布动态研究.国土资源科
　　技理,11(2):74-78.

张文,李冬梅,邢殊媛.2005.农户土地流转行为的影响因素分析.重庆大学学报(社会科学版),11(1):14-17.

张玉宝.2004.耕地占补平衡得失观.中国土地,12(2):28-30.

张正峰,陈百明.2003.土地整理的效益分析.农业工程学报,19(2):210-213.

张正峰,陈百明,郭战胜.2004.耕地整理潜力评价指标体系研究.中国上地科学,18(5):37-43.

赵鹏军,彭建.2001.城市土地高效集约化利用及其评价指标体系.资源科学,23(5):23-27.

赵小,代力民,陈文波,等.2008.耕地与建设用地变化驱动力比较分析.地理科学,11(4):214-218.

赵越,母小曼.2010.统筹城乡发展情势下重庆土地储备整治战略.安徽行政学院学报,1(2):68-72.

郑华玉,沈镭.2008.城市土地集约利用评价研究——以发展中的深圳市为例.自然资源学报,23(6):1009-1021.

郑灵超,魏遐,祁黄雄.2007.台州土地可持续利用中的问题与对策.水土保持研究,14(5):312-314.

郑雄飞.2009.从"他物权"看"土地换保障".社会学研究,23(3):163-186.

郑振源.1994.市场经济条件下土地利构宏观调控体系.中国土地科学,11(2):110-114.

周炳中,包浩生,彭补拙.2000.长江三角洲地区土地资源开发强度评价研究.地理科学,20(3):218-223.

周城.1989.土地经济学.北京:农业出版社.

周广生,渠丽萍.2003.农村区域规划、设计.北京:中国农业出版社.

周小萍,陈百明,王秀芬.2006.区域农业土地可持续利用的空间尺度效应分析——以京津冀地区为例.经济理,26(1):100-105.

周一星.1999.城市地理学.北京:商务印书馆.

周勇,田有国.2003.定量化土地评价指标体系及评价方法探讨.生态环境,12(1):37-41.

朱德举.1993.土地学的产生、概念、续分及其建设.中国土地科学,7(4):25-28.

朱德举.2002.土地评价.北京:国大地出版社.

朱会义,何书金,张明.2001.环渤海地区土地利用变化的驱动力分析.地理研究,20(6):669-678.

朱绍昌.2005.济宁市盘活土地存量保障建设用地.山东国土资源,21(10):29-30.

朱新华,曲福田.2008.不同粮食分区间的耕地保护外部性补偿机制研究.中国人口·资源与环境,18(5):148-153.

朱振国. 2003. 南京城市扩展与其空间增长管理的研究. 人文地理,18(5):11-16.

宗仁. 1998. 论规划修编后的土地用途管制. 中国土地科学,12(4):24-26.

Adams J B,Sabol D,Kapos V,et al. 1995. Classification of multispectral images based on fractions of endmembers:application to land-cover change in the Brazilian Amazon. Remote Sensing of Environment,52(10):137-154.

Andrew W. 1993. Horowitz:Time Paths of Land Reform,A Theoretical Model of Reform Dynamics. The American Economic Review,11(1):4.

AnthonyWalker. 2003. Theinteraction between commercial objectives and city-centre mixed-use development. Journal of Retail &Leisure Property,11(3):16-18.

Beek K J, Bennema J. 1972. Land evaluation for agricultural land use planning:an ecological methodology. Department of Soil Science and Geology,Agricultural University,Wageningen,the Netherlands.

Blume H P. 2000. Towards sustainable land use. Geoderma,96(12):155-157.

David Rhind. Ray Hudson. 1980. Land Use. London:Methuen.

Editorial. 2004. Land use and sustainability indicators. An introduction Land Use Policy, (21): 193-198.

FAO. 1993. FESLM:An international framework for evaluation sustainable land management. FAO Soil bulletion.

Giordano L D,Riedel P S. 2008. Multi-criteria spatial decision analysis for demarcation of greenway:A case study of the city of Rio Claro, Sao Paulo, Brazil. Landscape and Urban Planning, 84 (34): 301-311.

Helmut E. 1996. Taking action for sustainable land use:results from 9th ISCO conference in Bonn Germany. AMBIO,25(6):480-483.

Hong Yang,Xiu B L. 2000. Cultivated Land and Food Supply in China. Land Use Policy,17(2):73-88.

Klosterman. 1994. Large scale urban models:retrospect and prospect. Journal of the America Planning Association,(60):3-6.

Krieger D J. 1999. Saving Open Spaces:Public Support for Farmland Protection. Working Paper Series, 16(4):8-12.

Kung Kaising. 2002. Choice of land tenure in China:The case of a country with quasi-private property right. Economic Development and Cultural Change,50(4):793-817.

Lee S W. 2008. Relationship between landscape structure and neighborhood satisfactionin urbanized areas. Landscape and Urban Planning,85(1):60-70.

Moss M R. 1985. Land Processes and land dassification. Journal of Environment Management, 20(7): 336-338.

Najafi Mohammad, Mohamed Rayman, Tayebi A K, et al. 2007. Fiscal impacts of alternative single family housing densities. Journal of Urban Planning & Development, 133(3): 179-187.

North. 1981. Douglass C. Structure and Change in Economic History. New York: ESRI Press.

North, Douglass C. 1990. Institutions Change and Economic Performance. Cambridge University Press.

Paul Burrows. 1991. Compensation for Compulsory Acquisition. Land Economics. 61(1): 49-63.

Philip C. 1991. The Paradigmatic Crisis in Chinese Studies: Paradoxes in Social and Economic History. Modern China, 17(3): 31.

Priestnall G, Jaafar J, Duncan A. 2000. Extracting urban features from lidar digital surface models. Computers, Environment and Urban Systems, 24(2): 65-78.

Rodiek Jon. 2008. Protecting ecosystems and open spaces in urbanizing environments. Landscape and Urban Planning, 84(1): 3-6.

Rozelle Scott, Brandt, Loren, et al. 2002. Land rights in China: Facts, fictions and issues. China Economic Review, 11(1): 47.

Samuel R. 2004. Urban planning, smart critique arid extension. Review of USA growth, and economic calculation: an USA Economics, 17: 33-35.

Secord J, Zakhor A. 2007. Tree detection in urban regions using aerial lidar and image data. IEEE Geoscience and Remote Sensing Letters, 4(2): 196-200.

Singh R K, Murty H R, Gupta S K, et al. 2009. An overview of sustainability assessment methodologies. Ecological Indicators, 9(2): 189-212.

Smith D M. 1981. Human Geography: An Economic Geographical Analysis. New York: John Wiley&Sons.

Thompson B H. 1997. The endangered species act: A case study of takings and incentives. Stanford Law Review, 49(2): 305-380.

Treeger C. 2004. Legal analysis of farmland expropriarion Namibia. Analyses and Views, 14(12): 55-59.

Zhang T W. 2000. Land market forces and government's role in sprawl: the case of China. Cities, 17(2): 123-135.